LOS POETAS EN SUS VERSOS

Letras
e ideas

Maior, 1

LETRAS E IDEAS

Dirige la colección
Francisco Rico

Tomás Navarro Tomás

LOS POETAS EN SUS VERSOS

DESDE JORGE MANRIQUE
A GARCÍA LORCA

EDICIONES ARIEL
Esplugues de Llobregat
Barcelona

Cubierta: Alberto Corazón

© 1973: Tomás Navarro Tomás, Northampton, Mass. (USA)

Depósito legal: B. 9.571 - 1973

ISBN: 84 344 8301 7

Impreso en España

1973. - Ariel, S. A., Avda. J. Antonio, 134-138, Esplugues de Llobregat (Barcelona)

NOTA PRELIMINAR

Los tipos de versos usados en la poesía de las lenguas románicas proceden en su mayor parte de los cantos litúrgicos y profanos del latín medieval, en los cuales el ritmo fundado en la prosodia acentual sustituía al de los pies de sílabas largas y breves de la métrica clásica.

Dentro de esta herencia común, cada lengua, según sus propias condiciones y tendencias, ha cultivado con constante preferencia un verso de determinada medida; endecasílabo, en italiano; alejandrino, en francés, y octosílabo, en español.

Aparte de tal preferencia, otros motivos de diverso carácter han dado lugar a que el conjunto de tipos de versos practicados en cada lengua haya desarrollado un cuadro de mayor o menor extensión y variedad.

Según puede deducirse de una impresión general, a falta de datos más precisos, la versificación española es la que ha utilizado a través de su historia un repertorio métrico más amplio y de carácter más flexible y variado. Se han registrado en su estudio hasta 85 modalidades distintas.

Sin duda existe algún estrecho vínculo, difícil de precisar, entre el estímulo que ha producido en español tan múltiples formas de versos y la particular sonoridad prosódica de la lengua, notada con expresivo elogio en numerosas ocasiones por la imparcial observación de extranjeros habituados al trato de diversos idiomas.

Tan natural parece que los hábitos fonéticos de la len-

gua hayan influido en la palabra versificada como que el sentido musical, refinado en la elaboración del verso, haya ejercido alguna acción sobre la fonología idiomática, aunque el complejo carácter del acento, como síntesis y cifra fisonómica del habla tenga raíces más hondas que las de la métrica.

Un rasgo significativo consiste en el hecho de que el metro octosílabo, tan antiguo, popular y permanente en español, coincida precisamente con la medida del grupo fónico más frecuente en la ordinaria elocución enunciativa de la lengua.

Análoga relación se advierte en el extenso e importante papel que la rima asonante, tan poco usada fuera del español, ha desempeñado en la versificación de este idioma, debido probablemente a la clara y definida sonoridad con que cada vocal se distingue en el sistema fonológico construido históricamente sobre la base castellana.

Otro indicio que cabe notar es la tendencia a la emancipación diferenciadora de las modalidades comprendidas bajo la aparente unidad de los metros polirrítmicos, con sentido de análisis semejante al aplicado en la individualización semántica de los tonemas de la entonación.

Se halla al alcance de todos, en mayor o menor grado, la apreciación de la armonía y musicalidad de la palabra, pero sólo los poetas, exploradores de los caminos más secretos del lenguaje, poseen el delicado arte de componer el verso con el justo equilibrio entre ritmo, sentido y emoción.

El efecto sonoro del poema no depende tanto de su riqueza polimétrica como de la adecuada coordinación de las modalidades rítmicas de los versos en que esté compuesto. Los poemas más celebrados por su atractivo lírico son al mismo tiempo los de más simple apariencia métrica.

La notable variedad de metros y estrofas de la versificación española no es producto esforzado de virtuosismo técnico. Han tenido escaso cultivo en español las galas de ingenio de la maestría trovadoresca. Se ha atendido con más interés a los efectos del ritmo que a los artificios externos de la métrica. Ocupa lugar considerable en la poesía española, a diferencia de la práctica seguida en otras lenguas, la versificación considerada como irregular por no ajustarse a las normas corrientes en cuanto a la regularidad del número de sílabas.

La estimación del verso se funda juntamente en la valoración de su sentido y su sonido. No basta la sustancia ideológica ni la excelencia del lenguaje. Tan deplorable es el verso musical vacío de sentido como el verso conceptual falto de ritmo y armonía.

En los capítulos del presente libro se hace notar el ejemplo de algunos de los escritores más distinguidos en nuestra poesía antigua y moderna, cultivadores de la tradición en que el valor musical del verso se estima como condición inseparable de la integridad del poema.

Es el verso un delicado y flexible instrumento cuyo efecto sonoro logra mayor o menor perfección según la habilidad de quien lo maneja. El poeta deja en su versificación el sello de su temperamento y sensibilidad. No lo dice todo en las palabras; el ritmo y armonía expresan lo que las palabras no llegan a alcanzar.

Al esforzarse en la expresión de los efectos más recónditos de su propia intimidad, el poeta refina su arte y enriquece su idioma. En el amplio conjunto de sus formas y recursos, la métrica es una gran construcción levantada en larga elaboración de siglos sucesivos por la experiencia lingüística y artística de los poetas.

La originaria relación entre el verso y la música es un vínculo permanente no alterado por el extenso cultivo *del verso libre en la poesía moderna. La mayor parte de los poetas se sirven de este verso sin abandonar la práctica de determinadas formas de la métrica tradicional. La poesía popular, por su parte, mantiene invariablemente su culto al verso rítmico, a la rima asonante y a la estrofa.*

Varios de los estudios que aquí figuran han aparecido previamente en revistas y publicaciones de homenaje en España, Hispanoamérica y Estados Unidos. Algunos han pasado por detenida reelaboración. Otros son inéditos. La unidad de su propósito y su dispersión bibliográfica han hecho aconsejable presentarlos reunidos.

VERSO, METRO, RITMO

Es frecuente hallar usados estos tres términos con el mismo sentido. Suele decirse de un poema que está compuesto en varias clases de versos, o que emplea diferentes metros, o que se sirve de distintos ritmos. La misma Academia acepta esta identidad al decir en su *Diccionario* que «cambiar de ritmo» equivale a «cambiar de verso o metro».

Cualquiera que considere el asunto con mayor atención advertirá que los vocablos citados corresponden a conceptos diferentes. Verso es un conjunto de palabras que forman una unidad fónica sujeta a un determinado ritmo, sea cualquiera el número de sus sílabas. Metro es el verso que además de responder a un orden rítmico se ajusta a una norma regular en cuanto a la medida silábica. Ritmo es, lo mismo en el verso que en cualquier otra manifestación del sonido, la división del tiempo en períodos acompasados mediante los apoyos sucesivos de la intensidad.

Todo metro es verso, pero no todo verso es metro. El ritmo, elemento común a versos y metros, no se manifiesta de manera uniforme sino que produce efectos diversos según la disposición de las cláusulas silábicas que forman el período rítmico del verso. Un mismo metro puede presentar varias modalidades rítmicas. Hay varias clases de octosílabos, de endecasílabos y de los demás metros. Se puede cambiar de ritmo sin cambiar de metro o verso y se puede cambiar de metro o verso sin cambiar de ritmo. El ritmo resulta de la disposición acentual, el verso depende de la acción del ritmo, y el metro obedece juntamente al ritmo y a la medida silábica.

Los tipos básicos del ritmo en la versificación española son el trocaico y el dactílico, ambos de movimiento descendente. Las combinaciones de uno y otro dan lugar a varias formas de ritmo mixto. Las modalidades designadas con los nombres de yámbica, anapéstica y anfibráquica, concebidas bajo la imagen de la métrica grecolatina, se identifican en su realización práctica con los tipos trocaico y dactílico, por virtud del efecto regular de la anacrusis. La eliminación de estas cláusulas clásicas se compensa en el verso español mediante numerosos recursos rítmicos que la versificación grecolatina no conoció.

Las palabras por sí mismas no poseen ritmo propio, aparte de aquellas que por su relativa extensión pueden recibir algún apoyo secundario además de su acento regular. Los versos mínimos, formados por una, dos o tres sílabas, usados en escalas métricas, ecos, ovillejos, etc., sólo desempeñan papel rítmico asociados a otros versos. En cuanto a la frecuencia de tales versos mínimos en la poesía contemporánea con papel de unidades ordinarias, se ha supuesto que responde al intento de llegar al fondo elemental y ontológico del ritmo en su forma más pura. La realidad es que en la mayor parte de los casos esas breves unidades no son sino porciones de versos regulares representados de manera fragmentada con el visible propósito de detener la lectura y subrayar las palabras.

La actuación de cada uno de los tipos dactílico y trocaico se aprecia sobre todo en los casos en que el poema se ajusta uniformemente a la misma modalidad de metro. En español, los metros uniformes, monorrítmicos, son de menos uso que los de ritmo mezclado, polirrítmicos. Ejemplo señalado de metro polirrítmico es el octosílabo que en español contiene varias modalidades, al contrario que en italiano en que se limita a la variedad trocaica. Carducci demostró tener presente esta diferencia, así como la particularidad de la asonancia, en su imitación del romance español en *Il passo de Roncesvalles,* si bien el hábito italiano le llevó a hacer trocaicos 117 de los 122 octosílabos de la composición. En cambio Victor Hugo, a cuyo oído francés no debía satisfacer la asonancia, adoptó el octosílabo polirrítmico, pero lo compuso en redondillas en su *Romancero del Cid.*

Como producto temporal y dinámico, el ritmo puede ser más o menos lento y más o menos fuerte. En relación con estas condiciones es natural que en unos casos produzca impresión de gravedad y firmeza y en otros de ligereza y suavidad. En líneas generales es posible apreciar que el ritmo trocaico sugiere serenidad y equilibrio y que el dactílico, por el contrario, indica exaltación y vehemencia. El ritmo mixto se presta especialmente a la expresión discursiva y flexible. En este plano de correspondencia ha sido corriente aplicar los metros breves a los temas líricos y los metros largos a los temas épicos.

No es condición inmanente del ritmo la de producir impresión agradable, como se indica en su definición académica. Es grato, en efecto, en la canción bien medida y entonada, en la danza de acompasados y suaves giros y en otros muchos casos, pero no lo es, por ejemplo, en la aspereza del ronquido, en la estridencia de la marcha del tren o en el agrio latido de la ambulancia del hospital. Numerosas manifestaciones del ritmo son en realidad neutras o indiferentes, como las que se dan en las máquinas de trabajo o en las campanadas del reloj.

No se puede decir que haya un ritmo característico

para la lírica cantada; todos los metros son cantables bajo una u otra modalidad rítmica. Dentro de su sentido ordinario, la misma modalidad, bajo modificaciones de intensidad y tono, suele ser aplicada a situaciones distintas. Por ejemplo, el decasílabo dactílico, usado en tantos himnos marciales y patrióticos, sirvió también a Bécquer en su delicada rima del arpa silenciosa. Con disparidad semejante, el mismo molde del endecasílabo enfático, acentuado en primera y sexta y reforzado en su énfasis con otro accidental apoyo en la séptima, aparece en la amorosa exclamación de Tirreno en la *Égloga III* de Garcilaso: «Flérida para mí dulce y sabrosa», en el afectado principio del *Polifemo* de Góngora: «Éstas que me dictó, rimas sonoras», y en la desesperada imprecación de Espronceda al final del *Canto a Teresa*: «Que haya un cadáver más ¿qué importa al mundo?»

Aparte del ritmo acentual, otros elementos complementarios, de orden fónico, morfológico o semántico, contribuyen a dar al verso fisonomía y color. Figuran entre tales elementos, además de la rima y la estrofa, recursos más especiales, como la armonía vocálica, la aliteración de consonantes, el paralelismo, la anáfora, las series de frases de análoga estructura y otras formas de correlación morfológica y sintáctica. Sabido es que el papel de estos efectos se limita a intervenciones ocasionales, sin que ninguno de ellos sirva como base regular de la división del tiempo en sustitución del acento. El paralelismo del antiguo cosante se desarrolla a lo largo de la composición, pero se construye de ordinario con versos acentuales.

Con frecuencia se aplican al ritmo calificativos emocionales que no cuadran con su naturaleza acentual. A veces, por ejemplo, se le llama alegre, triste, tímido, insinuante o agresivo. La impresión a que se alude en estos casos no se refiere simplemente a las condiciones del acento sino al efecto del verso en su integral sentido y valor. Por su propia naturaleza el ritmo puede ser rápido, moderado o lento, según la extensión de sus períodos; fuerte, medio o débil, según la intensidad de sus apoyos, y uniforme o mixto, según la condición de sus cláusulas.

DESDOBLAMIENTO DE METROS

Los versos usados en la poesía de los países románicos son en general metros polirrítmicos, con un valor figurado y abstracto que en la práctica se ejecuta bajo modalidades distintas. Ni el esquema teórico de cada metro se realiza en cada caso más que de una manera parcial ni el verso concretamente definido representa la total imagen del metro a que corresponde.

No sólo existen varias clases de endecasílabos, como es sabido, sino también de alejandrinos, de eneasílabos y de los demás metros. De ordinario, las modalidades implícitas en cada metro tienen de común la igualdad de la medida silábica y el invariable apoyo rítmico sobre la última sílaba acentuada. Se diferencian entre sí por la especial disposición con que en cada una de tales modalidades se ordenan las sílabas con relación a los demás apoyos rítmicos.

Cada variedad de un determinado metro posee su peculiar valor y efecto. En su representación polirrítmica, el metro refleja los rasgos generales en que sus modalidades coinciden y actúa con la flexibilidad que le proporciona el uso combinado de todas ellas. Por su parte estas variedades, individualmente emancipadas, muestran un carácter más claro y definido, pero carecen del margen de flexibilidad con que el metro polirrítmico se mueve, en lo cual se funda probablemente la preferencia con que estos metros de ritmo múltiple han sido cultivados.

El ejercicio de discernir modalidades particulares y de practicarlas de manera independiente ofrece en español numerosos ejemplos. Es acaso el rasgo en que más se diferencia la versificación española de las de los demás idiomas afines. Se puede advertir esta particularidad en la coordinación de períodos históricos, a través de las páginas de mi *Métrica española*. El asunto requiere ser presentado de manera más visible y detenida.

La singular estructura del verso de arte mayor, que desempeñó papel especial en la poesía grave del siglo xv. fue fuente originaria de varios otros metros bien definidos en la poesía posterior, entre los cuales adquirió principal cultivo el dodecasílabo dactílico, de hemistiquios acentuados en sus sílabas segunda y quinta, el cual solía manifestarse uniformemente en estrofas completas de algunos poemas: «Al muy prepotente don Juan el Segundo».

Predominó en las letras de varias danzas de los siglos xvi y xvii, alcanzó definida personalidad en composiciones del período neoclásico y fue objeto de extenso cultivo en la poesía romántica y modernista. No es metro familiar en italiano ni en francés. Es probable que la curiosidad métrica y el conocimiento que Carducci demostró de la poesía española lo llevaran a ensayar en su lengua el dodecasílabo dactílico presentándolo por excepción en los diez cuartetos de *La figlia del re degli Elfi*: «Cavalca sir Óluf la notte lontano».

Otra destacada variedad, especial indicio sobre la procedencia gallego-portuguesa del arte mayor, es el endecasílabo de muiñeira, compuesto inicialmente por un pentasílabo y un hexasílabo, ambos dactílicos, y registrado en frecuentes pasajes de los *Triunfos* de Juan de Padilla: «Fue denunciado por simple cordero». A través de combinaciones de letras cantables, alcanzó plena emancipación como metro simple en el siglo XVIII, pasó inadvertido por el romanticismo y elevó su cultivo en el modernismo con el ejemplo del *Pórtico* de Rubén Darío. Su presencia fue anterior a la variedad dactílica que por influencia italiana suele aparecer esporádicamente entre los primeros poetas españoles que adoptaron el endecasílabo.

Aunque con representación menos señalada, aparece también incluida en el arte mayor la variedad dodecasílaba formada por un hemistiquio de siete sílabas y otro de cinco, coincidente con el ritmo de la seguidilla. Se halla con cierta abundancia entre las demás combinaciones de tal metro en el poema de *Las edades del mundo,* de Pablo de Santa María: «Antes que los lenguajes se repartiesen», «E después que del vino se despertó». Fundido con la imagen de la seguidilla, aparece en la lírica popular del siglo XVI, y define su autonomía en los *Nocturnos* de sor Juana Inés de la Cruz. Fue después extensamente practicado por románticos y modernistas españoles e hispanoamericanos.

Al mismo origen corresponde el metro de doce sílabas formado, en contraste con la variedad anterior, por la suma de un pentasílabo y un heptasílabo, de los cuales el primero es dactílico y el segundo trocaico: «Cuentos sin hilo de mi niñez dorada», Unamuno. Juan Ramón Jiménez obtuvo de este metro diversos efectos dando al pentasílabo, en la cesura entre ambos hemistiquios, terminación llana, aguda o esdrújula y hasta realizando en ella sinalefa o compensación.

Figuraba asimismo en el arte mayor el dodecasílabo de hemistiquios trocaicos acentuados en sus sílabas pares. Aparece con relativa frecuencia en la *Comedieta de Ponza* del Marqués de Santillana: «En la parte adversa, bien como señora», «Hija milanesa, fiera temedera», «Águilas e flores en la gran empresa». A diferencia de las variedades anteriores, no parece que la trocaica alcanzara propio cultivo autónomo hasta el modernismo, en poesías como *Flirt,* de Darío; *Las arañas y las estrellas,* de Salvador Rueda; *Pandereta,* de Santos Chocano, y *Más allá,* de Nervo.

Al desaparecer el arte mayor, quedó como heredero más próximo el que hoy lleva el nombre de dodecasílabo polirrítmico, en el cual sólo intervienen, bajo uniforme medida hexasílaba, las variedades de hemistiquios iguales dactílicos o trocaicos y las de combinaciones mixtas de ambos hemistiquios, con exlusión de las de cinco y siete sílabas que el arte mayor admitía. No obstante esta diferencia, el nuevo dodecasílabo polirrítmico recibió el nombre de verso de arte mayor entre los poetas neoclásicos y románticos. El modernismo se sirvió de este modo de dodecasílabo más que de ninguna otra variedad. Aunque extraño a la poesía francesa e italiana, los contactos de Víctor Hugo con la España romántica debieron sugerirle los dos breves intentos en que practicó tal dodecasílabo, contado a la española, en *Les contemplations*: «J'aime l'araignée et j'aime l'ortie», y en *Les quatre vents de l'esprit:* «Il est un peu tard pour faire la belle».

Tanto en la antigua cuaderna vía como en su renovado cultivo modernista, el alejandrino fue acomodado al español manteniendo la misma forma polirrítmica del modelo francés. Por motivo de mera selección artística o acaso por alguna influencia de orden musical, el alejandrino usado por Gil Polo en una canción de su *Diana,* se ajustó exclusivamente al tipo trocaico de hemistiquios acentuados en las sílabas pares: «De flores matizado se vista el verde prado». Los pocos ejemplos de alejandrino correspondientes al período neoclásico siguieron la ordinaria norma francesa. La exclusividad trocaica reapareció en *El deseo,* de don Alberto Lista, quien seguramente no ignoraba el precedente de Gil Polo. Unos años después, Zorrilla acogió esta misma modalidad y la divulgó por España e Hispanoamérica. Tal práctica fue nota distintiva del alejandrino en la mayoría de los poetas románticos que se sirvieron de este metro. Rubén Darío siguió la corriente indicada en sus primeras composiciones alejandrinas anteriores a *Prosas profanas,* 1896, con excepción del poema *Victor Hugo y la tumba,* de hacia 1880, en el que anticipó el uso de la forma polirrítmica.

El movimiento de la variedad trocaica de tal metro es de compás recortado y ligero debido a la brevedad tetrasílaba de sus uniformes períodos rítmicos. Fue Rosalía de Castro, al parecer, la primera que, en contraste con ese efecto, ensayó la modalidad acentuada en tercera y sexta de cada hemistiquio, de modulación dactílica lenta en la reducción trisílaba de sus períodos: «Ya no mana la fuente, se agotó el manantial». Hizo fortuna esta modalidad con la *Sonatina* de Darío que pronto propagó su cadencia por todos los países de lengua española, acogida por Salvador Rueda, Guillermo Valencia, Santos Chocano, Amado Nervo, Gabriela Mistral, etc.

Dispone, pues, la versificación española de dos tipos distintos de alejandrino de elaboración propia, trocaico y dactílico, además del polirrítmico recibido de Francia. Es de notar que las dos variedades indicadas son las de hemistiquios iguales y ritmo uniforme, trocaico-trocaico y dactílico-dactílico. Significativamente no se ha tratado de emancipar las combinaciones mixtas de hemistiquios diferentes, trocaico-dactílica o dactílico-trocaica.

La diferenciación de variedades rítmicas ha sido especialmente fecunda con respecto al metro eneasílabo, de procedencia igualmente francesa, menos frecuente en España que el alejandrino. Son en realidad escasos los testimonios antiguos de su originaria forma polirrítmica. Alfonso X anticipó un ejemplo excepcional en su cantiga «Senhora, por amor de Dios». Figura mezclado con otros versos en la variada versificación del *Auto de los Reyes Magos* y en la oscilante métrica de *Razón de amor* y de otros antiguos poemas líricos. No intervino en la *Crónica troyana* ni adquirió forma definida en el *Libro de Buen Amor*. Su cultivo como tal metro polirrítmico no se precisó hasta fines del neoclasicismo ni se afirmó y extendió hasta el modernismo. Sus modalidades mostraron abundantes precedentes en breves estribillos y retornelos de la antigua lírica popular. Posteriormente alcanzaron fisonomía independiente.

El eneasílabo dactílico, con apoyos rítmicos en segunda, quinta y octava, de firme y marcado compás, se manifestó de manera definitiva en una cantata de Sánchez Barbero, de principios del siglo xix y se repitió en las escalas métricas del período romántico: «Y luego el estrépito crece, / confuso y mezclado en un son» (Espronceda). Redujo su ejercicio en el modernismo y posmodernismo, no obstante la adhesión de Gabriela Mistral.

La variedad trocaica, acentuada en cuarta, sexta y octava y caracterizada por su anacrusis trisílaba, precisó su suave armonía en el siglo xviii en las composiciones del mexicano fray Juan de la Anunciación y del andaluz Dionisio Solís: «A las orillas de este río / quiero sentarme a suspirar». Lo divulgó Darío con *El clavicordio de la abuela*.

El eneasílabo mixto comprende distintas variedades dependientes de los cambios de composición de sus períodos rítmicos. La combinación acentuada en tercera y quinta, con período de cinco sílabas, trocaico-dactílico, fue ejemplificada por Luzán, pero no obtuvo visible acogida: «En la selva rugen los vientos / y Neptuno encrespa sus olas».

La combinación inversa, de período dactílico-trocaico, con apoyos en tercera y sexta, fue destacada por Iriarte en la fábula de *El manguito, el abanico y el quitasol:* «Si el querer entender de todo / es ridícula pretensión», especie repetida por Gabriela Mistral en *La Virgen de la Colina* y por Alfonso Reyes en *Las hijas del rey de amor.*

Se dedicó mayor atención a una tercera modalidad mixta de este metro, con acentos en segunda y sexta y seis sílabas en el período, las cuales forman una lenta cláusula trocaica bisílaba en el tiempo marcado y se agrupan en unidad abreviada de cuatro sílabas en el apoyo siguiente. Se puede señalar como antiguo precedente el primer verso de la citada cantiga eneasílaba de Alfonso el Sabio: «Senhora, por amor de Dios». En el siglo XIX se aplicaron a la acomodación de esta variedad Sinibaldo de Mas, Juan León Mera y sobre todo Gumersindo Laverde Ruiz.

La escasa acogida de las variedades mixtas del eneasílabo, así como la ausencia de modalidades de esta especie entre las formas emancipadas del alejandrino, revelan clara preferencia por los tipos de ritmo uniforme en el ejercicio de tales diferenciaciones. El resultado es que la versificación española ha distinguido cinco nuevas formas de eneasílabo sobre el modelo único recibido del francés.

Era natural que el metro heptasílabo pasara por el mismo proceso que los hemistiquios del alejandrino. En su origen polirrítmico, desarrollado en los *Proverbios mo-*

rales de Santob, se mezclan las variedades trocaica, dactílica y mixta. Creció su cultivo desde el Renacimiento hasta alcanzar su apogeo en la poesía neoclásica, aplicado a anacreónticas, endechas y cantilenas. Descendió su frecuencia en los períodos siguientes y encontró nueva reacción favorable en el posmodernismo.

Los poetas románticos, al adoptar el alejandrino trocaico ajustaron a este mismo tipo en la mayor parte de los casos al heptasílabo autónomo, no al que actúa como auxiliar del endecasílabo en odas, silvas y otras composiciones, en las cuales mantuvo su tradicional carácter polirrítmico. La modalidad trocaica se usó corrientemente en las octavillas agudas y romancillos de las leyendas, en las escalas métricas y en todo género de composiciones uniformemente heptasílabas: «Quedóse el penitente / al borde de la roca» (Zorrilla). Desapareció esta modalidad y recuperó su lugar la forma de ritmo mezclado tan pronto como el modernismo sustituyó el alejandrino trocaico por el polirrítmico.

Tanto en italiano, donde el heptasílabo es familiar y corriente, como en francés, donde se ha usado menos que en italiano y en español, su tipo ordinario ha sido el polirrítmico. Ni el francés ni el italiano han realizado la emancipación de la modalidad trocaica practicada en la versificación del romanticismo hispánico.

No se explica la causa de que así como el heptasílabo trocaico se produjo al lado del alejandrino de esta misma especie, el alejandrino dactílico, por su parte, no diera ocasión al heptasílabo correspondiente, el cual hubiera ofrecido condiciones de musicalidad semejantes a las que a tal alejandrino se le reconocen. Aunque no se le haya usado como metro autónomo, algunos pasajes ocasionalmente uniformes muestran su apreciable valor lírico, como se advierte en una de las redondillas asonantes de *Advenimiento,* de Jorge Guillén: «Cantará el ruiseñor / en la cima del ansia».

Del decasílabo dactílico, con acentos en tercera, sexta y novena, se venía haciendo uso desde antiguo, combinado con el arte mayor, en canciones y letras de bailes. Su antigüedad se ve atestiguada por el cosante del almirante Hurtado de Mendoza, del siglo XIV: «A aquel árbol que mueve la foxa». Sor Juana Inés de la Cruz lo trató como metro independiente en romances y en estribillos de villancicos: «Con las perlas redimes mis culpas, / con las flechas me hieres de amor». En la poesía neoclásica y romántica se convirtió en el verso de los coros líricos y los himnos patrióticos. Es probable que la expansión que adquirió en Italia con Metastasio, Manzoni y Carducci fuera influida por el ejemplo español. Su cultivo contó después con numerosos partidarios en el modernismo hasta las canciones de corro de Gabriela Mistral: «Se acabaron los días divinos / de la danza delante del mar».

Varios intentos se hicieron para desarrollar la variedad trocaica paralela a la dactílica, acentuada en las sílabas impares, que había hecho apariciones antiguas y aisladas en el *Conde Lucanor,* «Qui por caballero se toviere», y en los tercetos monorrimos del *Cancionero de Évora,* «Aunque me veáis en tierra ajena». Con propósito más definido la compuso la Avellaneda en su cántico *A Dios,* combinado con tetrasílabos: «Entre nácar y oro y arrebol». Durante el modernismo, insistieron en el mismo ensayo González Prada en su poema *Ternarios:* «Manos que sus manos estrechasteis», por Díez Canedo en *El juguete roto:* «Alegría del juguete nuevo», y por Roger D. Bassagola en la composición que empieza: «Cuando ya muy lejos del estío».

El hexasílabo polirrítmico es conocido de manera general en la versificación de las lenguas romances. Procedía de la métrica latina medieval. En español ha sido empleado en romancillos, serranillas y letrillas. Es el metro más corriente, después del octosílabo, en la poesía popular. Se mezclan en su composición la modalidad dactílica, con acentos en segunda y quinta: «Dominio es la tierra / de Dios soberano» (Lista), y la trocaica, acentuada en las impares: «Cruzan tristes calles, / plazas solitarias» (Espronceda). La modalidad dactílica con autonomía propia, no es desconocida en francés ni en italiano, pero es mucho menos frecuente que en español, donde debió ser reforzada y favorecida por su coincidencia con los hemistiquios predominantes en el arte mayor. En cuanto a la variedad trocaica, su ejercicio parece haber sido solamente español. Aunque menos frecuente que la dactílica, no ha dejado de hacerse presente en todos los períodos. Ejemplos característicos son el lay trovadoresco de don Álvaro de Luna: «Porque de llorar / e de sospirar / ya non cesaré»; el romancillo «Celia de los ojos, / sólo tú eres Celia», del *Romancero general;* la endecha «Ya se acerca el día / de volverte a ver», de Arriaza, y el romance «Dime, gaita dulce, / dime tierna gaita», de Salvador Rueda. No se registran casos de esta modalidad trocaica ni en italiano ni en francés.

Por lo general, el pentasílabo ha sido tratado, tanto en español como en las demás lenguas, como metro oscilante entre la acentuación dactílica sobre las sílabas primera y cuarta y la trocaica sobre la segunda y cuarta. También en este caso la versificación española ha mostrado su tendencia diferenciadora desprendiendo del tipo polirrítmico las dos variedades indicadas. La forma dactílica ha sido la más cultivada. Se halla, por ejemplo, en la canción «Nada te turbe, / nada te espante; / todo se pasa», atribuida a Santa Teresa; en el coro «Oh, corazones / más que de tigres», de la *Nise laureada,* de Jerónimo Bermúdez; en la canción «Ésta es María / que se levanta / como la aurora», de sor Juana Inés de la Cruz, y en la cantata de *Los padres del limbo,* de Leandro Fernández de Moratín: «Ven, prometido / jefe temido». Ejemplo notable de la variedad trocaica emancipada es en su mayor parte la antigua endecha por la muerte de Guillén Peraza: «Llorad, las damas, / si Dios os valga, / Guillén Peraza /murió en Las Palmas». Con conciencia de la diferenciación entre ambas variedades, la Avellaneda, en *La pesca en el mar,* hizo figurar una estrofa pentasílaba dactílica y otra pentasílaba trocaica.

Dada la persistente actitud analítica y diferenciadora que estas notas demuestran, no puede menos de llamar la atención el hecho de que tanto el octosílabo como el endecasílabo, que son los versos más usados en la poesía hispánica y que por naturaleza pertenecen a la clase de metros polirrítmicos, sean los que menos han sido sometidos a tal género de disección. Uno y otro se han venido aplicando durante siglos a toda clase de temas con mantenimiento regular de su ritmo variable y mezclado.

De las diversas modalidades implícitas en el octosílabo, sólo la trocaica, acentuada en las sílabas impares, ha adquirido representación independiente, no por antigua tradición sino por influencia recibida de Italia desde el siglo XVIII con los cantables del teatro lírico y con el ejemplo de su poesía, en la que el octosílabo es, como se sabe, uniformemente trocaico. Se usó con frecuencia en poesías neoclásicas y románticas. Espronceda lo adornó con rimas interiores en su composición *A Matilde:* «Aromosa, blanca viola, / pura y sola en el pensil».

Tan fácil es percibir el paso llano y sereno del tipo trocaico en el verso inicial del romance «Gerineldo, Gerineldo», como el movimiento sincopado del dactílico, acentuado en primera, cuarta y séptima, en el segundo verso: «Paje del rey más querido». De hecho la variedad dactílica aparece con frecuencia en pasajes de acusada expresión enfática. Se ha sentido su particular efecto, aunque no se haya llegado a emanciparla con tratamiento independiente. Podría haber cubierto la nota que falta en la serie de metros dactílicos de cinco, seis, siete, nueve, diez, once y doce sílabas. Alfonso Reyes tuvo en cuenta sin duda la dignidad y entono del octosílabo dactílico duplicándolo a semejanza de hexámetro en su oda *En la tumba de Juárez:* «Manes del héroe cantado, sombra solemne y austera».

Entre las modalidades rítmicas del endecasílabo ordinario, la única cultivada de manera autónoma ha sido la sáfica, con apoyos principales en cuarta, sexta u octava y décima. Aunque forma parte de la polirritmia de tal metro, no se desprendió originariamente de este conjunto, sino que se produjo por imitación del modelo clásico en el marco de la estrofa sáfico-adónica, de la cual dio Villegas el famoso ejemplo de su oda *Al Céfire:* «Dulce vecino de la verde selva».

Como queda dicho, el endecasílabo dactílico procede también de fuente distinta. Las propias variedades del me-

tro polirrítmico, heroica, melódica y enfática, aparte de la
sáfica, no han sido tratadas separadamente, aunque cada
una posea su peculiar forma y sentido. De vez en cuando,
se advierte la preferencia por una u otra ligadas al tono o
temple del poeta. Autores de fina sensibilidad las presien-
ten y realizan por espontánea intuición. No se puede tener
por meramente casual el hecho de que en las *Canciones del
alma,* de san Juan de la Cruz, se repita uniformemente el
sereno equilibrio de la modalidad trocaica, que en este
caso lleva mal el nombre de heroica; ni el testimonio de
que las estrofas de *Las golondrinas,* de Bécquer, estén construidas a base de la suave y armoniosa variedad melódica;
ni el ejemplo de que la vehemencia del tipo enfático se
muestre con mayor proporción que la ordinaria en el *Canto
a Teresa,* de Espronceda.

Es probable que tanto en el caso del endecasílabo como
en el del octosílabo, la misma frecuencia y familiaridad con
que estos metros son tratados sean la causa de que se les
practique por hábito rutinario, sin la atención que otros
menos corrientes suscitan. Pasan inadvertidos detalles de
las personas con quienes se convive a diario. Despierta
particular curiosidad el forastero a quien se ve por vez primera. En tal caso se trataría simplemente de una situación
retrasada que un día u otro podrá entrar bajo el dominio
de la tendencia emancipadora de variedades rítmicas tan
abundantemente demostrada.

Pone de manifiesto tal tendencia, con repetidos ejemplos, la consideración por las modalidades métricas de metro claro y simple, a pesar del carácter contrario de los dos
metros más corrientes. Indica asimismo refinado sentido
artístico el propósito de desentrañar los resortes del instrumento que se maneja en relación con sus valores expresivos. Sugiere además la intención de evitar la monoto-

nía, intención reflejada por la variedad de metros y estrofas en la misma obra desde el viejo *Auto de los Reyes Magos* a las comedias del Siglo de Oro y a las leyendas del romanticismo. Más en el fondo hace sugerir el mismo impulso de discernimiento y precisión que forjó el simple sistema de los cinco fonemas vocálicos de la lengua, depurándolos de primitivas vacilaciones e influencias, y elaboró el cuadro metódico de los cinco tonemas funcionales en el sensible y variable campo de la entonación.

EL OCTOSÍLABO Y SUS MODALIDADES

Opiniones opuestas

Ha sido corriente decir que el verso octosílabo no posee más acento constitutivo e indispensable que el de la sílaba séptima. Cualquier serie de palabras que sume siete, ocho o nueve sílabas con acento sobre la séptima, es considerada como medida apta para acomodarse al indicado metro. A las seis sílabas anteriores al acento de la séptima no se les reconoce ningún orden definido.

Multitud de ejemplos contradicen la antigua opinión de que el octosílabo común en la versificación española responde a la base trocaica del octonario latino de los himnos religiosos y militares. Octosílabos de tipo trocaico y dactílico han sido señalados desde antiguo por los autores españoles que se han ocupado de esta clase de metro. Sabido es que en la práctica normal se entremezclan en las mismas poesías octosílabos de variable acentuación que no encuadran con ninguno de los tipos mencionados [1].

1. Nebrija, *Gramática castellana,* Salamanca, 1492, parte segunda, consideró al octosílabo como metro semejante al dímetro yámbico latino. Argote de Molina, *Discurso sobre la poesía castellana,* Madrid, 1575, pág. 26 de la edición de E. F. Tiscornia, lo creyó «conforme al verso trocaico de griegos y latinos». Rengifo, *Arte poética española,* Salamanca, 1592, cap. IX, sin asignarle ritmo especial, advirtió que sólo la sílaba séptima era *larga* y que las demás sílabas podían ofrecer combinaciones variables, de las cuales dio varios ejemplos. Cascales, *Tablas poéticas,* Murcia, 1617, volvió a la misma base trocaica notada

En un artículo no bastante divulgado de Frank Otis Reed sobre el octosílabo de Calderón se reducen las variedades de este metro a cuatro moldes rítmicos. Desde otro punto de vista, Julio Saavedra Molina, en un extenso estudio titulado *El octosílabo castellano,* Santiago de Chile, 1945, registra hasta treinta variedades de este verso. De este modo un metro que para unos está constituido de manera tan elemental que apenas se distingue del simple grupo fónico, aparece para otros como medida rítmica de las más enrevesadas y complejas [2].

En principio, el supuesto de que en el octosílabo se den seis sílabas sucesivas, en disposición indefinida o amorfa, es tan poco admisible como la idea de que cada una de las numerosas combinaciones de acentos prosódicos que en tal verso puedan ocurrir represente una modalidad de efectivo valor rítmico. Se necesita precisar hasta qué punto esas combinaciones producen efectos acústicos con apreciable valor expresivo. Carecen de carácter propio las fór-

---

por Argote. Correas, *Arte grande de la lengua castellana,* 1626, pág. 287 de la edición del Conde de la Viñaza, advirtió que unos octosílabos se componen de pies de dos sílabas, *alta y baja,* es decir, trocaicos, y otros, de dos pies de tres sílabas y uno de dos, sin duda dactílicos. Bello, *Principios de ortología y métrica,* Santiago de Chile, 1835, continuó y desarrolló la idea de los dos tipos indicados por Correas, designándolos con sus propios nombres rítmicos. Coll y Vehí, *Diálogos literarios,* Barcelona, 1866, y Benot, *Prosodia castellana y versificación,* Madrid, siguieron, por su parte, la línea de Rengifo, reconociendo el acento de la sílaba séptima como única base fija del ritmo del verso.

2. En las 30 variedades registradas por Saavedra figuran 9 de cuatro acentos, 14 de tres, 6 de dos y 1 de uno, pág. 30. El autor advierte que en realidad el octosílabo consta de dos vértices, uno fijo en la sílaba séptima y otro movible que se sitúa en cualquiera de las cinco primeras sílabas y de preferencia en la tercera, pág. 43; reconoce que unos acentos son propiamente rítmicos y otros sólo lógicos o de sentido, pág. 32; pero llama tipos rítmicos a sus treinta variantes, páginas, 33, 37, 39, etc.

mulas acentuales comprendidas dentro del mismo esquema rítmico.

En las siguientes páginas se atiende de manera especial al examen del ritmo del octosílabo, tomando por base la forma regular de este verso en textos antiguos y modernos. No puede menos de reconocerse la conveniencia de establecer tal conocimiento como condición previa para el comentario del discutido punto relativo al origen, relaciones e historia del referido metro.

TIPOS RÍTMICOS

El octosílabo, como todo verso de cláusulas variables, contiene un período rítmico con un tiempo marcado que se apoya en una de las primeras sílabas y otro tiempo análogo que tiene por base la última sílaba acentuada. Dentro del período rítmico se juntan cuatro, cinco o seis sílabas que forman regularmente dos cláusulas en la disposición de 2-2, 2-3, 3-2, 3-3. Circunstancias ocasionales alteran a veces los grupos indicados dando lugar a divisiones de carácter excepcional como 1-3, 1-4, 2-4, etc. La segunda cláusula recibe de ordinario acento más débil que el que recae sobre los tiempos marcados.

El acento final determina el metro; el primer tiempo marcado establece el período; la forma de las cláusulas caracteriza el ritmo. El conjunto de estos elementos da al octosílabo una estructura propia, por la cual se le reconoce aunque se halle fuera de serie. Figura aisladamente en proverbios, títulos y lemas. Es fácil de observar, además, que no todos los versos de esta medida producen la misma impresión rítmica.

Atendiendo a las circunstancias mencionadas, el octosílabo puede ser trocaico, dactílico o mixto. El tipo trocaico empieza con dos sílabas en anacrusis, sitúa el primer tiempo marcado sobre la tercera sílaba y el tiempo débil sobre la quinta y compone el período con dos cláusulas bisílabas. El dactílico carece de anacrusis, asienta el primer tiempo marcado sobre la sílaba inicial y el tiempo débil sobre la cuarta, y forma el período con dos cláusulas trisílabas. El mixto da principio con una sílaba en anacrusis, coloca el primer tiempo marcado sobre la segunda sílaba y el tiempo débil sobre la cuarta o quinta: en el primer caso las cinco sílabas del período se combinan en el orden 2-3 y en el segundo en el orden 3-2 [3].

Por lo general, los tres tipos alternan entre sí, según queda indicado. A veces se dan pasajes homogéneos que muestran el carácter particular de cada tipo. El trocaico es relativamente lento, lírico y suave; ofrece ventajas para el canto. El dactílico, más recortado y enérgico, se presta a la expresión dramática. Las variantes mixtas, flexibles y cursivas, se acomodan especialmente a los movimientos del diálogo y del relato. En su combinación sucesiva e indistinta, unos y otros neutralizan sus efectos particulares dentro de las líneas de su fondo común [4]. Pueden apreciarse las diferencias indicadas en los siguientes ejemplos:

3. Frank Otis Reed, en el artículo citado, «The Calderonian octosyllabic», aparecido en *University of Wisconsin Studies in Language and Literature*, Madison, Wisconsin, 1924, págs. 73-98, presenta como tipos rítmicos diferentes las dos variantes mixtas; pero la posible subordinación de éstas a un tipo único se muestra en el hecho de que ambas coincidan en rasgos esenciales como el de llevar el primer tiempo marcado sobre la segunda sílaba y el de contener cinco sílabas en el período rítmico. Sin embargo, la circunstancia de que estas sílabas se agrupen en la forma 2-3 o 3-2 es suficiente diferencia para que ambas combinaciones se distingan entre sí y de cualquiera de los otros tipos.

4. Indicó Bello que para que los octosílabos trocaicos sean musicales y cantables deben tener acentuada la tercera sílaba, regla que se

Trocaico

oo óo óo óo

Aromosa, blanca viola,
pura y sola en el jardín,
embalsama regalada
la alborada del abril.

(Espronceda, *A Matilde*)

Dactílico

óoo óoo óo

Pláceme, dijo Rodrigo;
pláceme, dijo, de grado...
Tú me destierras por uno,
yo me destierro por cuatro.

(Romance de la *Jura de Sta. Gadea*)

Mixto a

o óo óoo óo

Se acerca gran cabalgada,
y vese claro y distinto
que Diego Estúñiga el joven
es de ella jefe y caudillo.

(Rivas, *Don Álvaro de Luna*)

---

observa cuidadosamente en italiano; de los que sólo llevan acento fijo
en la séptima opinaba que son a propósito para el drama y para el
estilo llano del romance, pero «poco adaptables a los tonos altos de
la lira y menos a la grande epopeya», *Principios de ortología y métrica*,
Madrid, 1890, pág. 290, nota. Cada tipo de octosílabo es justo y adecuado dentro de su propia función; el dactílico y el mixto se prestan
a efectos expresivos que el trocaico no puede producir; todos son musicales en las circunstancias convenientes. Sus variantes abarcan una extensa escala de diferentes tonos.

Mixto b

o óoo óo óo

Calzadas espuelas de oro,
valona de encaje blanca,
bigote a la borgoñona,
melena desmelenada.

(Zorrilla, *A buen juez, mejor testigo*)

Pasajes como los anteriores, en que la acentuación prosódica de cada verso señala con toda claridad la estructura rítmica del conjunto, son poco frecuentes. El trocaico es entre los tipos citados el único que suele emplearse de manera independiente. La poesía de Espronceda *A Matilde,* de doble rima interior y final, consta de diez cuartetas trocaicas como la que queda indicada. Se encuentran algunas otras poesías en octosílabos trocaicos entre los poetas románticos y modernistas. Ni el octosílabo dactílico ni el mixto, como antes se ha indicado, parecen haber sido empleados separadamente [5].

TESTIMONIO EXPERIMENTAL

La cantidad silábica da idea de la disposición de las cláusulas y períodos en los referidos tipos. Entre los textos examinados bajo este aspecto, bastará presentar los siguientes versos del romance de *Gerineldo:*

5. Corresponden al tipo trocaico 31 combinaciones prosódicas con uno, dos, tres, cuatro, cinco y seis acentos, como se verá después. Concurren muchas de estas combinaciones en poesías de octosílabos trocaicos de Gutiérrez Nájera, Santos Chocano, Amado Nervo y otros. El llamado octosílabo peónico está comprendido dentro del tipo trocaico.

Gerineldo, Gerineldo,
paje del rey más querido,
quisiera hablarte esta noche
en este jardín florido.

Se hallan representadas en este ejemplo todas las variedades del octosílabo anteriormente indicadas. El primer verso corresponde al tipo trocaico; el segundo, al dactílico; el tercero, al mixto *a*, y el cuarto, al mixto *b*. Se han medido las sílabas sobre una inscripción quimográfica registrada en el tono de la lectura normal. Las cifras correspondientes a cada sílaba expresan la duración de la misma en centésimas de segundo. Respecto a la división de las sílabas sólo hay que advertir que la vocal final de *quisiera* y la inicial de *hablarte* han sido dichas como un solo sonido, que la última sílaba de *hablarte* y la primera de *esta* se han fundido en una simple unidad y que la *n* de *en* ha sido pronunciada como sonido inicial de la sílaba siguiente.

	Ge	ri		
	20	12		
		32		

nel	do	Ge	ri	nel	do	
30	20	28	17	32	23	
50		45		55	(42)	
	95			97		

pa	je	del	rey	más	que	ri	do		qui
18	15	17	20	18	14	25	20	(28)	20
50			47			45		48	
	97					93			

sie	ra	ha	blar	te	es	ta	no	che		e
26	20		30	16	13	30	25	(35)	10

46	59	55	45

105	100

nes	te	jar	dín	flo	ri	do
23	12	17	28	20	26	18

52	48	44	(50)

100	94

El promedio de la cantidad silábica ha sido 20 centésimas; el de las cláusulas, 47, y el de los períodos, 98. La desigualdad de las sílabas, 10-32, aparece algo reducida en las cláusulas, 34-55, y más en los períodos, 95-105. Para la impresión del oído, los períodos resultan prácticamente uniformes. Su duración coincide con la de la unidad de tiempo [6].

La diferencia entre las cláusulas depende esencialmente del número de sus sílabas. Las dactílicas son en general más largas que las trocaicas. Los períodos de enlace, mediante la suma de sus tiempos, pausas y anacrusis, se uniforman con los períodos interiores. La igualdad de los períodos determina la reaparición regular de los tiempos marcados.

6. No hay que decir que toda experiencia de esta especie envuelve cierto elemento ocasional. El mismo texto leído por diferentes personas presenta de ordinario abundantes discrepancias. Una completa identidad de resultados no suele darse ni aun entre las lecturas de un mismo texto repetidas por una determinada persona. Lo mismo puede decirse del timbre de las vocales, de la articulación de las consonantes, del grado del acento espiratorio o de la altura del tono. Dentro de un relativo margen de oscilación, existe sin embargo conformidad respecto a las líneas esenciales de cada fenómeno.

En el ritmo total del verso se suma la cooperación de varios elementos. Al lado de los tiempos marcados, base rítmica del conjunto, actúan el contraste entre los períodos plenos y los de enlace, la sucesión de las cláusulas fuertes y débiles, el orden alterno de la asonancia y la combinación regular de versos y pausas. El octosílabo concierta el conjunto de estos factores en la acompasada medida de sus acentos, equivalente a la duración del paso en la marcha normal.

Aplicación artística

Existen numerosos testimonios de la utilización consciente o intuitiva de los referidos tipos en el lenguaje métrico. Muchos romances empiezan con un verso trocaico que repite el mismo grupo tetrasílabo en sus dos tiempos marcados. Después de este principio, el verso siguiente suele dar al ritmo un nuevo giro:

> Abenámar, Abenámar,
> moro de la morería.

> Compañero, compañero,
> casóse mi linda amiga.

Es frecuente en los romances emplear el tipo dactílico para señalar el principio de un parlamento:

> De esta manera le hablaba:
> Esta respuesta le da:
> Tales palabras decía:
> Estas razones ha hablado:

Se aplica esta misma variante para cerrar una frase de manera rotunda y enérgica. Cuando doña Lambra cuenta a su esposo la ofensa que de los Infantes de Lara había recibido, termina su queja diciendo: «Si desto no me vengáis, / mora me quiero tornar». De manera análoga, Fernán González, al descubrir la bandera de su condado al frente de los caballeros que salían al encuentro de su señor, exclama con alegría: «Salid, salid, doña Sancha, / ved el pendón de Castilla».

En la *Jura de Santa Gadea* el relato se desarrolla predominantemente en trocaicos y mixtos. La forma dactílica pasa a primera línea en los versos en que el rey ordena el destierro del Cid y en la réplica del caudillo castellano, ya citada en la sección de tipos rítmicos. En «Cabalga Diego Laínez», se observa el mismo proceso. Después de la descripción del cortejo de los caballeros en mixtos y trocaicos, ocupan los dactílicos el principal lugar cuando Rodrigo muestra su enojo ante el mandato de su padre para que bese al rey la mano:

> Si otro me lo mandara
> ya me lo hubiera pagado;
> mas por mandarlo vos, padre,
> yo lo haré de buen grado.

El papel del dactílico sirve igualmente para realzar las expresiones más graves y patéticas en el romance de la penitencia del último rey godo; es frecuente que la prótasis de la frase sea mixta y la apódosis dactílica:

> Estando en estas razones,
> voz de los cielos oía...
>   Tres roscas daba a la tumba,
> siete cabezas tenía...
>   Rogaba a Dios a su lado
> todas las horas del día...

La sucesión alternativa repite el contraste y favorece el movimiento musical. La diferencia entre el equilibrio trocaico y el énfasis dactílico resalta en el reto de Bernardo del Carpio:

> Tú y los tuyos lo habéis dicho,
> que otro ninguno no osara;
> mas quienquiera que lo ha dicho
> miente con toda la barba.

La sucesión indicada es procedimiento regular en las enumeraciones de miembros contrapuestos de las cuales se encuentran en los romances abundantes ejemplos. El ritmo no responde enteramente a la serie contrapuesta de *unos* y *otros* en el desafío entre don Urgel y Bernardo del Carpio. La oposición entre el verso trocaico y el dactílico se dibuja con claridad a través de la serie alterna de *vos* y *yo* en las querellas de Fernán González contra el rey de León. El contraste adquiere particular relieve y precisión entre *todos* y *Rodrigo* en «Cabalga Diego Laínez», donde el énfasis dactílico se anticipa ocupando el principio de cada proposición:

> Todos espadas ceñidas,
> Rodrigo estoque dorado;
> todos con sendas varicas,
> Rodrigo lanza en la mano;
> todos guantes olorosos,
> Rodrigo guante mallado.

Las *Coplas* de Jorge Manrique ofrecen diversas combinaciones de armonía interior entre los tipos rítmicos del verso. En unos casos los versos de las dos semiestrofas se corresponden rítmicamente en el mismo orden que el de sus propias rimas. En otros casos los dos octosílabos de cada semiestrofa pertenecen al mismo tipo. En otros, toda la estrofa responde a un tipo uniforme. La siguiente estrofa doble hace alternar con regularidad los tipos mixto y trocaico, cerrándose con dos dactílicos que subrayan el sentido patético de la terminación:

Después de puesta la vida	*mixto*
tantas veces por su ley	*trocaico*
al tablero,	
después de tan bien servida	*mixto*
la corona de su rey	*trocaico*
verdadero,	
después de tanta hazaña	*mixto*
de que no puede bastar	*trocaico*
cuenta cierta,	
en la su villa de Ocaña	*dactílico*
vino la muerte a llamar	*dactílico*
a su puerta.	

Las combinaciones rítmicas de los romances parecen guiadas e influidas por los movimientos del canto. Las de las *Coplas* revelan un fino sentimiento artístico de los efectos del ritmo del verso. La armonía de los tipos rítmicos eleva el valor lírico en las composiciones que aciertan a aprovechar tal condición.

COMPARACIÓN DE FRECUENCIA

En francés e italiano, el octosílabo, menos cultivado que en español, ha hecho prevalecer el tipo trocaico correspondiente al modelo latino. En español, la modalidad trocaica es igualada por la mixta, y la suma de ésta con la dactílica supera considerablemente la representación de la primera.

Entre los 100 hemistiquios octosílabos que se registran en los primeros 500 versos del *Cantar de Mio Cid,* figuran 35 trocaicos, 18 dactílicos y 47 mixtos. En el fragmento de *Roncesvalles* figuran 9 trocaicos, 9 dactílicos y 10 mixtos. La proporción del tipo trocaico aumenta considerablemente en composiciones líricas influidas por modelos extranjeros. Tal proporción se aproxima al cincuenta por ciento en la cantiga de Alfonso XI y en el duelo de Aquiles de la *Crónica troyana.*

A partir del siglo xv, la nacionalización de la métrica octosilábica, con el desarrollo de los romances y de la lírica cortesana, hizo que descendiera el octosílabo trocaico y que recuperaran su antiguo nivel los tipos dactílico y mixto. En el romance de *La serrana de la Vera* se cuentan 23 trocaicos, 15 dactílicos y 22 mixtos. Siguiendo este mismo orden, los 320 octosílabos de las *Coplas* de Jorge Manrique se reparten en 140 trocaicos, 60 dactílicos y 120 mixtos.

Las medidas indicadas se mantienen sin apreciable diferencia en las quintillas de Gil Polo, en las redondillas de Baltasar de Alcázar, en el diálogo de las labradoras del principio de *Fuenteovejuna* y en las décimas de Segismundo en *La vida es sueño.* En las quintillas de la *Fiesta de toros en Madrid,* de Nicolás Fernández de Moratín, el tipo mixto predomina sobre el trocaico.

Entre los poetas románticos se manifiesta con claridad la tendencia a dividir las funciones entre las modalidades indicadas. Mientras de una parte la forma trocaica muestra su preponderancia en las composiciones propiamente líricas, como se observa en las canciones de Espronceda y Arolas, de otra parte los tipos dactílico y mixto sobresalen notoriamente, a expensas de la referida forma, en poesías de carácter narrativo, como los romances del Duque de Rivas y las leyendas de Zorrilla. El dactílico, relativamente escaso hasta ahora, es favorecido por el énfasis romántico hasta el punto de igualar y aun sobrepasar al trocaico:

Rivas	troc.	dact.	mixt.
La vuelta deseada	89	110	109
El sombrero	104	109	119
El castellano leal . . .	87	96	106
TOTAL	280	315	334
Porcentaje	30,1	33,9	35,9
Zorrilla			
La sorpresa de Zahara . . .	154	234	280
El capitán Montoya	453	498	701
El escultor y el duque . . .	262	322	380
TOTAL	869	1.054	1.361
Porcentaje	26,4	32,0	41,4

En el Duque de Rivas, las proporciones entre los tres tipos rítmicos son más equilibrados que en Zorrilla. En uno y otro resultan, sin embargo, paralelas. Tomados en conjunto los 4.213 octosílabos, el trocaico representa el 27,2 por ciento; el dactílico, el 32,4 por ciento, y el mixto, el 40,0 por ciento.

La preponderancia del tipo mixto en los textos primitivos, el crecimiento del trocaico bajo la influencia extranjera, la restauración de las proporciones originarias en el Siglo de Oro y el crecimiento gradual de la variante dactílica, confirman el doble origen, culto y popular, del octosílabo español y la larga y callada competencia sostenida por ambas corrientes.

ACENTOS PROSÓDICOS

Ordinariamente los apoyos rítmicos del verso se asientan sobre sílabas prosódicamente acentuadas. La lengua española concede especial importancia al acento prosódico. En muchos casos los acentos prosódicos que el verso presenta son más numerosos que los apoyos rítmicos. Son acentos prosódicos activos los que sirven de base a los tiempos del verso. Son pasivos u ociosos, en cuanto al ritmo, los que no desempeñan papel apreciable en la determinación de tal elemento.

El asiento de los tiempos indicados recae a veces sobre sílabas prosódicamente débiles. Ocurre esto sobre todo con respecto al tiempo secundario, interior de período. Se da ese mismo caso, con menos frecuencia, en relación con el primer tiempo marcado y hasta con el tiempo final. No es raro encontrar en el teatro clásico octosílabos que terminan en preposición o conjunción inacentuada, ya sea por motivos de natural encabalgamiento o por intencionado efecto cómico, como el de la glosa del gracioso de *Cada cual lo que le toca*, de Rojas, versos 3.125-3.145, que termina diciendo:

> Entraré como cristiano
> a sólo volver por mí.
> Los dos allá dentro y
> yo con la espada en la mano [7].

7. Son numerosos los ejemplos de esta especie que se pueden citar: «Mucho me huelgo de que / a eso vuestro ingenio salga» (Calderón, *Mágico*, I, 2). «Isabel, / Señor. / Con que / ¿nos quiere dejar mi

La ausencia del acento prosódico no impide que la sílaba séptima reciba el apoyo rítmico que le corresponde. Lo mismo sucede con las sílabas inacentuadas en que suelen asentarse el primer tiempo marcado y el tiempo intermedio. Cuando el verso, además del apoyo regular de la sílaba séptima, indica el lugar correspondiente a alguno de los dos apoyos anteriores, el mismo movimiento del ritmo lleva a situar sin dificultad el asiento no señalado. Son variables los acentos prosódicos; son fijos los apoyos rítmicos en que se funda la estructura de cada tipo. Si el verso no posee más acento prosódico que el de la sílaba séptima o si por el contrario tienen acento prosódico todas las sílabas anteriores, los apoyos inexpresados se deducen del valor relativo de los vocablos y del ritmo de los versos precedentes.

Ya se ha visto que el hecho de que el octosílabo sea trocaico, dactílico o mixto resulta de la colocación de su primer tiempo marcado. La acumulación de acentos prosódicos al principio del verso suele dar lugar a que la forma rítmica del mismo se preste a interpretaciones diferentes. Se registran a continuación las numerosas combinaciones prosódicas del octosílabo con indicación de la correspondencia rítmica de cada una de ellas [8].

———

hermana?» (L. F. Moratín, *El viejo y la niña,* I, 6). No es, pues, exacto en sentido absoluto que la sílaba séptima tenga siempre acento prosódico en el verso octosílabo.

8. En varios de los casos siguientes podrán darse también interpretaciones diferentes de las que aquí se proponen. Las discrepancias de detalle no afectan al fondo de la demostración. Se citan abreviadamente *Poesías escogidas de Arolas,* recopiladas por L. Rosselló y J. Olea, Madrid, 1920; Calderón, *El alcalde de Zalamea* y *La vida es sueño;* Espronceda, *El estudiante de Salamanca;* Lope, *El acero de Madrid;* L. F. Moratín, *El viejo y la niña;* Núñez de Arce, *Gritos del combate* y *El vértigo,* Madrid, 1891; Rojas, *Cada cual lo que le toca;* Tirso, *El con*

A. *Un acento, una combinación*

1. Único acento en la sílaba 7. Tipo trocaico: «Para que de tu belleza / (eternos abriles goces)» (Vélez, *El rey en su imaginación*, 1.111-1.112); «(Porque las mujeres son) / como las tapicerías» (Lope, *Santiago el verde*, II, 1); «Y porque compadecido / (mejor mi amparo dispongas)» (Calderón, *Vida*, III, 10).

B. *Dos acentos, seis combinaciones*

2. Acentos en 1-7. Tipo dactílico: «Íbase para París» (*Infantina*); «Dejo las invocaciones» (Manrique, *Coplas*, 4); «Puéblese de mis verdades» (Rojas, *Cada cual*, 361).

3. Acentos en 2-7. Tipo mixto *a*: «Partimos cuando nacemos / andamos mientras vivimos» (Manrique, *Coplas*, 5); «El circo desocupando» (N. F. Moratín, *Fiesta*, 103). Tipo mixto *b*: «Las músicas acordadas» (Manrique, *Coplas*, 17); «Las dádivas desmedidas» (Manrique, *Coplas*, 19).

4. Acentos en 3-7. Tipo trocaico: «Los estados y riqueza / que nos dejan a deshora» (Manrique, *Coplas*, 11); «Como lanzas de soldados / apostados en la altura» (Zorrilla, *A buen juez*, 15-16).

5. Acentos en 4-7. Tipo dactílico: «Sobre las aguas del mar» (*Arnaldos*, 2); «(Le negara su favor) / cuando le viera ganar» (Espronceda, *Estudiante*, III, 2); «Por la alameda dorada» (A. Machado, *Alvargonzález*, 54).

6. Acentos en 5-7. Tipo trocaico: «(Vio venir un fuste armado) / por Guadalquivir arriba» (*Linda Infanta*, 4); «(Yo no digo mi canción) / sino a quien conmigo va» (*Arnaldos*, 21-22).

---

denado por desconfiado y *Don Gil de las calzas verdes;* Vélez de Guevara, *La serrana de la Vera;* Zorrilla, *Obras completas,* Madrid, 1917, vol. I.

7. Acentos en 6-7. Tipo trocaico: «(Sombrero de falda grande) / sobre quien el cordón ande» (Lope, *Isidro*, 17); «Lo que en Valladolid pasa» (Tirso, *Don Gil*, III, 1); «(Que yo quite a otros la muerte) / para que me la deis vos» (Calderón, *Mágico*, I, 9).

C. *Tres acentos, quince combinaciones*

8. Acentos en 1-2-7. Tipo mixto *a*: «Qué fueron sino verduras» (Manrique, *Coplas*, 16); «Oh, seres idolatrados» (Arolas, *Poesías*, 8). Tipo mixto *b*: «No curo de sus ficciones» (Manrique, *Coplas*, 4); «Soy cómplice en tu delito» (Rojas, *Cada cual*, 612).

9. Acentos en 1-3-7. Tipo trocaico: «Esos reyes poderosos» (Manrique, *Coplas*, 14); «¿Qué le fueron sino lloros?» (Manrique, *Coplas*, 21); «Ay, del triste que consume / (su existencia en esperar)» (Zorrilla, *A buen juez*, 74).

10. Acentos en 1-4-7. Tipo dactílico: «Cómo se pasa la vida, / cómo se viene la muerte» (Manrique, *Coplas*, 1); «Es tu mejilla temprana / rosa de escarcha cubierta» (Bécquer, *Rimas*, XI); «Canta deleites y amores, / busca la flor de las flores» (Darío, *Canción de carnaval*, 50-51).

11. Acentos en 1-5-7. Tipo trocaico: «Gente de la villa sale» (Vélez, *Serrana*, 507); «Tiene su palacio verde, / tiene su mullida cama» (Arolas, *Poesías*, 156); «Broches de esmeralda y oro» (Bécquer, *Rimas*, XII).

12. Acentos en 1-6-7. Tipo dactílico: «Vamos y cogeréis flores» (Arolas, *Poesías*, 112); «Vástagos de imperial rama» (Núñez de Arce, *Gritos*, 71).

13. Acentos en 2-3-7. Tipo trocaico: «Allí van los señoríos» (Manrique, *Coplas*, 3); «Pues ¿qué importa que la vea?» (Rojas, *Cada cual*, 525); «De que es símbolo celeste» (Bécquer, *Rimas*, XIX).

14. Acentos en 2-4-7. Tipo mixto *a*: «Errado lleva el camino, / errada lleva la vía» (*Infantina*, 5-6); «Re-

cuerde el alma dormida, / avive el seso y despierte»
(Manrique, *Coplas,* 1).

15. Acentos en 2-5-7. Tipo mixto *b*: «De Francia
partió la niña, / de Francia la bien guarnida» (*Infantina,*
1-2); «Daremos lo no venido» (Manrique, *Coplas,* 2);
«Estaba la mar en calma» (*Abenámar,* 5).

16. Acentos en 2-6-7. Tipo mixto *b*: «Se olvidan
de que son lodo» (Arolas, *Poesías,* 76); «Se mece la primer rosa» (Arolas, *Poesías,* 216); «(Me somete a su potencia) / de burla. Tan cruel es» (Guillén, *Cántico,* 344).

17. Acentos en 3-4-7. Tipo trocaico: «En los más altos estados» (Manrique, *Coplas,* 8); «Cuando tú cruda te
ensañas» (Manrique, *Coplas,* 23); «Pero no quieren tus
ojos» (Rojas, *Cada cual,* 537).

18. Acentos en 3-5-7. Tipo trocaico: «Nuestras vidas son los ríos» (Manrique, *Coplas,* 3); «Su postrera
luz refleja» (Bécquer, *Rimas,* XII); «Y partió a lejanas
tierras» (A. Machado, *Alvargonzález,* 42).

19. Acentos en 3-6-7. Tipo trocaico: «Con los rayos
del sol mismo» (Rojas, *Cada cual,* 546); «De sus besos
temblé yo» (Arolas, *Poesías,* 69).

20. Acentos en 4-5-7. Tipo dactílico: «Con su valor
y altos hechos» (Zorrilla, *A tal juez,* 412); «Para volar
más ligera» (Darío, *Canción de carnaval,* 9); «(Y Alvargonzález veía) / como Jacob una escala» (A. Machado,
Alvargonzález, 61-62).

21. Acentos en 4-6-7. Tipo dactílico: «Las esme-
raldas son verdes» (Bécquer, *Rimas,* XII); «Cuyos rigo-
res son ciertos» (Arolas, *Poesías,* 206); «Que el porvenir será tuyo» (Núñez de Arce, *Gritos,* 19).

22. Acentos en 5-6-7. Tipo trocaico: «Por inclinación soy hombre» (Vélez, *Serrana,* 1.833); «Que para
sanar no son» (Rojas, *Cada cual,* 1.635); «Con los que
a vender pan vienen» (Tirso, *Don Gil,* I, 3).

D.   *Cuatro acentos, veinte combinaciones*

23.   Acentos en 1-2-3-7. Tipo trocaico: «No más burlas con serranas» (Vélez, *Serrana,* 1.904); «Si, ya sé lo que te debo» (L. F. Moratín, *El viejo y la niña,* II, 11); «Yo sé que amas a los niños» (Arolas, *Poesías,* 157).

24.   Acentos en 1-2-4-7. Tipo mixto *a*: «¿Qué fué de tanto galán, / qué fué de tanta invención?» (Manrique, *Coplas,* 16); «Dos rojas lenguas de fuego» (Bécquer, *Rimas,* XXIV). Tipo dactílico si se da preferencia a la primera sílaba: «¿Cómo es el juego de cañas?» (Vélez, *Serrana,* 549).

25.   Acentos en 1-2-5-7. Tipo mixto *b*: «Cuán presto se va el placer» (Manrique, *Coplas,* 1); «Dos olas que vienen juntas» (Bécquer, *Rimas,* XXIV).

26.   Acentos en 1-2-6-7. Tipo mixto *b*: «¿Qué mosca te picó ya?» (Vélez, *Serrana,* 1.065); «Ser virgen cuando fué madre» (Tirso, *Condenado,* II, 11); «Es luz de los que están lejos» (Arolas, *Poesías,* 78).

27.   Acentos en 1-3-4-7. Tipo trocaico: «Este mundo es el camino» (Manrique, *Coplas,* 5). Tipo dactílico si se da preferencia a la primera sílaba: «Ved de cuán poco valor» (Manrique, *Coplas,* 8).

28.   Acentos en 1-3-5-7. Tipo trocaico: «Quién hubiese tal ventura» (*Arnaldos,* 1); «¿Qué castillos son aquellos?» (*Abenámar,* 23); «Crespo el oro en ancha trenza» (Bécquer, *Rimas,* XXIII).

29.   Acentos en 1-3-6-7. Tipo trocaico: «Blanca fué la primer rosa» (Arolas, *Poesías,* 222); «¿Qué te diera por un beso?» (Bécquer, *Rimas,* XXIII).

30.   Acentos en 1-4-5-7. Tipo dactílico: «Ángela ¿qué quieres tú?» (Rojas, *Cada cual,* 513); «Víctimas de un santo celo» (Arolas, *Poesías,* 72).

31.   Acentos en 1-4-6-7. Tipo dactílico: «Capas y gorras no más» (Vélez, *Serrana,* 550); «Líbreme amor de

mí propio» (Rojas, *Cada cual,* 1.597); «Yo trastornado,
tú loca» (Núñez de Arce, *Gritos,* 32).

32. Acentos en 1-5-6-7. Tipo trocaico: «Ve que su
dolor es grande» (Rojas, *Cada cual,* 1.597); «Vivas gran
señor mil años» (Calderón, *Vida,* I, 7).

33. Acentos en 2-3-4-7. Tipo mixto *a:* «Galván ¿qué
hará la señora?» (Tirso, *Condenado,* II, 16); «El verde
es gala y ornato» (Bécquer, *Rimas,* XII).

34. Acentos en 2-3-5-7. Tipo trocaico: «Azul, rosa,
verde y blanca» (Rivas, *Romances*); «Mas yo llevo el
pie desnudo» (Arolas, *Poesías,* 165).

35. Acentos en 2-3-6-7. Tipo trocaico: «Aquí gracia y después gloria» (Lope, *Acero,* II, 24); «Quien tal
hace, que tal pague« (Vélez, *Serrana,* 3.074); «Allá mue-
van feroz guerra» (Espronceda, *Pirata,* 35).

36. Acentos en 2-4-5-7. Tipo mixto *a:* «¿Por qué te
vas si es mi hermano?» (L. F. Moratín, *El viejo y la
niña,* III, 1); «¿Será quizá alguna vieja?» (Espronceda,
Estudiante, IV, 103).

37. Acentos en 2-4-6-7. Tipo mixto *a:* «La vi, me
amó, creció el fuego» (Espronceda, *Estudiante,* III,
esc. 3); «Esclavas de un amor puro» (Arolas, *Poesías,* 81).

38. Acentos en 2-5-6-7. Tipo mixto *b:* «Mas cumple tener buen tino» (Manrique, *Coplas,* 5); «Por una
mirada un mundo, / por una sonrisa un cielo» (Bécquer,
Rimas, XXIII).

39. Acentos en 3-4-5-7. Tipo trocaico: «Pues ¿por
qué no la has casado?» (Rojas, *Cada cual,* 1.277); «Cuando el sol ya estaba puesto» (Rivas, *Romances*).

40. Acentos en 3-4-6-7. Tipo trocaico: «Te matara
una y cien veces» (Núñez de Arce, *Vértigo,* 27); «Pre-
guntó altivo: —¿Quién va?» (Zorrilla, *El escultor y el
duque*).

41. Acentos en 3-5-6-7. Tipo trocaico: «Cercenado
tiene un brazo» (Zorrilla, *A buen juez,* 465); «Mi delito
no es gran cosa» (Espronceda, *Estudiante,* III, esc. 3).

42.   Acentos en 4-5-6-7. Tipo dactílico: «El que a su fe no da crédito» (Tirso, *Condenado*, I, 4); «Para reñir nunca es tarde» (Espronceda, *Estudiante*, III, esc. 3).

E.   *Cinco acentos, quince combinaciones*

43.   Acentos en 1-2-3-4-7. Tipo trocaico: «¿Yo no más? Grande palabra» (Lope, *Acero*, II, 15); «Yo no sé si es embustero» (L. F. Moratín, *El viejo y la niña*, III, 3).

44.   Acentos en 1-2-3-5-7. Tipo trocaico: «Yo sé dar, mas no volver» (Lope, *Los milagros del desprecio*, III, 8); «¿Quién te ha dado tal esfuerzo?» (L. F. Moratín, *El viejo y la niña*, II, 11); «Prez da el genio y no la cuna» (Arolas, *Poesías*, 169).

45.   Acentos en 1-2-3-6-7. Tipo trocaico: «¿Quién es esta mujer bella?» (Calderón, *Vida*, II, 4); «Yo no he dicho que no quiero» (L. F. Moratín, *El viejo y la niña*, II, 1).

46.   Acentos en 1-2-4-5-7. Tipo mixto *a*: «Cuán lejos va el alma de eso» (Lope, *Acero*, II, 24); «No basta ser sangre mía» (Vélez, *Serrana*, I, 501).

47.   Acentos en 1-2-4-6-7. Tipo dactílico: «¿No sois cristiano? Sí soy» (Tirso, *Condenado*, II, 16); «Hoy ha de ser la más alta» (Calderón, *Vida*, III, 14). Tipo mixto *a* si se da preferencia a la segunda sílaba: «Bien sé que apenas soy algo» (Quevedo, *La mala suerte*).

48.   Acentos en 1-2-5-6-7. Tipo mixto *b*: «—No puedo. —¿Por qué? —Soy fea» (Lope, *Acero*, III, 20); «—Es grande. —Mayor soy yo» (Calderón, *Vida*, II, 4).

49.   Acentos en 1-3-4-5-7. Tipo trocaico: «¿Es quien es? Yo soy quien soy» (Lope, *El cuerdo loco*, 1.833); «Ya lo estoy; no importa nada» (Tirso, *Condenado*, II, 17).

50.   Acentos en 1-3-4-6-7. Tipo dactílico: «Padre,

habéis hecho muy bien» (Vélez, *Serrana,* 3.100); «Este mal hombre que he visto» (Tirso, *Condenado,* I, 13).

51. Acentos en 1-3-5-6-7. Tipo trocaico: «¿Es Enrico? ¿Cómo es eso?» (Tirso, *Condenado,* I, 13); «Qué pasado bien no es sueño» (Calderón, *Vida,* III, 10).

52. Acentos en 1-4-5-6-7. Tipo dactílico: «—¿Qué hay de mi amor? —¿Qué sé yo?» (Tirso, *El castigo del pensé que,* I, 5); «Es frenesí, es rabia, es ira» (Calderón, *Vida,* III, 8); «Pobre de mí; yo voy muerta» (Moratín, *El viejo y la niña,* III, 10).

53. Acentos en 2-3-4-5-7. Tipo mixto *a:* «Don Gil no es hombre, es la gracia» (Tirso, *Don Gil,* I, 10); «La tarde es muy pura y fresca» (Arolas, *Poesías,* 175). Tipo trocaico si se da preferencia a la tercera sílaba: «Si allá muero he de ir por ella» (Tirso, *Condenado,* II, 17).

54. Acentos en 2-3-4-6-7. Tipo mixto *a:* «Aquí no pienso que hay más» (Vélez, *Serrana,* 346); «Según tú propio me has dicho» (Calderón, *Vida,* I, 8); «—Fingió dos cartas. —¿Qué dices?» (L. F. Moratín, *El viejo y la niña,* I, 11).

55. Acentos en 2-3-5-6-7. Tipo trocaico: «Pues ¿qué es esto? ¿Qué sé yo?» (Lope, *El cuerdo loco,* 52); «Quedaos vos, que yo he de ir solo» (Rojas, *Cada cual,* 1.856).

56. Acentos en 2-4-5-6-7. Tipo mixto *a:* «Roberto, ya sé quien es» (Lope, *El cuerdo loco,* 822); «¿Me buscas? Ya en tí no pienso» (Calderón, *Mágico,* II, 23).

57. Acentos en 3-4-5-6-7. Tipo trocaico: «¿Luego tú... Yo no sé nada» (Rojas, *Cada cual,* 2.329); «Pero ¿qué estorbo hay? Yo vengo / (de Madrid, corte de España)» (Tirso, *El castigo del pensé que,* I, 11).

F.   *Seis acentos, seis combinaciones*

58.   Acentos en 1-2-3-4-5-7. Tipo mixto *a*: «¿Es
huerta? ¿Es casa? Es la plaza» (Lope, *Santiago el verde,* II, 2); «No sé yo cuándo. Eso basta» (Tirso, *Don
Gil,* I, 10). Tipo trocaico si se da preferencia a la sílaba
tercera: «¿Tú no ves que es gran crueldad?» (Lope, *Acero,* II, 18).

59.   Acentos en 1-2-3-4-6-7. Tipo dactílico: «¿Qué
cara es ésa? ¿No habláis?» (Lope, *La esclava de su
galán,* III, 20); «No está en un hombre el ser serio»
(L. F. Moratín, *El viejo y la niña,* II, 1). Tipo mixto *a*
si se da preferencia a la segunda sílaba: «A un pez, a un
bruto y a un ave» (Calderón, *Vida,* I, 2).

60.   Acentos en 1-2-3-5-6-7. Tipo trocaico: «—Vos
sois cuerdo. —No soy cuerdo» (Lope, *Santiago el verde,*
III, 1); «No sé cuáles son más grandes» (Calderón, *Vida,*
I, 4). Tipo mixto *b* si se da preferencia a la sílaba segunda: «—¿Qué hacéis? Ay de mí. —No, deja» (L. F.
ne, gran dicha ha sido» (Vélez, *Serrana,* 2.486); «¿Qué
Moratín, *El viejo y la niña,* III, 10).

61.   Acentos en 1-2-4-5-6-7. Tipo mixto *a*: «Ya vie-
es esto? Ya son más graves» (Calderón, *Vida,* I, 4). Tipo
dactílico si se da preferencia a la sílaba primera: «Diez
meses ha, no hará más» (L. F. Moratín, *El viejo y la
niña,* II, 2).

62.   Acentos en 1-3-4-5-6-7. Tipo trocaico: «Lauro,
no sé qué me han dicho» (Vélez, *El rey en su imaginación,* 1.849); «Dices bien, yo sólo he sido» (Rojas, *Cada
cual,* 424). Dactílico si se da preferencia a la primera:
«—No te está bien. —Sí está bien» (Rojas, *ibid.,* 1.913).

63.   Acentos en 2-3-4-5-6-7. Tipo trocaico: «Si soy
rey, soy más que un hombre» (Vélez, *El rey en su imaginación,* 2.214); «Allá, ¿qué sé yo? Muy lejos» (Moratín, *El viejo y la niña,* II, 13).

G. *Siete acentos, una combinación*

64. Acentos en 1-2-3-4-5-6-7. Tipo mixto *a*: «—¿Quién es? —Yo soy. —¿Quién es yo?» (Lope, *El castigo sin venganza,* I, 2); «Ya van, ya van. ¿Hay tal prisa?» (L. F. Moratín, *El viejo y la niña,* II, 13). Tipo mixto *b*: «¿Es flaca? ¿Es mal hecha? ¿Es fría?» (Lope, *Acero,* III, 4).

OBSERVACIONES GENERALES

De las 64 combinaciones enumeradas, 32 corresponden al tipo trocaico, 13 al dactílico y 19 al mixto. En no más de siete u ocho casos estas combinaciones son susceptibles de cambiar de tipo por competencia semántica entre las palabras del verso. Las vacilaciones afectan especialmente al tipo mixto, fácil de inclinarse en uno u otro sentido.

La sección más numerosa es la de cuatro acentos, la cual reúne veinte combinaciones prosódicas. Las de uno, dos y tres acentos aumentan sus variantes progresivamente: 1, 6, 15. Las de cinco, seis y siete las disminuyen en proporción opuesta: 15, 6, 1:

Acentos	1	2	3	4	5	6	7
Combinaciones	1	6	15	20	15	6	1

Aunque la sección de cuatro acentos sea la que reúne mayor número de combinaciones, su frecuencia no está en relación con esa ventaja. Los octosílabos más abundantes son los que contienen dos o tres acentos prosódicos. En el primer caso, los dos acentos sirven de asiento a los tiempos marcados. Los de tres acentos proporcionan además apoyo natural al tiempo intermedio. Los de cinco y seis acentos son escasos, y los de uno y siete aparecen rara vez.

En las *Coplas* de Jorge Manrique, por ejemplo, los versos de dos acentos representan el 46,5 por ciento; los de tres, el 45,0 por ciento; los de cuatro, el 8,4 por ciento; los de cinco, el 0,1 por ciento. En el romance del *Palmero* sólo hay dos versos de cinco acentos; los demás son de dos, tres y cuatro, con predominio de los de tres. En el de *Abenámar* predominan igualmente los de tres, y no se halla ningún verso con más de cuatro acentos.

El número y disposición de los acentos prosódicos, no sólo sirve de base principal para la inclusión de cada verso en uno u otro de los tipos rítmicos señalados. La influencia de tal circunstancia se refleja asimismo en la calidad y carácter del verso. El octosílabo resulta claro, regular y equilibrado si consta de dos o tres acentos en correspondencia con sus apoyos rítmicos. El recargamiento de acentos prosódicos aumenta la densidad fonética y semántica y oscurece la línea del ritmo. Las vacilaciones entre los tipos mismos se dan precisamente en los casos de acentos más numerosos. Cada acento prosódico supone una palabra de categoría principal. Los versos de cinco, seis y siete acentos son pesados y recios; los de un solo acento, son débiles de cuerpo y de sentido.

DISCREPANCIAS OCASIONALES

Pocas veces se quebranta el sistema expuesto en los puntos anteriores. Los casos de alteración se producen en general por motivos de énfasis o por conflictos entre la sintaxis y el ritmo.

La ordinaria anacrusis del tipo trocaico pasa a ocupar

el tiempo marcado cuando la palabra inicial requiere posición más destacada. El siguiente octosílabo de Lope, *Peribáñez*, I, 6, se reparte entre el Comendador y Casilda. La pregunta del primero ocupa necesariamente el tiempo marcado inicial, lo cual da lugar a que las cuatro sílabas siguientes, que en el trocaico regular llenarían las dos partes del período, se reúnan aquí en la segunda de estas partes, alargando inevitablemente la duración de la misma: «¿Cómo? Porque veis visiones», en esquema, óo óooo óo. Análogo cambio se observa al fin del primer acto de *El alcalde de Zalamea* cuando Pedro Crespo invoca con dolor a la hija raptada: «Hija, solamente puedo / (seguirte con mis suspiros)».

En el mismo tipo trocaico, la anacrusis permanece intacta, pero el primer tiempo marcado se concentra en la sílaba tercera cuando ésta y la que le sigue requieren por su realzado sentido ser separadas en tiempos diferentes, como se ve en *El príncipe constante,* de Calderón, en un verso de siete acentos, que en este caso se aparta de su ordinario tipo mixto: «¿Quién soy yo? ¿Soy más que un hombre?» (I, 7). Igual efecto se manifiesta en el pasaje de *El estudiante de Salamanca* en que don Félix de Montemar rechaza con fría arrogancia la acusación del hermano de doña Inés: «Se murió; no es culpa mía», en esquema, oo ó óoo óo.

En algunos casos la primera sílaba necesita ocupar el principio del tiempo marcado, de acuerdo con la importancia de su papel. Si el segundo apoyo pudiera situarse sobre la sílaba cuarta, el verso adquiriría la forma de un sencillo octosílabo dactílico. Pero la cuarta sílaba es tan inacentuada en tales casos como la segunda y la tercera, en tanto que el acento de la quinta, reforzado por el de la sexta, reclama el apoyo indicado. Las tres sílabas débiles comprendidas entre los asientos de la primera y la quinta se subordinan al primero de ellos: «Ve que su dolor es grande» (Rojas, *Cada cual,* 1.597); «No hay sino decir *yo quiero*» (Vélez, *Serrana,* 503); «Vivas, gran señor, mil siglos» (Calderón, *Vida,* I, 7); «Liba de la flor más bella» (Arolas, *Poesías,* 76); en esquema, óooo óo óo. Se trata también en este caso de una alteración del tipo trocaico que suele producirse sobre todo en el diálogo emocional, como se ve en los versos primero, segundo, cuarto, quinto y sexto del siguiente pasaje de la leyenda *A buen juez, mejor testigo,* de Zorrilla:

> —Júralo, —exclamó la niña.
> —Más que mi palabra vale
> no te valdrá un juramento.
> —Diego, la palabra es aire.
> —Vive Dios, que estás tenaz,
> dalo por jurado y baste.

Una alteración semejante experimenta el tipo mixto cuando por exigencias del sentido las cinco sílabas del período se agrupan desigualmente en la forma 1-4, según se advierte en la misma leyenda citada cuando el escribano se dirige solemnemente al Cristo de la Vega: «Jesús, hijo de María». Otro ejemplo semejante puede verse en la primera parte, segundo punto, de la leyenda *Honra y vida que se pierden,* del mismo autor: «—Perdón. —Pídeselo al cielo», en esquema, o ó óooo óo.

Los ejemplos mencionados rompen la normalidad de los ordinarios tipos rítmicos. En la mayor parte de los casos tales desequilibrios sirven para subrayar el interés mediante la ruptura momentánea de los moldes regulares. Las discrepancias aludidas confirman en realidad el sentimiento común respecto al valor del tipo rítmico a que cada cambio afecta. Ocurren especialmente estos casos, siempre con carácter excepcional, en el diálogo dramático. Su papel meramente afectivo y ocasional los diferencia de los tipos normales. Desaparecen, por supuesto, en una lectura inexpresiva que no refleje niveles de énfasis ni cambios de emoción.

RESUMEN

La medida del octosílabo coincide con la del grupo fónico predominante en la prosa literaria española. Dentro de esta medida el octosílabo presenta tres modalidades rítmicas: trocaica, dactílica y mixta. Las tres modalidades alternan conjuntamente sobre la base isocrónica de sus cláusulas rítmicas y de sus tiempos marcados. Los rasgos particulares de las formas citadas se atenúan y neutralizan en el curso del verso ordinario. A veces se distinguen individualmente haciendo ostensible su propio valor.

Las combinaciones del acento prosódico en la serie silábica del octosílabo suman sesenta y cuatro variantes. Desde el punto de vista rítmico estas variantes se reducen a los tres tipos referidos. En tan extensa y complicada coordinación, los puntos vacilantes son extraordinariamente escasos. La precisión con que cada variante se acomoda a su respectivo tipo revela la larga experiencia métrica contenida en la historia de este verso.

En las lenguas en que el octosílabo figura especialmente como metro trocaico, la actuación del mismo se ha limitado por lo general al campo de la lírica. El español utiliza los tipos dactílico y mixto en proporción semejante y a veces superior a la del trocaico, lo cual explica la aptitud con que el referido metro se ha prestado en este idioma a los relatos épicos del romancero, al artificio de la poesía trovadoresca y cortesana, al variado diálogo del teatro, a los ágiles juegos de la expresión satírica en letrillas y epigramas, a las brillantes descripciones de las leyendas románticas y a las múltiples formas de la lírica popular. Basta, sin embargo, la impresión que se recoge de las observaciones precedentes para darse cuenta de que el octosílabo español está aún lejos de haber producido todo el fruto correspondiente a su capacidad artística.

MÉTRICA DE LAS «COPLAS»
DE JORGE MANRIQUE

Nota fonológica

A pesar de sus cinco siglos de antigüedad, el lenguaje de las *Coplas* de Jorge Manrique es claro y sencillo para cualquier lector moderno. Por su propiedad y sobriedad parece que jamás ha de envejecer. Sus pocos y leves arcaísmos pasan casi desapercibidos: *parescer, sobir, cativa, estorias, joventud,* etc. La lectura a la manera actual de otras palabras como *dulçores, plazeres, dexó, mejor,* modifica su antigua pronunciación, pero no altera la forma de los versos. Sólo afectan a la métrica los detalles siguientes: La *i* cuenta como vocal en hiato, con diéresis, en *glorïosa, juïcio, Octavïano, Aurelïano, Adrïano.* En el mismo caso se halla la *e* de *Tëodosio.* La sinalefa se cumple regularmente entre vocales inacentuadas, sin más excepciones que «y otros por no tener» (copla 20), y «de sus fijos y hermanos» (79); otras veces la *y* se suma a la vocal inmediata: «y en las lides que venció» (58), «por méritos y ancianía» (62). La aspiración de la *h* impide la agrupación de las vocales en «la cava honda, chapada» (48), «después de tanta hazaña» (66), «y su halago» (67) y en otros casos; la *f* originaria se mantiene en *fazer, fizo, fizieron, fable, falaguero,* etc.

Estrofa

Están compuestas las *Coplas* en sextillas octosílabas, cuyos versos se reparten en dos semiestrofas iguales con terminación quebrada en cada una de ellas y con tres rimas consonantes correlativas, abc:abc. Se ha venido usando esta estrofa en la poesía española desde mediados del siglo xv, a partir de Juan de Mena. Fue ampliamente cultivada por varios poetas durante la segunda mitad de ese siglo. Algunas otras de las muchas clases de estrofas de pie quebrado usadas desde el Arcipreste de Hita fueron quedando abandonadas hasta entrado el siglo xvi. La fama de las *Coplas* de Manrique ha mantenido hasta hoy el recuerdo, estimación y ejercicio de su conocida sextilla. Aunque con descensos y reacciones de frecuencia, en ninguna época ha dejado de tener cultivadores. Es en realidad la única estrofa que ha sobrevivido entre las numerosas invenciones de la métrica trovadoresca. El nombre con que generalmente se la designa es el de «copla de Jorge Manrique».

En los antiguos cancioneros, estas sextillas aparecen agrupadas en parejas. Las ochenta sextillas de que constan las *Coplas* formaban cuarenta estrofas dobles. La diferencia de rimas entre las dos sextillas de cada pareja dio lugar a que cada una de ellas llegara a considerarse como unidad independiente. Ocurre además que la mayor parte de las sextillas de las *Coplas* ofrecen individualidad bien definida, no sólo por razón de sus rimas, sino por su propio sentido. En varios casos, sin embargo, entre una sextilla impar y la que le sigue existe un enlace sintáctico y semántico que da a entender que su originaria agrupación en parejas no significaba una práctica meramente formal. Confirma esta misma relación el hecho de que en ningún caso una sextilla par aparezca trabada con la impar siguiente. Sólo con ocasión de las sextillas 65-66 se advierte que el sentido desborda la pareja y se extiende sobre la inmediata. Ambos modos de representación, sencilla o doble, igualmente compatibles con la métrica y el contexto del poema, se practican en las ediciones modernas. El de estrofas simples, que aquí sirve de base, ofrece la ventaja práctica de facilitar más concretamente la localización de las referencias.

De la sextilla de pie quebrado puede decirse que es la más armoniosa de las estrofas octosílabas. Sobre las proporciones de la redondilla de rimas cruzadas, añade la cadencia de los dos versos cortos que prolongan el efecto de las semiestrofas. Es más breve y flexible que las octavillas del romanticismo; no se somete como ésta a la rígida disciplina de las rimas agudas al final de las dos mitades de la estrofa. Su disposición lírica le ha hecho ser preferida en serenatas y barcarolas. Sus octosílabos se prestan a diversas correspondencias interiores a base de la combinación de sus tipos rítmicos. Dispone, además, de la libertad de hacer el pie quebrado tetrasílabo o pentasílabo. Claro es que el papel de la sextilla, dentro de su claro esquema métrico, es más o menos musical, expresivo y artístico según la acción conjunta de los varios elementos que puede poner en juego. Las observaciones siguientes se refieren a la aplicación de algunos de estos recursos en la métrica de las *Coplas*.

OCTOSÍLABO

En los octosílabos de esta composición intervienen los varios tipos rítmicos que tal metro contiene. Predomina el tipo trocaico, aunque no con la alta proporción que había alcanzado en el período de la gaya ciencia. El tipo dactílico y las variedades mixtas muestran por su parte mayor representación que en los poetas de ese período anteriores a Jorge Manrique. Sus proporciones en las *Coplas* pueden representarse de este modo:

trocaico	oo óo	óo	óo	43,0 %
mixto a	o óo	óoo	óo	22,2
mixto b	o óoo	óo	óo	15,9
dactílico	óoo	óoo	óo	16,7
otros				1,5

El compás nivelado y uniforme del trocaico forma el fondo rítmico de las *Coplas,* pero entre las ochenta sextillas sólo la 63 y la 71 se ajustan con regularidad a este único tipo. Hay, además, como una docena de estrofas en que un solo verso se aparta de la línea trocaica. En muchas otras, en cambio, el número de trocaicos se reduce a uno o dos versos, y pasan de una docena las que excluyen enteramente ese tipo rítmico. El predominio del trocaico había obedecido probablemente a influencia galaico-provenzal. El testimonio de las *Coplas* revela la señalada inclinación que en el tiempo de Jorge Manrique operaba para restablecer en el campo de la poesía culta el modo de octosílabo polirrítmico usado en todo tiempo por la lírica popular castellana.

Unos pocos versos se apartan de los modelos corrientes. En lectura incolora pueden acomodarse a la forma trocaica, pero se trata precisamente de octosílabos cuya particularidad rítmica parece obedecer al propósito de subrayar su propio papel expresivo. Uno de ellos es «Tito, en liberalidad» (copla 54), en el que el primer tiempo marcado, con apoyo sobre la sílaba inicial, destaca el nombre que se menciona como dechado, al que se une en sinalefa la preposición *en,* mientras que el tiempo débil recoge las cuatro sílabas siguientes: óo óooo ó. Análoga disposición ofrece «¿Qué fue sino claridad» (44), donde, como es lógico, el refuerzo de la pregunta recae sobre el pronombre inicial. En otros casos el primer tiempo marcado se reduce a la sílaba tercera, a la cual sigue una cláusula dactílica en que se concentra el énfasis del sentido. Las cifras al margen indican la numeración de los versos:

oo ó óoo óo

cuando tú, cruda, te ensañas   46

No dexó grandes tesoros
ni alcançó grandes riquezas   57

Y pues vos, claro varón   73

que querer ombre bivir
cuando Dios quiere que muera   76

nos dexó harto consuelo   80

No es fácil descubrir el motivo o intención del modo en que las diferentes especies de octosílabo se hallan situadas en cada copla. En la mayor parte de las sextillas intervienen dos o tres de tales modalidades o tipos sin ningún orden apreciable. Pero son también relativamente numerosos los casos en que las indicadas modalidades muestran un determinado orden en que es posible ver cierta correspondencia con el carácter de los respectivos pasajes. Su disposición permite distinguir cuatro formas características: paralela, alterna, inversa y uniforme.

Disposición paralela. — Los dos octosílabos de la primera semiestrofa, pertenecientes al mismo tipo, contrastan con los de la segunda, que a su vez son también iguales entre sí. En la copla 1, los dos primeros son del tipo mixto *a*; el movimiento ascendente de su período rítmico ayuda al apremio de la recomendación: «Recuerde el alma dormida, / abive el seso y despierte». Los segundos, dactílicos, refuerzan la gravedad de la exclamación: «cómo se pasa la vida, / cómo se viene la muerte». En la copla 6, los dos primeros, mixtos *a*, discurren con su habitual viveza: «Allí los ríos caudales, / allí los otros medianos»; los segundos, trocaicos, sugieren reflexión serena y comprensiva: «Allegados son iguales / los que viven por sus manos». En la copla 8, los dos primeros, trocaicos, reflejan esa misma serenidad: «Aquel sólo me encomiendo, / aquel sólo invoco yo»; los segundos, mixtos *a,* hacen notar mayor emoción: «que en este mundo biviendo / el mundo no conoció». Lo que a primera vista puede parecer una vaga interpretación afirma sus líneas al repetirse en las coplas 50, 52 y 70, que muestran análogas combinaciones paralelas de mixtos *a* y trocaicos, y en 19, 31, 35 y 69, que repiten la disposición opuesta de trocaicos y mixtos *a.* Con notoria correspondencia, unos y otros aparecen ligados respectivamente en estos pasajes al tono refrenado y a la expresión emocional.

Disposición alterna. — Los dos octosílabos de la primera semiestrofa, diferentes entre sí, reaparecen en el mismo orden en la semiestrofa siguiente. La desigualdad de cada pareja se concierta en la unidad de la copla. Es posible que en general la presencia de esta combinación responda meramente al atractivo de su armonía. No se ocultan, sin embargo, sus movimientos expresivos. En la copla 5, el primer octosílabo es trocaico y el segundo mixto *a*: «Nuestras vidas son los ríos / que van a dar en la mar»; el cuarto y el quinto repiten esos mismos tipos: «allá van los señoríos / derechos a se acabar». Al enunciado del primer verso, responde con mayor viveza en ambos casos la declaración del segundo. Igual orden se observa entre las mismas variedades indicadas en las coplas 43 y 75. En la 29, la alternancia se produce entre el primer octosílabo, apremiante, mixto *b,* y el segundo, complementario, trocaico: «Dexemos a los troyanos, / que sus males no los vimos»; idéntica disposición entre el cuarto y quinto: «Dexemos a los romanos, / aunque oímos y leímos». El contraste alternativo resalta en la copla 33 entre el primero, dactílico, y el segundo, trocaico: «¿Qué se fizieron las damas, / sus tocados, sus vestidos?»; el cuarto y quinto se suceden con iguales características: «¿Qué se fizieron las llamas / de los fuegos encendidos?» De manera análoga, el tipo dactílico y el mixto *b* alternan en la copla 14, y el dactílico y el mixto *a* en la 77. Los tres versos mixtos que apoyan con su tensión el repetido adverbio *después* en las coplas 65 y 66, realzan su tono por contraste con los trocaicos que les siguen:

Después de puesta la vida	*mixto* a
tantas veces por su ley...	*trocaico*
Después de tan bien servida	*mixto* b
la corona de su rey...	*trocaico*
Después de tanta hazaña	*mixto* a
a que no puede bastar...	*trocaico*

Disposición inversa. — Los dos octosílabos de la primera semiestrofa, diferentes entre sí, se repiten en la segunda en orden opuesto. Aunque en distinta dirección, ambos movimientos se corresponden y completan. En la copla 72, el primer octosílabo, trocaico, y el segundo, dactílico, revelan tensión ascendente: «Mas los buenos religiosos / gánanlo con oraciones»; el cuarto, dactílico, y el quinto, trocaico, indican tensión descendente: «Los caballeros famosos, / con trabajos y aflicciones». Análogo orden inverso se observa en la copla 23 entre trocaico y mixto *a* en la primera parte, y mixto *a* y trocaico en la segunda, e igualmente en la copla 41 entre trocaico y mixto *b* de un lado y mixto *b* y trocaico de otro. En algunas ocasiones el movimiento es descendente en la primera semiestrofa y ascendente en la segunda, como se ve en la copla 47, en que el primer octosílabo es mixto *a* y el segundo trocaico: «Las huestes innumerables, / los pendones y estandartes», mientras que, por el contrario, el cuarto es trocaico y el quinto mixto *a* o *b*: «los castillos impunables, / los muros y baluartes». Al mismo orden descendente-ascendente corresponde la copla 68, en la que los octosílabos de la primera mitad son un dactílico y un mixto *b* y los de la segunda un mixto *b* y un dactílico.

Disposición uniforme. — Frente a la múltiple variedad dominante en este aspecto de la métrica de las *Coplas,* llama la atención la presencia de las sextillas 63 y 71, ya mencionadas, en las que los octosílabos y sus quebrados son uniformemente trocaicos. Es de notar que tal uniformidad, aunque deba suponerse nacida de simple impulso espontáneo, resulta de perfecto acuerdo con el llano carácter descriptivo y didáctico de una y otra copla. La insistencia del tipo mixto *a* en los cuatro octosílabos de la copla 10 ahonda la concentrada visión del curso de la vida a que la estrofa se refiere. En los casos en que la uniformidad rítmica es alterada por un determinado verso, no es difícil percibir el motivo de la alteración. El octosílabo inicial de la copla 17, mixto *a,* atrae el interés respecto a la exposición enumerativa de los tres trocaicos siguientes. El segundo octosílabo de la copla 12, dactílico, rompe con devota emoción el fondo trocaico de la escena religiosa que los versos evocan. Papel semejante desempeña el tercer octosílabo, otro dactílico entre trocaicos, en la copla 21. En la 26, el segundo octosílabo, mixto *b*, subraya la idea de rapidez en contraste con el moderado compás trocaico de los demás versos. La reflexiva copla 9 interrumpe su serenidad trocaica con la aleccionadora advertencia del tercer octosílabo, mixto *b*. En la copla 38, el cuarto octosílabo, también mixto *b*, resume y realza el sentido, después de la nivelada línea trocaica de los versos anteriores.

Dactílico

El tipo dactílico, no sólo con preferencia al trocaico sino asimismo con relación a los mixtos, aparece repetidamente en las *Coplas* en los momentos de expresión más firme, intensa y grave. Es rasgo notable en Jorge Manrique el haber desarrollado esta variedad de octosílabo, de tan definido y eficaz valor expresivo. Aunque por su frecuencia no ocupa sino uno de los últimos lugares, su papel se destaca con especial relieve, aplicado sobre todo a exclamaciones, invocaciones, preguntas, mandatos y afirmaciones enfáticas. Algunos ejemplos han sido aludidos en las citas anteriores. No será necesario añadir muchos más:

óoo óoo óo

Qué diligencia tan biva	14
Todo se torna graveza	18
Unos, por poco valor	20
Tantos marqueses y condes	45
Todo lo pasas de claro	48
Muestre su esfuerço famoso	67

Aumenta la intervención del tipo dactílico en la parte final de la composición, cuando el poeta se refiere más concretamente a la muerte de su padre. Se observa que esta variedad de octosílabo tiende a ejercer su peso sobre todo en la segunda semiestrofa. Después de la serie alterna de mixtos y trocaicos que refiere los méritos de don Rodrigo, dos dactílicos finales, en la copla 66, con grave y tensa emoción, marcan sus últimos momentos:

> En la su villa de Ocaña
> vino la muerte a llamar
> a su puerta.

La invocación en que el caballero encomienda su alma al Señor termina con una estrofa (78) en que tres de sus cuatro octosílabos son dactílicos y uno mixto *b*:

> Tú, que tan grandes tormentos
> sofriste sin resistencia
> en tu persona,
> no por mis merescimientos,
> mas por tu sola clemencia
> me perdona.

PIE QUEBRADO

El pie quebrado es regularmente tetrasílabo en 60 de las 80 sextillas. Su natural ritmo trocaico se suma al de los octosílabos de este mismo carácter que, como se ha visto, predominan en el poema. En las estrofas restantes, los dos quebrados de cada copla o uno de ellos consta de cinco sílabas. Jorge Manrique observó en este punto la regla practicada en su tiempo de no aplicar el quebrado pentasílabo sino en condiciones de compensación o sinalefa respecto al octosílabo precedente. La compensación ocurre tras octosílabo agudo: «pues que todo ha de passar / por tal manera» (4). La sinalefa requiere vocal final en el octosílabo e inicial en el pentasílabo: «se sume su grand alteza / en esta vida» (17).

La indicada regla era meramente potestativa. El autor no la infringió ni la aplicó de manera sistemática. En ocho coplas (5, 18, 31, 36, 53, 54, 61, 70), después de los octosílabos segundo y cuarto, agudos, siguen pentasílabos de compensación. En otras ocho (8, 9, 17, 39, 56, 64, 65, 66), después de octosílabos igualmente agudos siguen tetrasílabos sin compensación. En cuatro más (4, 11, 55, 77), después de octosílabos de esa misma especie, un quebrado es tetrasílabo y otro pentasílabo. El pentasílabo con sinalefa obedece a condiciones más estrictas. En ocho estrofas aparece exclusivamente en el segundo pie quebrado (13, 19, 22, 25, 40, 49, 67, 69); sólo en la estrofa 78 figura como quebrado primero. En las coplas 14 y 80, los primeros quebrados, en concurrencia de vocales con los octosílabos precedentes, no son pentasílabos con sinalefa sino tetrasílabos con hiato. La circunstancia de lugar se advierte aún más claramente en la copla 40, cuyo primer quebrado es tetrasílabo con hiato, y el segundo, pentasílabo con sinalefa.

Tanto la compensación como la sinalefa, con el alargamiento que el pentasílabo representa, prestan cierto relieve al pie quebrado. La compensación procede con orden simétrico, guardando el equilibrio de la estrofa; la sinalefa, como con frecuencia el octosílabo dactílico, apoya la segunda mitad. Por razón de su simetría debe adscribirse al primer grupo la copla 61, cuyos quebrados pentasílabos tras octosílabos agudos se hallan igualmente en condiciones de compensación y de posible sinalefa: «que con su braço pintó / en joventud», «agora las renovó / en senectud». Excepción única es la copla 76, en la que el hiato entre el quebrado final, tetrasílabo, y el octosílabo anterior, sirve eficazmente al efecto particular del sentido: «que querer ombre bivir / cuando Dios quiere que muera, / es locura».

Descartada por compensación o sinalefa la primera sílaba del quebrado pentasílabo, la función de éste adquiere el mismo valor que la del predominante tetrasílabo, con lo cual se nivela la aparente desigualdad métrica. Favorece al ritmo trocaico el hecho de que la segunda sílaba del pentasílabo sea acentuada: «por tal manera» (4), «en este trago» (67). Cuando la primera sílaba del pentasílabo lleva acento, aunque teóricamente empalme con el octosílabo anterior, sin duda mantiene su carácter dactílico: «que es el morir» (6), «¿qué se fizieron?» (31). Recuérdese que en la lengua hablada los grupos pentasílabos con único acento en la cuarta sílaba se inclinan ordinariamente a la forma dactílica. Es posible asociar a este tipo quebrados como «angelical» (13), «con alegría» (54), «que prometía» (54), «ni verdadera» (70), «perescedera» (70). Por lo demás, se ha probado experimentalmente que el enlace entre el octosílabo y el pie quebrado se acomoda al tiempo regular del período rítmico con sinalefa o hiato y con compensación o sin ella.

RIMA

El principal elemento de variedad en la estrofa es la rima. En las *Coplas,* la rima es consonante y predominantemente llana. No más del 25 por ciento del total de los versos, octosílabos y quebrados, presentan rimas agudas. No hay ningún verso esdrújulo. Las rimas llanas concuerdan con el sereno fondo del poema. Además, por su calidad fonológica corresponden en su gran mayoría a las combinaciones vocálicas más sonoras y llenas. Sobre este fondo, acusan su realce las rimas agudas, haciéndose notar especialmente, con su reforzado apoyo, en el grave tono filosófico de la introducción y en la honda y noble emoción de las estrofas finales.

Recaen con preferencia las rimas agudas sobre los primeros versos de las semiestrofas. Del 25 por ciento indicado, el 11 por ciento de tales rimas se encuentra en esa posición; las restantes se reparten en porciones iguales de 7 por ciento entre el segundo octosílabo y el pie quebrado. Refleja este orden cierta tensión descendente dentro de cada semiestrofa desde el relieve del primer verso hasta la reducción del pie quebrado. Sobresalen en las rimas agudas, como en las llanas, las vocales más abiertas y claras. Tienen representación mínima la *i* y la *u*.

La acción directa de la rima se funda en la repetición de su resonancia, ya por identidad, como en la rima consonante, ya por semejanza, como en la asonante. Ejerce además la rima una acción indirecta que consiste en su diferenciación o contraste respecto a las demás rimas que la acompañan. En el contraste de unas rimas con otras, se dan también grados de diferenciación. Son plenamente contrastantes las rimas que difieren entre sí por sus vocales acentuadas y por los sonidos siguientes: *-amas, -idos, -ores* (copla 33). El contraste es sólo parcial cuando las rimas difieren por las vocales acentuadas, pero coinciden en los demás sonidos: *-emos, -imos, -amos* (10). Otro grado de contraste atenuado ocurre cuando los sonidos finales difieren mientras las vocales acentuadas coinciden: *-á,*

-amos, -ales (24). Los contrastes atenuados son modos de resonancia incompleta, como la misma rima asonante, aun cuando la práctica ordinaria no los reconozca ni sancione. Cuentan con precedentes en la métrica histórica. Los varios modos indicados de diferenciación alternan en las *Coplas* entre las rimas de cada estrofa, pero el contraste pleno, que es el que hace distinguir con más claridad unos versos de otros, es el que ocupa el primer lugar en el conjunto del poema. Al tercer grado, de vocales acentuadas coincidentes y sonidos finales discrepantes, corresponden las coplas 11, 24, 71 y 72. Las cuatro se asemejan en su insistente y austero tono moral. Del grado segundo sólo se registra la citada estrofa 10. Como una docena de casos muestran formas oscilantes e intermedias, en general más próximas al contraste pleno que a los atenuados.

ARMONÍA VOCÁLICA

Dentro del verso las vocales adoptan múltiples combinaciones diferentes. Los efectos más perceptibles son los que resultan de la disposición de las vocales destacadas por los apoyos rítmicos. Se hallan en este caso en el octosílabo, además de la vocal que recibe el acento final en la sílaba séptima, la que sirve de asiento al primer tiempo marcado en una de las tres primeras sílabas del verso y la que corresponde al tiempo débil en una de las sílabas intermedias. En la mayoría de los 240 octosílabos de las *Coplas,* las vocales que ocupan esos tres lugares son distintas entre sí. Su eficacia diferenciadora se suma a la de las rimas contrastantes. Ciertas combinaciones, sin embargo, de disposición equilibrada y armónica, se hacen notar por su propio carácter y algunas de ellas, además, por su relativa frecuencia, la cual no parece que pueda obedecer a otra causa sino al atractivo eufónico que esas mismas combinaciones encierran.

En nueve versos a lo largo de las *Coplas* se repite la serie vocálica *a-e-a*: «Sus grandes fechos y claros» (50), «ocupadas de tiranos» (63), «tanta sangre derramastes» (73), etc. En otras tantas ocasiones aparece *e-a-e*: «Cuán presto se va el plazer» (2), «cuando viene la vejez» (17), «Qué seso para discretos» (52), etc. Se encuentran cuatro casos de *e-o-e*: «pues si vemos lo presente» (3), «de los famosos poetas» (7), etc. Otros cuatro versos presentan *o-e-o,* dos en la misma estrofa: «con otras nuevas victorias / agora las renovó» (61). Varias otras series ofrecen ejemplos particulares, *a-i-a*: «que a los grandes y medianos» (47); *a-o-a*: «la cava honda, chapada» (48); *o-a-o*: «No dexó grandes tesoros» (57); *i-a-i*: «Las vaxillas tan febridas» (37); *i-o-i*: «con oficios no debidos» (20); *ie-au-ie*: «que le dieron aun más tierra» (60).

Junto a la variable disposición vocálica de la generalidad de los versos y a la ordenada simetría de las series indicadas, llaman la atención otros casos que, opuestamente, se caracterizan por la uniformidad de sus vocales rítmicas. La resonancia de la *a,* extendida a veces a sílabas fuertes y débiles, llena cinco versos como los siguientes: «que van a dar a la mar» (5), «en los más altos estados» (16), «no se os faga tan amarga» (69). Con análoga insistencia se repite en otras ocasiones la palatal *e*: «si fuesse en nuestro poder» (13), «corremos a rienda suelta» (26), «no curemos de saber» (30). Otras veces domina la nota oscura de la *o*: «aquel solo invoco yo» (8), «¿qué son sino corredores?» (25), «como los pobres pastores» (28). El dominio de la *a* abarca dos versos consecutivos en la copla 59: «quedando desamparado / con hermanos y criados».

RESUMEN

Bajo su sencilla apariencia, las *Coplas* encierran una compleja y refinada estructura métrica. No escogió Jorge Manrique para su elegía la solemne octava de arte mayor ni la pulida copla real. En sus manos, la ligera sextilla de pie quebrado, sin perder su acento lírico, adquirió madurez y gravedad. El octosílabo aparece en esta poesía como un dúctil instrumento utilizado en toda la variedad de sus recursos, con plenitud no alcanzada en obras anteriores. La forma trocaica que sirve de base deja amplio margen a las demás variedades. Gran número de versos, en situación de contraste u organizados en posiciones diversas, puntúan, avivan o refrenan la expresión en determinados pasajes, por virtud de sus efectos rítmicos. Un esmerado sentido de coordinación guía la cadencia del pie quebrado en las oscilaciones de su medida y en su relación con cada semiestrofa. La calidad y disposición de las rimas trasluce perceptibles afinidades con el orden de las estrofas y de las partes del poema. Versos con interior armonía vocálica intercalan en el curso de la composición su melodiosa sonoridad.

Los hechos señalados se manifiestan de manera demasiado repetida y consistente para que puedan atribuirse a mera y casual coincidencia. A su trabado conjunto deben sin duda las *Coplas* su particular equilibrio y armonía, aunque los pormenores de este análisis no logren descubrir todo el secreto de su magia. En consonancia con su austera doctrina y con su ponderada emoción, el tono del poema es acompasado y sereno. Sus variados recursos métricos se articulan sin esfuerzo de estudiado y laborioso artificio. No hay que pensar que Jorge Manrique se propusiera deliberadamente poner en juego tan minuciosos y delicados detalles; pero, por otra parte, tampoco se puede decir que se trate de una técnica común y corriente en composiciones de esta ni de ninguna otra especie. Aunque el verso octosílabo había ya pasado por largo e intenso cultivo y la misma sextilla había sido ampliamente practicada, sería difícil señalar otro ejemplo en que estas formas métricas hubieran sido manejadas con la depurada maestría que las *Coplas* demuestran. Dio ejemplo el autor de agudo sentido intuitivo para penetrar el mecanismo de tales instrumentos y para hacer aplicación de sus delicados registros.

Todo el poema aparece concebido como una gran estrofa dividida en dos partes de equivalente extensión. La primera mitad, como meditación filosófica, se equilibra con la segunda, propiamente elegíaca. Desde este punto hasta el plano dominante de los versos trocaicos, los más visibles elementos de la composición se funden con el orden métrico en la misma alternativa disposición dual. La lengua combina y contrapesa formas antiguas y modernas: *fermosa-hazaña, vos-os, recordar-despertar, esforçado-valiente*. Sobre términos paralelos y contrastantes se desenvuelve el razonamiento: *vida-muerte* (copla 1), *placer-dolor* (2), *presente-pasado* (3), *durar-pasar* (4), *cielo-suelo* (12), *corporal-angelical* (13), *juventud-senectud* (18), *temporales-eternales* (24), *emperadores-pastores* (28). La copla 10 condensa la correlación rítmica: *partir-nacer, andar-vivir, llegar-morir*.

Una construcción tan entretejida de correspondencias rítmicas y armonías interiores no sólo no es corriente en otras obras poéticas, sino que el mismo Jorge Manrique tampoco lo ejecutó con tal refinamiento en poemas suyos de igual tipo de estrofa, como por ejemplo el titulado *Castillo de amor*. Ni las variedades rítmicas del verso ni la disposición de las rimas alcanzan en esta poesía el estrecho y concertado orden que en las *Coplas* presentan. En la composición de las *Coplas,* movida por la emoción de un íntimo suceso familiar, debieron concurrir circunstancias especiales de sensibilidad e inspiración, merced a las cuales, el poeta, más que en otras ocasiones, acertó a encontrar en las palabras y en los versos su pleno sentido y su escondida virtud musical. Por otra parte, en su sosegado compás y en su moderada entonación, las estrofas de este poema muestran esencial concordancia con los rasgos más significativos del acento castellano. Sobre este fondo, las *Coplas* mantienen su no envejecido estilo y su clara imagen sonora. Su perpetua modernidad tiene sus raíces en el subsuelo del idioma.

CORRESPONDENCIA PROSÓDICO-RÍTMICA DEL ENDECASÍLABO

Existe en el endecasílabo, como en el octosílabo y en los demás metros españoles, una constante interdependencia entre su acentuación prosódica o gramatical y su estructura propiamente rítmica. El único acento fijo y permanente, a la vez prosódico y rítmico, es en el endecasílabo, el de la sílaba décima, que sirve de base al período de enlace con el verso siguiente, cuando no es final de estrofa o de composición. Sobre las nueve sílabas anteriores se constituye el auténtico período rítmico de cuatro tiempos por el cual se distingue el endecasílabo en la métrica española.

Salta a la vista que el principio de ese período recae sobre la sílaba primera en «Nise, que en hermosura par no tiene»; sobre la segunda, en «ilustre y hermosísima María»; sobre la tercera, en «alegrando la vista y el oído», y sobre la cuarta, en «entre las armas del sangriento Marte», ejemplos de Garcilaso. Se hace referencia a estos cuatro tipos del endecasílabo con los respectivos nombres de enfático, heroico, melódico y sáfico. La descripción de los tiempos y cláusulas de cada uno de ellos se halla en *Métrica española*, §§ 104-106. Bastará recordar aquí sus correspondientes esquemas:

enfático	óoo	oo	óo	oo	óo
heroico	o óo	oo	óo	oo	óo
melódico	oo ó	oo	óo	oo	óo
sáfico	ooo ó	o	óo	oo	óo

Las diferencias que determinan el peculiar efecto rítmico de cada tipo resultan de la variable disposición de las
cinco primeras sílabas. El resto del verso consta de cláusulas bisílabas uniformemente trocaicas. La sílaba sexta
actúa como eje o centro del período. La parte más expresiva del endecasílabo consiste en su primer hemistiquio.

Frente a los cuatro tipos rítmicos indicados, son multitud las combinaciones de la acentuación gramatical o prosódica. En el repaso de unos cuantos poemas antiguos y
modernos, se han registrado 151 variedades distintas que,
sin duda, podrían aumentar con la revisión de otros textos.
Sus manifestaciones abarcan desde los endecasílabos con
sólo dos acentos prosódicos hasta los que reúnen nueve.
La relación mutua entre prosodia y ritmo se manifiesta,
de una parte, en que estas 151 variedades se reparten exclusivamente entre los cuatro mencionados tipos rítmicos,
y en que éstos, de otra parte, dependen de la disposición y
número de los acentos prosódicos.

Son pocos relativamente los endecasílabos en que se
observa exacta coincidencia entre los acentos prosódicos
y los apoyos rítmicos. Lo ordinario es que los primeros,
o no se dan en número suficiente para cubrir cada uno
de los tiempos del compás o exceden a los que estos tiempos requieren. Dos puntos de coincidencia regular, sin embargo, sirven de base para la acomodación de cada verso
a su apropiado tipo rítmico: uno es el acento invariable
de la sílaba décima y otro la ordinaria correspondencia del
principio del período con el primer acento prosódico. En
lo demás, la adaptación es guiada por la conciencia idiomática de la condición acentual de cada vocablo y por el
sentido rítmico de la medida y proporción entre las partes
del período. En los endecasílabos con insuficientes acentos
prosódicos, alguno de los apoyos rítmicos se sitúa sobre

sílaba débil, y en los que ofrecen excesivos acentos, algunos de éstos figuran en calidad de extrarrítmicos.

Poderoso elemento de uniformidad de la lengua es el claro sentido con que se practica en español la diferenciación entre las palabras que por su consistente valor semántico se mantienen regularmente en el nivel ordinario de la intensidad prosódica y aquellas otras que, como elementos de papel secundario, se producen en línea más débil y atenuada. Se observan, sin embargo, diferencias regionales en cuanto al tratamiento en uno u otro nivel de los indefinidos *un, una,* etc., de los adjetivos demostrativos *este, esta,* etc., y de las formas de *haber, ser* y *estar* en función auxiliar. En el presente trabajo se les considera como vocablos acentuados, que es al parecer su uso más corriente.

El siguiente registro podrá ayudar a la identificación rítmica del endecasílabo en los numerosos casos de conflicto a que da lugar el desajuste entre los elementos de la doble naturaleza acentual que prosodia y ritmo representan. Se toma por base la interpretación literal de cada ejemplo, prescindiendo de las modificaciones que ocasionalmente podrían resultar del carácter más o menos afectivo del pasaje a que el caso corresponda.

A. *Dos acentos*

1. Acentos en 2-10. Tipo heroico: «que el joven sobre quien la precipita» (Góngora, *Polifemo,* 491); «El tálamo de nuestros labradores» (Góngora, *Soledad I,* 531).

2. Acentos en 3-10. Tipo melódico: «enredó sobre nuestros corazones» (Garcilaso, *Epístola,* 54); «se juntaban con las constelaciones» (Darío, *Visión,* 15).

3. Acentos en 4-10. Tipo sáfico: «con la memoria de mi desventura» (Garcilaso, *Elegía II*, 15); «como la huida de la primavera» (Juan Ramón Jiménez, *Sonetos espirituales,* 15).

4. Acentos en 6-10. Tipo heroico: «con vuestra soledad me recreaba» (Garcilaso, *Égloga I*, 248); «ante quien se endereza vuestro intento» (Garcilaso, *Elegía I,* 96).

B. *Tres acentos*

5. Acentos en 1-4-10. Tipo sáfico: «tálamo de Acis y de Galatea» (Góngora, *Polifemo,* 336); «era la hora de la melodía» (Darío, *Epístola a Rodó,* 28).

6. Acentos en 1-6-10. Tipo enfático: «llena de vencimientos y despojos» (Garcilaso, *Égloga I,* 271); «eco que regaló nuestros oídos» (Espronceda, *Canto a Teresa,* 116).

7. Acentos en 2-4-10. Tipo sáfico: «de daros cuenta de los pensamientos» (Garcilaso, *Epístola,* 2); «Purpúreas rosas sobre Galatea» (Góngora, *Polifemo,* 105).

8. Acentos en 2-6-10. Tipo heroico: «Saliendo de las ondas encendido» (Garcilaso, *Égloga I,* 43); «la altiva condición de las zagalas» (Jovellanos, *Cartuja del Paular,* 13).

9. Acentos en 2-8-10. Tipo heroico: «en lágrimas como al lluvioso viento» (Garcilaso, *Elegía I,* 23); «el fruto que con el sudor sembramos» (Garcilaso, *Elegía II,* 9).

10. Acentos en 3-4-10. Tipo sáfico: «que verá hacer a nuestros corazones» (Boscán, *Epístola a Hurtado de Mendoza,* 69).

11. Acentos en 3-6-10. Tipo melódico: «en el templo, en la casa y en la sala» (Góngora, *Panegírico,* 480); «entre mimbres y juncos amarillos» (Selgas, *El estío,* 44).

12. Acentos en 3-8-10. Tipo melódico: «por testigo de cuanto os he encubierto» (Garcilaso, *Canción II,* 29);

«que caía cual en su propia fuente» (Juan Ramón Jiménez, Soneto 28).

13. Acentos en 3-9-10. Tipo melódico: «y nosotros y cuantos con el son» (Boscán, *Epístola a Hurtado de Mendoza,* 393).

14. Acentos en 4-6-10. Tipo heroico: «las cristalinas aguas se cubrieron» (Garcilaso, *Égloga III,* 376); «de los frondosos árboles caídas» (Jovellanos, *Cartuja del Paular,* 117).

15. Acentos en 4-8-10. Tipo sáfico: «sobre las aras de las dos Castillas» (Quevedo, *Epístola al Conde-duque,* 30); «hasta la falda del vecino monte» (Jovellanos, *Cartuja del Paular,* 80).

16. Acentos en 5-6-10. Tipo heroico: «y agradecería siempre a la ventura» (Garcilaso, *Elegía II,* 118).

17. Acentos en 6-7-10. Tipo heroico: «la que de su dolor culpa tenía» (Garcilaso, *Égloga I,* 54); «en la suntuosidad gris del poniente» (Juan Ramón Jiménez, Soneto 37).

18. Acentos en 6-8-10. Tipo heroico: «de la inmortalidad el alto asiento» (Garcilaso, *Elegía I,* 203); «el que de la amistad mostró el camino» (Garcilaso, *Epístola,* 30).

C. *Cuatro acentos*

19. Acentos en 1-2-4-10. Tipo sáfico: «un campo lleno de desconfianza» (Garcilaso, *Canción IV,* 89); «¡Ay, qué vivir de bienaventuranza!» (Juan Ramón Jiménez, Soneto 3).

20. Acentos en 1-2-6-10. Tipo heroico: «Bien claro con su voz me lo decía» (Garcilaso, *Égloga* I, 109); «Cuán otro mi pensar, mi porvenir» (Enrique Gil, *La violeta,* 50).

21. Acentos en 1-3-6-10. Tipo melódico: «Tal la música es de Polifemo» (Góngora, *Polifemo,* 96); «rica

alfombra de flores y verdura» (Zorrilla, *Leyenda de Alha-mar,* 219).

22.   Acentos en 1-4-5-10. Tipo sáfico: «Aire de cum-bre es el que se respira» (Unamuno, *Castilla,* 15).

23.   Acentos en 1-4-6-10. Tipo sáfico: «he de con-tar, sus quejas imitando» (Garcilaso, *Égloga I,* 3); «Yo me arrojé cual rápido cometa» (Espronceda, *A Jarifa,* 57). Tipo enfático: «Aves que aquí sembráis vuestras querellas» (Garcilaso, *Égloga I,* 242); «Recio Jesús ibero, el de Teresa» (Unamuno, *Irrequietum cor,* 1).

24.   Acentos en 1-4-8-10. Tipo sáfico: «gime el le-brel en el cordón de seda» (Góngora, *Polifemo,* 15); «sigo el impulso del fatal destino» (Jovellanos, *Cartuja del Paular,* 52).

25.   Acentos en 1-6-7-10. Tipo enfático: «Flérida, para mí dulce y sabrosa» (Garcilaso, *Égloga III,* 305); «Estas que me dictó rimas sonoras» (Góngora, *Polife-mo,* 1).

26.   Acentos en 1-6-8-10. Tipo enfático: «árboles que os estáis mirando en ellas» (Garcilaso, *Égloga I,* 240); «sigue en el pedestal, augusta, impávida» (Manuel Reina, *La estatua,* 8).

27.   Acentos en 1-6-9-10. Tipo enfático: «yerno le saludó, le aclamó río» (Góngora, *Polifemo,* 504).

28.   Acentos en 2-3-4-10. Tipo sáfico: «en flor va en mayo por la pradería» (Juan Ramón Jiménez, Sone-to 28).

29.   Acentos en 2-3-6-10. Tipo heroico: «El sol tien-de los rayos de su lumbre» (Garcilaso, *Égloga I,* 71); «El canto eres sin fin y sin confines» (Unamuno, *El Cris-to de Velázquez,* 1.ª parte, XV, 40).

30.   Acentos en 2-3-8-10. Tipo heroico: «que ya no me refrenará el temor» (Garcilaso, *Canción II,* 37).

31.   Acentos en 2-4-6-10. Tipo sáfico: «Salid sin duelo, lágrimas, corriendo» (Garcilaso, *Égloga I,* 70);

«su honor precioso, su ánimo valiente» (Quevedo, *Epístola al Conde-duque*, 53).

32. Acentos en 2-4-8-10. Tipo sáfico: «infame turba de nocturnas aves» (Góngora, *Polifemo*, 39); «en mármol blanco tus estatuas labra» (Gutiérrez Nájera, *Pax animae*, 9).

33. Acentos en 2-4-9-10. Tipo sáfico: «alguna parte de lo que yo siento» (Garcilaso, *Canción IV*, 145); «Despierto esclavo si me dormí dueño» (Juan Ramón Jiménez, *Soneto 11*).

34. Acentos en 2-5-6-10. Tipo heroico: «estaba sobre él casi amortecida» (Garcilaso, *Égloga III*, 188); «estamos algún hora descansando» (Garcilaso, *Elegía II*, 36).

35. Acentos en 2-6-7-10. Tipo heroico: «en carro de cristal, campos de plata» (Góngora, *Polifemo*, 120); «remanso de quietud, yo te bendigo» (Unamuno, *Salamanca*, 7).

36. Acentos en 2-6-8-10. Tipo heroico: «Andábamos cogiendo tiernas flores» (Garcilaso, *Égloga I*, 284); «el fuego que en su casto pecho ardía» (Diego Tadeo González, *El murciélago alevoso*, 8).

37. Acentos en 2-6-9-10. Tipo heroico: «el trueno de la voz fulminó luego» (Góngora, *Polifemo*, 359); «y brota la armonía del gran Todo» (Darío, *Epístola a Rodó*, 80).

38. Acentos en 3-4-6-10. Tipo melódico: «sin mostrar un pequeño sentimiento» (Garcilaso, *Égloga I*, 86); «en aquel duro trance de Lucina» (Garcilaso, *Égloga I*, 371).

39. Acentos en 3-4-8-10. Tipo sáfico: «en aquel fin de lo terrible y fuerte» (Garcilaso, *Canción IV*, 168); «sin romper muros introduce fuego» (Góngora, *Polifemo*, 296).

40. Acentos en 3-5-6-10. Tipo melódico: «y mi parra en otro olmo entretejida» (Garcilaso, *Égloga I*,

137); «contra ti, señor Dios, y con semblante» (Herrera, *Canción a Lepanto,* 23).

41.   Acentos en 3-6-7-10. Tipo melódico: «a batallas de amor, campo de pluma» (Góngora, *Soledad I,* 109); «en silencio, fray Luis quédase solo» (Unamuno, *Salamanca,* 41).

42.   Acentos en 3-6-8-10. Tipo melódico: «del caballo andaluz la ociosa espuma» (Góngora, *Polifemo,* 14).

43.   Acentos en 3-6-9-10. Tipo melódico: «a los votos y lágrimas no dieras» (Garcilaso, *Égloga I,* 384); «en la cúpula en flor del laurel verde» (Darío, *Epístola a Rodó,* 74).

44.   Acentos en 3-7-8-10. Tipo melódico: «de la noche con su más hondo trino» (Juan Ramón Jiménez, Soneto 31).

45.   Acentos en 4-5-6-10. Tipo sáfico: «entristecer un alma generosa» (Garcilaso, *Elegía I,* 60).

46.   Acentos en 4-5-8-10. Tipo sáfico: «El ruiseñor pudo asustar al hombre» (Juan Ramón Jiménez, Soneto 25).

47.   Acentos en 4-6-7-10. Tipo heroico: «Tu quebrantada fe ¿dó la pusiste?» (Garcilaso, *Égloga I,* 130).

48.   Acentos en 4-6-8-10. Tipo heroico: «con la pesada voz retumba y suena» (Garcilaso, *Égloga I,* 230); «de funerales piras sacro fuego» (Góngora, *Panegírico,* 240).

49.   Acentos en 4-6-9-10. Tipo heroico: «en el tendido cuerpo que allí vieron» (Garcilaso, *Canción V,* 87); «contra las dos Hesperias que el mar baña» (Herrera, *Canción a Lepanto,* 28).

50.   Acentos en 4-8-9-10. Tipo sáfico: «mas la fortuna de mi mal no harta» (Garcilaso, *Égloga III,* 17).

51.   Acentos en 5-6-8-10. Tipo heroico: «con los que venir vieron no sabían» (Garcilaso, *Canción IV,* 28);

«con las de su edad corta historias largas» (Góngora, *Soledad I,* 512).

52.   Acentos en 6-7-9-10. Tipo heroico: «por do si mi escribir hora no siente» (Boscán, *Epístola a Hurtado de Mendoza,* 13).

D.   Cinco acentos

53.   Acentos en 1-2-3-6-10. Tipo melódico: «¡Oh más dura que mármol a mis quejas!» (Garcilaso, *Égloga I,* 57).

54.   Acentos en 1-2-4-6-10. Tipo sáfico: «¡Oh bien caduco, vano y presuroso!» (Garcilaso, *Égloga I,* 256). Tipo heroico: «Sé altivo, sé gallardo en la caída» (Gutiérrez Nájera, *Pax animae,* 2).

55.   Acentos en 1-2-4-8-10. Tipo sáfico: «Es todo cima tu extensión redonda» (Unamuno, *Castilla,* 13); «Son veinte siglos los que alzó mi mano» (Alfonsina Storni, *Veinte siglos,* 8).

56.   Acentos en 1-2-5-6-10. Tipo heroico: «no quieras hacer más por mi derecho» (Garcilaso, *Canción I,* 58); «mal ellos y peor ellas derramadas» (Góngora, Soneto 8).

57.   Acentos en 1-2-6-7-10. Tipo heroico: «que un tiempo endureció manos reales» (Quevedo, *Epístola al Conde-duque,* 139); «Ya el tordo ministril canta en las vides» (Leopoldo Lugones, *Las cigarras,* 25).

58.   Acentos en 1-2-6-8-10. Tipo heroico: «De un alma te desdeñas ser señora» (Garcilaso, *Égloga I,* 67). Tipo sáfico: «que es rosa la alba y rosicler la aurora» (Góngora, *Polifemo,* 4).

59.   Acentos en 1-3-4-6-10. Tipo sáfico: «Ves aquí un prado lleno de verdura» (Garcilaso, *Égloga I,* 216); «campos son ya de púrpura y de oro» (Selgas, *El estío,* 5).

60.   Acentos en 1-3-4-8-10. Tipo sáfico: «es razón grande que en mayor estima» (Garcilaso, *Epístola,* 60);

«vuelan tal vez desde su alma herida» (Espronceda, *Diablo mundo,* Canto VI, 44).

61.   Acentos en 1-3-5-6-10. Tipo melódico: «hoy cenizas, hoy vastas soledades» (Rodrigo Caro, *Itálica,* 66); «es espejo no más de su hermosura» (Espronceda, *Canto a Teresa,* 128).

62.   Acentos en 1-3-5-8-10. Tipo melódico: «Voz de niño, más que el silencio grata» (Juan Ramón Jiménez, Soneto 54).

63.   Acentos en 1-3-6-7-10. Tipo melódico: «Fruta en mimbres halló, leche exprimida» (Góngora, *Polifemo,* 225); «Voz de amargo placer, voz dolorosa» (Espronceda, *Diablo mundo,* Introducción, 308).

64.   Acentos en 1-3-6-8-10. Tipo melódico: «Verde prado de fresca sombra lleno» (Garcilaso, *Égloga I,* 241); «Lejos brilla el Jordán de azules ondas» (Julián del Casal, *El camino de Damasco,* 1).

65.   Acentos en 1-4-5-6-10. Tipo sáfico: «Cerca el Danubio una isla que pudiera» (Garcilaso, *Canción III,* 3); «era alminar a un tiempo y atalaya» (Zorrilla, *Leyenda de Alhamar,* 216).

66.   Acentos en 1-4-5-8-10. Tipo sáfico: «Tormes, tened más provechoso aliento» (Garcilaso, *Elegía I,* 166); «Yo sobre ti no inclinaré mi sien» (Enrique Gil, *La violeta,* 5).

67.   Acentos en 1-4-6-7-10. Tipo enfático: «grillos de nieve fue, plumas de hielo» (Góngora, *Polifemo,* 224); «Son la verdad y Dios, Dios verdadero» (Quevedo, *Epístola al Conde-duque,* 16).

68.   Acentos en 1-4-6-8-10. Tipo enfático: «Cuál por el aire claro va volando» (Garcilaso, *Égloga I,* 74); «más quiere nota dar que dar asombro» (Quevedo, *Epístola al Conde-duque,* 162).

69.   Acentos en 1-4-6-9-10. Tipo enfático: «una mujer dormida sobre un lecho» (Espronceda, *Diablo mundo,* Canto VI, 37). Podría también ser sáfico.

70. Acentos en 1-4-8-9-10. Tipo sáfico: «muerta de amor y de temor no viva» (Góngora, *Polifemo,* 352); «brilla la estrella con su luz más pura» (Juan Ramón Jiménez, Soneto 31).

71. Acentos en 1-6-7-9-10. Tipo enfático: «leche que exprimir vio la alba aquel día» (Góngora, *Soledad* I, 146).

72. Acentos en 2-3-4-6-10. Tipo heroico: «Al pie de un alta haya, en la verdura» (Garcilaso, *Égloga I,* 46); «que fue sólo una negra mariposa» (Pastor Díaz, *La mariposa negra,* 31).

73. Acentos en 2-3-4-8-10. Tipo sáfico: «Aquí dio fin a su cantar Salicio» (Garcilaso, *Égloga I,* 224); «y soy yo sólo el pensamiento mío» (Juan Ramón Jiménez, Soneto 8).

74. Acentos en 2-3-5-6-10. Tipo melódico: «contra un mozo no menos animoso» (Garcilaso, *Égloga III,* 175). Tipo heroico: «Allí no serán malas las consejas» (Boscán, *Epístola a Hurtado de Mendoza,* 232).

75. Acentos en 2-3-6-7-10. Tipo heroico: «tomando ora la espada ora la pluma» (Garcilaso, *Égloga III,* 80); «y tú solo, Señor, fuiste exaltado» (Herrera, *Canción a Lepanto,* 143).

76. Acentos en 2-3-6-8-10. Tipo heroico: «Y tú, rústica diosa ¿dónde estabas?» (Garcilaso, *Égloga I,* 379); «en ti, centro del mundo, virgen sola» (Rafael Alberti, *Palco,* 16).

77. Acentos en 2-3-6-9-10. Tipo heroico: «el bien supo escoger la mejor parte» (Darío, *Epístola a Rodó,* 38).

78. Acentos en 2-4-5-6-10. Tipo heroico: «sin yo poder dar otras recompensas» (Garcilaso, *Canción II,* 62); «librada en un pie toda sobre él pende» (Góngora, *Polifemo,* 258).

79. Acentos en 2-4-5-8-10. Tipo sáfico: «soltó de llanto una profunda vena» (Garcilaso, *Égloga I,* 227); «lanzó al retrato una mirada fiera» (Espronceda, *Diablo mundo,* Canto VI, 188).

80. Acentos en 2-4-6-7-10. Tipo heroico: «pavón de Venus es, cisne de Juno» (Góngora, *Polifemo,* 104); «a él y a nadie más pide consejo» (Espronceda, *Diablo mundo,* Canto IV, 605).

81. Acentos en 2-4-6-8-10. Tipo sáfico: «Estoy muriendo y aún la vida temo» (Garcilaso, *Égloga I,* 60); «¡Señor, Señor, mi espalda está desnuda!» (Alfonsina Storni, *El ruego,* 9). Tipo heroico: «en grana, en oro, el alba, el sol vestidos» (Góngora, *Panegírico,* 312); «de tierra y agua y viento y sol tejidos» (Antonio Machado, *Rosa de fuego,* 2).

82. Acentos en 2-4-6-9-10. Tipo heroico: «que no hay sin ti el vivir para qué sea» (Garcilaso, *Égloga I,* 62). Tipo sáfico más bien que heroico: «fingiendo sueño al cauto garzón halla» (Góngora, *Polifemo,* 256).

83. Acentos en 2-4-8-9-10. Tipo sáfico: «sufriendo aquello que decir no puedo» (Garcilaso, *Canción II,* 52); «La rosa huele con su olor más fino» (Juan Ramón Jiménez, Soneto 31).

84. Acentos en 2-5-6-7-10. Tipo heroico: «está y estará en mí tanto clavada» (Garcilaso, *Égloga III,* 7); «Miréme y lucir vi un sol en mi frente» (Góngora, *Polifemo,* 421).

85. Acentos en 2-5-6-8-10. Tipo heroico: «cansada y en mil partes ya herida» (Garcilaso, *Canción IV,* 43); «el céfiro no silba o cruje el roble» (Góngora, *Polifemo,* 168).

86. Acentos en 2-5-6-9-10. Tipo heroico: «La patria que bien muestra haber ya sido» (Garcilaso, *Elegía II,* 38); «carcaj de cristal hizo si no aljaba» (Góngora, *Polifemo,* 243).

87. Acentos en 2-6-7-8-10. Tipo heroico: «Amante nadador ser bien quisiera» (Góngora, *Polifemo,* 130).

88. Acentos en 2-6-7-9-10. Tipo heroico: «Habiendo contemplado una gran pieza» (Garcilaso, *Égloga III,* 81).

89. Acentos en 2-6-8-9-10. Tipo heroico: «allá lo entenderás de mí muy presto» (Garcilaso, *Canción III*, 73); «la sangre que esgrimió cristal fue puro» (Góngora, *Polifemo*, 496).

90. Acentos en 3-4-6-7-10. Tipo melódico: «ni aun quizá de un momento a otro momento» (Andrada, *Epístola*, 60).

91. Acentos en 3-4-6-8-10. Tipo sáfico: «y de mí mismo yo me corro agora» (Garcilaso, *Égloga I*, 66); «Guarnición tosca de este escollo duro» (Góngora, *Polifemo*, 33).

92. Acentos en 3-4-6-9-10. Tipo melódico: «o adonde él es vencido a cualquier hora» (Garcilaso, *Elegía II*, 178). Tipo sáfico: «La menor onda chupa el menor hilo» (Góngora, *Soledad I*, 49).

93. Acentos en 3-5-6-8-10. Tipo melódico: «cuando el cielo está azul o tiene estrellas» (Gutiérrez Nájera, *Pax animae*, 95); «devanando a sí mismo en loco empeño» (Gerardo Diego, *El ciprés de Silos*, 4).

94. Acentos en 3-6-7-8-10. Tipo melódico: «que llorando el pastor, mil veces ella» (Garcilaso, *Égloga III*, 255); «este ya por razón no va fundado» (Garcilaso, *Canción IV*, 132).

95. Acentos en 3-6-7-9-10. Tipo melódico: «y la lengua de Dios nunca fue muda» (Quevedo, *Epístola al Conde-duque*, 15); «sin saber para qué vine yo al mundo» (Espronceda, *Diablo mundo*, Canto IV, 104).

96. Acentos en 4-5-6-8-10. Tipo sáfico: «De mi cantar, pues, yo te vi agradada» (Garcilaso, *Égloga I*, 172). Tipo heroico: «quien como yo estó agora no estuviera» (Garcilaso, *Canción III*, 6).

97. Acentos en 4-6-7-9-10. Tipo heroico: «oriental zafir cuál rubí ardiente» (Góngora, Soneto 18).

98. Acentos en 5-6-7-8-10. Tipo heroico: «mas los que lograr bien no supo Midas» (Góngora, *Soledad I*, 537).

E. Seis acentos

99. Acentos en 1-2-3-4-6-10. Tipo melódico: «¿Quién es Dios? ¿Dónde está? Sobre la cumbre» (Espronceda, *Diablo mundo,* Introducción, 320). Tipo sáfico: «Sí, tú, tú misma irás por los caminos» (Juan Ramón Jiménez, *Laberinto: Primeros libros de poesía,* Madrid, 1954, pág. 1.304).

100. Acentos en 1-2-3-4-8-10. Tipo sáfico: «sólo es ya fondo de tu paz humana» (Juan Ramón Jiménez, Soneto 26).

101. Acentos en 1-2-3-5-6-10. Tipo melódico: «Oh gran río, gran rey de Andalucía» (Góngora, Soneto 29).

102. Acentos en 1-2-3-6-7-10. Tipo heroico: «¡Oh corte, oh confusión! ¿quién te desea?» (Lupercio Leonardo de Argensola, *Al sueño,* 28); «que un día era bastón y otro cayado» (Góngora, *Polifemo,* 56).

103. Acentos en 1-2-3-6-8-10. Tipo enfático: «¿Quién no vio desparcir su sangre al hierro?» (Garcilaso, *Elegía I,* 85); «Ya el más grave dolor será ventura» (Juan Ramón Jiménez, Soneto 13).

104. Acentos en 1-2-4-5-6-10. Tipo sáfico: «¡Oh excelso muro, oh torres coronadas!» (Góngora, Soneto 29); «Heme hoy aquí, ¡cuán otros mis cantares!» (Enrique Gil, *La violeta,* 49).

105. Acentos en 1-2-4-6-7-10. Tipo sáfico: «Bien es verdad que no está acompañado» (Garcilaso, *Égloga I,* 121). Tipo heroico: «Gran paga, poco argén, largo camino» (Garcilaso, *Epístola,* 76); «¿Quién ya tendrá de ti lástima alguna?» (Herrera, *Canción a Lepanto,* 183).

106. Acentos en 1-2-4-6-8-10. Tipo sáfico: «¿Dó están agora aquellos claros ojos?» (Garcilaso, *Égloga I,* 267). Tipo heroico: «Más quiere nota dar que dar asombro» (Quevedo, *Epístola al Conde-duque,* 162).

107. Acentos en 1-2-4-6-9-10. Tipo heroico: «dos

almas hay conformes en un cuerpo» (Boscán, *Epístola a Hurtado de Mendoza*, 156); «todo ansia, todo ardor, sensación pura» (Darío, *Epístola a Rodó*, 45).

108. Acentos en 1-2-4-8-9-10. Tipo sáfico: «¿Qué ciegos ojos la beldad no encanta?» (Espronceda, *Diablo mundo*, Canto VI, 301); «¿Quién eres tú que a descifrar no acierto?» (Espronceda, *Diablo mundo*, Canto VII, 33).

109. Acentos en 1-2-5-6-9-10. Tipo heroico: «y es justo que tal pague quien tal hizo» (Espronceda, *Diablo mundo*, Canto IV, 56).

110. Acentos en 1-2-6-7-8-10. Tipo heroico: «Son cosas que de mí no salen fuera» (Garcilaso, *Epístola*, 55); «que es tierra lo de acá y es más que cielo» (Hojeda, *Criatiada*, Libro VI, 31).

111. Acentos en 1-2-6-7-9-10. Tipo heroico: «bien sea religión bien amor sea» (Góngora, *Polifemo*, 151).

112. Acentos en 1-3-4-5-6-10. Tipo sáfico: «Siempre está en llanto esta ánima mezquina» (Garcilaso, *Égloga I*, 81).

113. Acentos en 1-3-4-6-7-10. Tipo sáfico: «¡Oh del mar reina, tú que eres esposa!» (Góngora, *Panegírico*, 553). Tipo melódico: «no será, yo os prometo, éste el postrero» (Boscán, *Epístola a Hurtado de Mendoza*, 403); «¡Oh Teresa, oh dolor, lágrimas mías!» (Espronceda, *Canto a Teresa*, 145).

114. Acentos en 1-3-4-6-8-10. Tipo sáfico: «No perdió en esto mucho tiempo el ruego» (Garcilaso, *Égloga III*, 89); «Miras a un lado allende el Tormes lento» (Unamuno, *Salamanca*, 9). Tipo melódico: «breve flor, yerba humilde y tierra poca» (Góngora, *Polifemo*, 350); «que esta usura es peor que aquella furia» (Quevedo, *Epístola al Conde-duque*, 84).

115. Acentos en 1-3-5-6-8-10. Tipo melódico: «y esto sabe muy bien quien lo ha probado» (Garcilaso, *Canción III*, 39).

116. Acentos en 1-3-6-7-8-10. Tipo enfático: «A esta

dulce sazón yo triste estaba» (Cervantes, *Epístola a Mateo Vázquez,* 133); «nunca quiso tener más larga vida» (Quevedo, *Epístola al Conde-duque,* 36).

117. Acentos en 1-3-6-7-9-10. Tipo melódico: «Otras veces también pienso algún hora» (Boscán, *Epístola a Hurtado de Mendoza,* 184).

118. Acentos en 1-3-6-8-9-10. Tipo melódico: «deste día para mí mayor que un año» (Garcilaso, *Égloga III,* 320).

119. Acentos en 1-4-5-6-9-10. Tipo sáfico: «duda el amor cuál más su color sea» (Góngora, *Polifemo,* 107).

120. Acentos en 1-4-6-7-8-10. Tipo enfático: «¡Oh condición mortal, oh dura suerte!» (Quevedo, *Sonetos morales,* 8).

121. Acentos en 1-4-6-7-9-10. Tipo enfático: «Duerme como un lirón, dijo en voz baja» (Espronceda, *Diablo mundo,* Canto VI, 129).

122. Acentos en 2-3-4-5-6-10. Tipo sáfico: «Por ver ya el fin de un término tamaño» (Garcilaso, *Égloga III,* 319).

123. Acentos en 2-3-4-5-8-10. Tipo sáfico: «o ¿qué de hoy más no temerá el amante?» (Garcilaso, *Égloga I,* 145).

124. Acentos en 2-3-4-6-8-10. Tipo heroico: «Aquí estáis ya conmigo secas flores» (Juan Ramón Jiménez, Soneto 9); «La vida es fuerte, pura, noble y bella» (Ramón de Basterra, *Vírulo ecuestre,* 40).

125. Acentos en 2-3-4-8-9-10. Tipo sáfico: «mas ya no es tiempo de mirar yo en esto» (Garcilaso, *Canción IV,* 108); «el agua es virgen, el ambiente es puro» (Gutiérrez Nájera, *Pax animae,* 64).

126. Acentos en 2-3-5-6-7-10. Tipo heroico: «así cubra de hoy más cielo sereno» (Góngora, Soneto 19); «Sin ti ¿qué seré yo? Tapia sin rosa» (Juan Ramón Jiménez, Soneto 4).

127. Acentos en 2-3-6-7-8-10. Tipo heroico: «Mas

tú, fuerza del mar, tú, excelsa Tiro» (Herrera, *Canción a Lepanto,* 171).

128.   Acentos en 2-3-6-7-9-10. Tipo heroico: «¿por qué vienes al mundo una vez sola?» (Juan Ramón Jiménez, *Laberinto: Primeros libros de poesía,* Madrid, 1954, pág. 1.292).

129.   Acentos en 2-3-6-8-9-10. Tipo heroico: «que no puedo vivir con él un hora» (Garcilaso, *Elegía II,* 45); «así aquella que al hombre sólo es dada» (Andrada, *Epístola,* 109).

130.   Acentos en 2-4-5-6-8-10. Tipo heroico: «Allí verás cuán poco mal ha hecho» (Garcilaso, *Elegía I,* 247); «temió, gimió, dio voces, vino gente» (Diego Tadeo González, *El murciélago alevoso,* 13).

131.   Acentos en 2-4-5-8-9-10. Tipo sáfico: «si no cayó, fue porque Dios es bueno» (Darío, *Epístola a Rodó,* 20).

132.   Acentos en 2-4-6-7-8-10. Tipo heroico: «El alma que entra allí debe ir desnuda» (Darío, *Epístola a Rodó,* 81).

133.   Acentos en 2-4-6-8-9-10. Tipo heroico: «Huid si no queréis que llegue un día» (Espronceda, *Canto a Teresa,* 225); «plumón alguno no hallarás más blando» (Alfonsina Storni, *Soy,* 4).

134.   Acentos en 3-4-5-6-9-10. Tipo melódico: «como aquel vale "un vaso de bon vino"» (Darío, *A Berceo,* 4).

135.   Acentos en 3-4-6-8-9-10. Tipo sáfico: «Mi vivir duro así será el mal sueño» (Juan Ramón Jiménez, Soneto 16).

136.   Acentos en 4-5-6-8-9-10. Tipo heroico: «donde si el mal yo viese ya no puedo» (Garcilaso, *Elegía II,* 112); «pero tu carne es pan, tu sangre es vino» (Darío, *Poesías completas,* Madrid, 1961, pág. 723).

F. Siete acentos

137. Acentos en 1-2-3-4-5-8-10. Tipo sáfico: «¿Qué cosa es ver, a un infanzón de España?» (Quevedo, *Epístola al Conde-duque,* 145).

138. Acentos en 1-2-3-4-6-8-10. Tipo sáfico: «Haz, ¡oh buen rey!, que sea por ti acabado» (Cervantes, *Epístola a Mateo Vázquez,* 229); «No sé como eras yo que sé que fuiste» (Juan Ramón Jiménez, Soneto 15).

139. Acentos en 1-2-3-6-7-8-10. Tipo heroico: «¡Oh crudo, oh riguroso, oh fiero Marte!» (Garcilaso, *Elegía II,* 94). Tipo melódico: «si hay un alma sincera ésa es la mía» (Darío, *Epístola a Rodó,* 48).

140. Acentos en 1-2-4-5-6-9-10. Tipo heroico: «cuán frágil es, cuán mísera, cuán vana» (Quevedo, *Sonetos morales,* 8); «luz negra, que es más luz que la luz blanca» (Darío, *Los ojos de Julia,* 17).

141. Acentos en 1-2-4-6-7-8-10. Tipo sáfico: «un tiempo ya, mas no se triste agora» (Garcilaso, *Elegía II,* 41). Tipo heroico: «un libro y un amigo, un sueño breve» (Andrada, *Epístola,* 127).

142. Acentos en 1-2-4-6-8-9-10. Tipo heroico: «un breve tiempo ausente yo no niego» (Garcilaso, *Elegía II,* 47); «¿No habéis, les dijo, visto nunca un mudo?» (Espronceda, *Diablo mundo,* Canto IV, 501).

143. Acentos en 1-3-4-5-6-7-10. Tipo melódico: «Vi una vez no sé donde una pradera» (Juan Ramón Jiménez, Soneto 35).

144. Acentos en 1-3-5-6-8-9-10. Tipo melódico: «Este llano fue plaza, allí fue templo» (Rodrigo Caro, *Itálica,* 12).

145. Acentos en 1-4-6-7-8-9-10. Tipo enfático: «¿Cómo presumes tú dar vida a un muerto?» (Espronceda, *Diablo mundo,* Canto VII, 35); «Gracias a ti, mujer. Más tú me has dado» (Juan Ramón Jiménez, Soneto 14).

146. Acentos en 2-3-4-6-7-8-10. Tipo heroico: «Mas ¡ay! ¿y si esta paz no fuera nada?» (Juan Ramón Jiménez, Soneto 8).

147. Acentos en 2-3-4-6-8-9-10. Tipo melódico: «¿Lo oí? ¡Sí! De una voz que no habló aquí» (Juan Ramón Jiménez, Soneto 54).

148. Acentos en 2-4-5-6-7-8-10. Tipo heroico: «tu llano y tierra, ¡oh patria, oh flor de España!» (Góngora, Soneto 29).

149. Acentos en 3-4-6-7-8-9-10. Tipo melódico: «Pero existe una paz yo no sé donde» (Juan Ramón Jiménez, *Laberinto: Primeros libros de poesía,* Madrid, 1954, pág. 1.218).

G. *Ocho acentos*

150. Acentos en 1-2-3-4-5-8-9-10. Tipo sáfico: «Yo sé qué cosa es esperar un rato» (Garcilaso, *Elegía II,* 121).

H. *Nueve acentos*

151. Acentos en 1-2-3-4-6-7-8-9-10. Tipo enfático: «No hay más que un solo Dios. Él sólo es grande» (Zorrilla, *Leyendas,* Madrid, 1945, pág. 1.299).

I. *Dactílico*

Boscán, Garcilaso y otros poetas de los siglos XVI y XVII, siguiendo el ejemplo italiano, admitieron, aunque sólo en reducido número de casos, entre las variedades comunes del endecasílabo, la intervención de la modalidad dactílica que sitúa sobre la sílaba séptima, en lugar de la sexta, el apoyo central del período rítmico. Se rechazó tal intervención en el siglo XVIII, cuando el endecasílabo dactílico empezó a usarse como forma independiente. El romanticismo no se sirvió de esta modalidad ni de manera independiente ni combinada con las demás. El modernismo la generalizó de uno y otro modo. Sus numerosas variedades de acentuación prosódica se suman a las del endecasílabo común.

152.   Acentos en 4-7-10: «casi desnuda la gloria del día» (Darío, *Pórtico*, 2); «y suspiró por su lecho báldío» (Gabriela Mistral, *Ruth*, 33).

153.   Acentos en 1-4-7-10: «Libre la frente que el casco rehusa» (Darío, *Pórtico*, 1); «arde de fiebre su leve mejilla» (Gabriela Mistral, *Ruth*, 7).

154.   Acentos en 2-4-7-10: «Tus claros ojos ¿a quién los volviste?» (Garcilaso, *Égloga I*, 128); «su voz pasaba de alcor en alcores» (Gabriela Mistral, *Ruth*, 21).

155.   Acentos en 3-4-7-10: «bajo el gran sol de la eterna Harmonía» (Darío, *Pórtico*, 4); «recordó aquello que a Abraham prometiera» (Gabriela Mistral, *Ruth*, 31).

156.   Acentos en 4-5-7-10: «y me quedé hecho el rey del olvido» (Juan Ramón Jiménez, Soneto 45).

157.   Acentos en 4-7-8-10: «hasta las cosas que no tienen nombre» (Garcilaso, *Epístola*, 3); «Hacia la luz se te fue a ti tu rosa» (Juan Ramón Jiménez, Soneto 24).

158.   Acentos en 4-7-9-10: «quien la sandalia calzó a su pie breve» (Darío, *Pórtico*, 6).

159.   Acentos en 1-2-4-7-10: «a un rey de Oriente sobre un dromedario» (Darío, *Pórtico*, 32); «Ruth más callada que espiga vencida» (Gabriela Mistral, *Ruth*, 41).

160.   Acentos en 1-3-4-7-10: «campo y pleno aire refrescan sus alas» (Darío, *Pórtico*, 89).

161.   Acentos en 1-4-5-7-10: «Celia enrojece, una dueña se signa» (Darío, *Divagación*, 74).

162.   Acentos en 1-4-6-7-10: «ebria risueña de un vino de luz» (Darío, *Pórtico*, 86); «Eran sus barbas dos sendas de flores» (Gabriela Mistral, *Ruth*, 19).

163.   Acentos en 1-4-7-8-10: «de oro la frente como

un ascua pura» (Juan Ramón Jiménez, Soneto 10); «Ruth moabita a espigar va a las eras» (Gabriela Mistral, *Ruth,* 1).

164.   Acentos en 2-3-4-7-10: «que lleva un claro lucero en la frente» (Darío, *Pórtico,* 40).

165.   Acentos en 2-4-5-7-10: «Dormía el justo hecho paz y belleza» (Gabriela Mistral, *Ruth,* 40).

166.   Acentos en 2-4-7-8-10: «Existe Dios. El amor es inmenso» (Darío, *Los tres Reyes Magos,* 3); «el cielo verde en la más verde altura» (Juan Ramón Jiménez, Soneto 44).

167.   Acentos en 4-5-6-7-10: «la catedral es un gran relicario» (Darío, *Vésper,* 3).

168.   Acentos en 4-7-8-9-10: «y de la brega tornar viole un día» (Darío, *Pórtico,* 145).

169.   Acentos en 1-2-4-5-7-10: «Ése es el rey más hermoso que el día» (Darío, *Pórtico,* 37).

170.   Acentos en 1-2-4-7-8-10: «¡Ay, ¿qué se hizo de aquel bello día?» (Juan Ramón Jiménez, Soneto 10).

171.   Acentos en 1-4-5-7-8-10: «sé que aun allí no podré estar seguro» (Garcilaso, *Elegía II,* 192).

RESUMEN

En el conjunto de las 171 combinaciones prosódicas de endecasílabos comunes y dactílicos, las de dos acentos son 4; las de tres, 15; las de cuatro, 40; las de cinco, 56; las de seis, 41; las de siete, 13; las de ocho, 1, y las de nueve, 1. Dentro de tan extensa serie, el cabal ajuste entre acentos prosódicos y apoyos rítmicos sólo ocurre en la combinación 64, melódica, 1-3-6-8-10; en la 68, enfática, 1-4-6-8-10, y en la 81, sáfica, 2-4-6-8-10. Aparte de las demás secciones de mayor o menor acentuación, en la misma de cinco acentos figuran 53 combinaciones comunes y dactílicas en que no se cumple tal correspondencia.

A partir del eje de las de cinco acentos, existe un visible equilibrio entre las líneas descendentes de las secciones de menor contenido prosódico y las de las más recargadas de acentos. A las cuatro combinaciones de la sección de dos acentos corresponden las dos combinaciones de las de ocho y nueve acentos; a las quince de tres acentos, las trece de siete, y a las cuarenta de cuatro acentos, las cuarenta y una de seis, signo usual del proceso pendular de los fenómenos oscilantes.

No se observa semejante relación en lo que se refiere a la frecuencia con que cada variedad acentual interviene en la composición de los textos poéticos. Los endecasílabos de acentuación más ligera, con menos de cinco acentos prosódicos, se dan en proporción mucho más elevada que los de acentuación superior a esa medida. Predominan notoriamente los de sólo tres acentos prosódicos, correspondientes al principio y al centro del período rítmico, además del de la sílaba décima. En la suma de las numerosas composiciones de donde proceden estos datos, la combinación 2-6-10 figura en primer lugar con la proporción del 15 por ciento. Al parecer, se le puede considerar como la modalidad prosódica más corriente en el endecasílabo español. En segundo lugar se destaca la combinación 3-6-10, también de tres acentos, con el 12 por ciento. Otra variedad análoga, 4-6-10, representa el 8 por ciento. Constituyen estas tres formas por sí solas el 35 por ciento de los varios millares de versos registrados.

Dos combinaciones de cuatro acentos que se destacan también con marcado relieve son 2-6-8-10, que alcanza el 9 por ciento, y 2-4-6-10, que representa un 8 por ciento. Las dos variedades consideradas como prototipos de la estructura acentual del endecasílabo por la preceptiva antigua figuran con el reducido promedio de un 2 por ciento la de acentos en las sílabas 6-10, y de un 3 por ciento la de 4-8-10. Las combinaciones registradas con siete o más acentos, han aparecido con mínima representación. De algunas sólo se ha recogido un ejemplo.

De la serie de 171 variedades, corresponden 20 a la peculiar forma dactílica; las 151 restantes se reparten entre los cuatro tipos rítmicos del endecasílabo ordinario. Es de notar la precisión y claridad con que, en general, tan numerosas y variadas combinaciones, no obstante su ordinario desajuste con los moldes rítmicos, se acomodan a sus adecuados tipos. En algunos casos, poco frecuentes, la misma combinación prosódica sirve para más de un tipo rítmico por causa de la variable asociación semántica de los vocablos. Se hallan en este caso los ejemplos registrados con los números 23, 54, 58, 74, 81, 92, 96, 99, 105, 106, 113, 114 y 141. La proporción en que las 151 variedades comunes se distribuyen entre los tipos indicados aparece en el siguiente orden:

tipos	cantidad	porcentaje
heroico	55	36,42
sáfico	41	27,14
melódico	30	19,66
enfático	12	7,94
dobles	13	8,61
	151	99,97

Confirman estos datos el predominio del tipo heroico en el endecasílabo español, como rasgo característico que, con su equilibrado y uniforme ritmo trocaico, imprimió al adoptado metro italiano un sello distinto del modelo originario, inclinado con preferencia por su parte a la modalidad sáfica, base asimismo del endecasílabo francés.

En los endecasílabos de menor acentuación prosódica, por debajo de cinco acentos, algunos de los apoyos rítmicos recaen naturalmente sobre sílabas débiles. De manera inversa, en los de seis o más acentos prosódicos, algunos de éstos figuran también sobre sílabas débiles, como elementos ociosos o extrarrítmicos. Aun en la medida básica de cinco acentos, son sólo tres, como ya se ha indicado, las combinaciones en que acentos prosódicos y apoyos rítmicos coinciden entre sí. En las restantes combinaciones de cinco acentos prosódicos, siempre figuran uno o dos de ellos fuera de lugar rítmico. Del total de las poesías examinadas resulta que el promedio de frecuencia de las tres combinaciones citadas, de exacta coincidencia rítmico-prosódica, es el 7 por ciento para la 81, sáfica, el 3 por ciento para la 68, enfática, y el 1,50 por ciento para la 64, melódica.

Tales variedades de acentuación coincidente constituyen, dentro de su escasez, el modelo más justo y ponderado del endecasílabo en los tipos respectivos. Las que no ofrecen suficientes acentos prosódicos para los apoyos rítmicos muestran cierta debilidad de construcción, en tanto que las que los acumulan con exceso hacen que el verso resulte más o menos abrupto y pesado. La mayor o menor abundancia de acentos extrarrítmicos parece depender en gran parte del estilo del autor. En la *Epístola a Hurtado de Mendoza* de Boscán, por ejemplo, los versos con uno o más de tales acentos representan el 29 por ciento, en tanto que en la *Epístola al Conde-duque* de Quevedo sólo alcanzan a un 16 por ciento. Sin duda se producen también en relación con el carácter del poema. En la grave *Canción IV* de Garcilaso figuran con 23 por ciento, en contraste con la suave y ligera *A la flor de Gnido,* en la que se limitan a un 10 por ciento.

Los endecasílabos con seis o siete acentos prosódicos ofrecen de ordinario dos o tres extrarrítmicos. En los dos únicos ejemplos registrados de ocho y nueve acentos, los extrarrítmicos son cuatro, al margen de los cinco apoyos regulares que suman las partes del período rítmico interior y el acento final. Las sílabas que con más frecuencia aparecen ocupadas por los acentos inactivos son las impares. Los apoyos efectivos recaen generalmente sobre las pares, con excepción del tipo melódico en que el primer acento se sitúa sobre la sílaba tercera.

Son frecuentes los casos de competencia a este respecto entre pares e impares por motivos rítmicos y semánticos. En los endecasílabos con acentos prosódicos en las sílabas primera y segunda, domina la primera cuando el verso, por el conjunto de su acentuación, pertenece a las modalidades melódica o sáfica, en los cuales el primer tiempo marcado corresponde, como es sabido, a las sílabas tercera y cuarta respectivamente, como se ve en los ejemplos de los números 53, 54, 99 y 100; domina, en cambio, la segunda sílaba en las variedades de tipo heroico, números 20, 58, 102, 130, etc.

El apoyo del primer tiempo se sitúa sobre la segunda o la tercera sílaba según se haga resaltar el adjetivo *tanto* o el sustantivo *odio* en el verso de Herrera «que tanto odio te tiene en nuestro estrago» (*Canción de Lepanto,* 82). En la concurrencia de acentos en tercera y cuarta, la correlación adverbial hace predominar la tercera en «Clavo no, espuela sí del apetito» (Góngora, *Soledad I,* 500); la correlación verbal por su parte determina el predominio de la cuarta en «o razón falta donde sobran años» (*ibid.,* 534).

Las sílabas sexta y octava, además de la décima, con

acentos prosódicos o sin ellos, reciben siempre, en mayor o menor grado, apoyos rítmicos que aseguran el regular ritmo trocaico de la segunda mitad del verso. Es de notar la diferencia entre ésta y la primera mitad. Aparte de la sílaba décima, cuyo acento actúa como eje fijo en la serie sucesiva de los versos, las cuatro primeras sílabas son las más activas en la determinación de las variedades del ritmo. La movilidad que estas sílabas imprimen a la primera mitad del metro contrasta con la uniformidad de la segunda a partir de la sílaba sexta.

En el conflicto entre quinta y sexta, esta última mantiene invariablemente su apoyo central, aunque el sentido pueda reforzar al lado de ella, en ocasiones, el nivel de la quinta, como ocurre en los vocablos *sudor* y *mayor* en los siguientes casos: «Beber el sudor hace de su frente» (Góngora, *Soledad I,* 574); «y el tronco mayor danza en la ribera» (*ibid.,* 776).

La acentuación concurrente de las sílabas sexta y séptima da lugar a una importante modificación al convertir en dactílica la cuarta cláusula del período interior, después del alargamiento monosilábico de la sexta, constituida por la terminación de un vocablo agudo o por un monosílabo fuerte. El realce expresivo de este recurso, frecuente en Petrarca, recogido por Garcilaso, desarrollado por Góngora y aplicado por otros poetas antiguos y modernos, puede considerarse como forma definitivamente establecida en la métrica del endecasílabo. Se produce en cualquiera de las cuatro variedades rítmicas del verso y adquiere su mayor eficacia en la combinación 1-6-7-10, sobre la base del tipo enfático. Los ejemplos de tal concurrencia de acentos en más de treinta combinaciones prosódicas atestiguan la abundancia de su uso: números 17, 25, 35, 41, 47, 57, 63, 67, 71, 75, 80, 84, 87, 88, 90, 94, 95, 97, 98, etc.

Es, sin duda, el endecasílabo el metro más complejo de la poesía española. Intervienen múltiples elementos, como ha podido verse, en el mecanismo, funcionamiento y significación de sus modalidades. Aunque ha sido objeto de largo e intenso cultivo, aún está lejos de haber sido empleado con pleno ejercicio de sus recursos. La preceptiva corriente lo ha representado bajo simples formas teóricas ajenas a la naturaleza del idioma, a la espontánea intuición de los poetas y a la común percepción auditiva. El conocimiento de su realización sonora, a base de su estructura musical, contribuirá seguramente al desarrollo de su ejecución artística.

LA MUSICALIDAD DE GARCILASO

Raro es encontrar una reseña sobre la poesía de Garcilaso en que no se señale como rasgo característico la musicalidad de sus versos. Se halla ya lejana su imagen como caballero cortesano y como soldado valeroso. Queda en sus obras, como nota viva y permanente, junto a la íntima melancolía de una ilusión amorosa nunca lograda, la suave armonía que les imprimió su fina sensibilidad artística.

Compartió con Boscán la empresa de incorporar a la versificación española el endecasílabo italiano, empresa que antes habían intentado sin éxito Micer Francisco Imperial y el Marqués de Santillana. Desde el punto de vista métrico, los endecasílabos de Boscán no son, en general, menos correctos que los de su compañero. Les falta, sin embargo, la virtud musical, admirada en éstos desde que se conocieron y no apagada en los siglos transcurridos.

El objeto de estas páginas no es añadir un elogio más a los muchos con que tal mérito ha sido celebrado, sino tratar de descubrir, si es posible, las causas y circunstancias en que se funda. Como efecto de percepción auditiva, es claro que la admirada musicalidad debe ser buscada principalmente en la especial manera en que se hallen combinados los diversos elementos rítmicos comprendidos bajo la unidad métrica del endecasílabo, que fue casi el único verso que Garcilaso cultivó.

La fuente más importante de donde recogió la imagen

sonora de tal metro fueron los sonetos, canciones y «triunfos» de Petrarca. Una comparación entre ambos poetas, ceñida a la técnica de su versificación, dará, sin duda alguna, idea de cómo procedió Garcilaso en su labor de adaptación. En adelante, uno y otro serán designados por sus respectivas iniciales, P y G. En materia de ritmo y armonía, si la demostración ha de tener algún valor objetivo, será preciso acudir al poco ameno, pero eficaz recurso de las medidas y cálculos matemáticos.

Para su canción cuarta, que empieza: «El aspereza de mis males quiero/que se muestre también en mis razones», tuvo G por modelo la canción primera de P: «Del dolce tempo de la prima etade/che nascer vide ed ancor quasi in erba». Una y otra constan de ocho estancias idénticas, de veinte versos cada una, y de un envío final de nueve versos. Todos son endecasílabos, con la única excepción del décimo, heptasílabo, en el centro de la estrofa. Las dos mitades de ésta se enlazan mediante una trabada serie de nueve rimas: ABCBACCDEeDFGHHGFFJJ. Es la estancia más amplia de P, usada en una composición que es también la más extensa de sus canciones. Los mismos términos se aplican a G, quien debió ver en la gravedad de tal estrofa, en que P compuso la alegórica exposición de sus frustraciones amorosas, instrumento adecuado para la declaración por su parte, en forma más directa y dramática, de sus propias preocupaciones e inquietudes. Indicio del grado en que el poema de P sería familiar a G es el verso que de ella tomó literalmente en italiano al fin de su soneto XXII: «non esservi passato oltra la gonna».

Tipos de endecasílabo. — Hay que recordar que el valor rítmico del endecasílabo no se limita a las dos únicas formas que tradicionalmente se le han atribuido, acentuadas en las sílabas 4-8-10 y 6-10. La naturaleza musical de tal verso se funda en el número y disposición del conjunto de sus apoyos acentuales, más numerosos y variados que los que esas dos formas representan. Las diversas manifestaciones rítmicas del endecasílabo común se concentran en cuatro tipos básicos, ya definidos en otras ocasiones: enfático, heroico, melódico y sáfico. Cada tipo produce un determinado efecto musical. El modo en que se suceden y combinan entre sí constituye el elemento principal en la armonía del poema. Una adaptación parcial del mecanismo del endecasílabo hubiera podido limitarse, como en francés, a la modalidad sáfica, o acaso al simple molde trocaico de la abundante variedad heroica. El primer acierto de G consistió en adoptar el metro italiano en la plenitud polirrítmica de sus recursos, aunque no se atuviera estrictamente, como se verá, a la manera y proporción de las combinaciones que su modelo le ofrecía.

En la canción de P, los endecasílabos sáficos, heroicos y melódicos, en este mismo orden de frecuencia y con moderada diferencia de proporciones, alternan indistintamente, lo cual mantiene una relativa uniformidad de tono a lo largo de la composición. Al contrario, en la de G la línea rítmica se desarrolla con continuos cambios y contrastes. En su conjunto, los endecasílabos de tipo heroico superan en G con gran ventaja a los restantes, como si su firme compás trocaico reflejara la resuelta y franca actitud del poeta en la confesión de sus turbados sentimientos. Pasajes insistentes en ese ritmo, como los de los versos 83-88, 101-109 y 137-141, acentúan la expresión de tal actitud. En otros pasajes, de tiempo en tiempo, como en 45-47, 62-64 y 92-94, el tono se serena en la suavidad del sáfico. Los versos de tipo enfático, que en número mayor de lo corriente puntúan en G los momentos de más viva emoción, ofrecen mínima representación en P. Por su parte, G prescindió en esta ocasión de la modalidad dactílica, que en la canción de P presenta varios ejemplos. Aunque algunos versos puedan prestarse a discrepancias de clasificación, la relación de su presencia ofrece las siguientes cifras:

	Petrarca	Garcilaso
sáficos	38,50 %	24,22 %
heroicos	32,23	49,06
melódicos	25,46	19,25
enfáticos	1,24	7,45
dactílicos	2,48	0,00

Acentos rítmico-prosódicos. — Sabido es que los apoyos rítmicos del verso no coinciden siempre con los acentos gramaticales. Influye en el efecto sonoro el hecho de que la correspondencia entre unos y otros sea más o menos completa. La plena coincidencia hace al verso robusto y denso; la correspondencia parcial o reducida lo atenúa y aligera. Por el grado de tal concurrencia de acentos coincidentes, la contextura de unos versos es recia y grave, y la de otros flexible y leve. En los 161 endecasílabos que la forman, la canción de P contiene 3 variedades de correspondencia total y 19 de correspondencia parcial. Unas y otras se reparten entre los cuatro tipos rítmicos del verso. Como hecho de especial importancia es de notar que ese mismo número de modalidades de acentuación concurrente, completa e incompleta, se registra en la canción de G. A la igualdad de forma y número de las estrofas entre los dos poemas se suma esta correspondencia de su fondo acentual, no atribuible, probablemente, a influencia del modelo italiano sobre la adaptación española, sino más bien a circunstancias relacionadas con la particular estructura del metro y con la básica semejanza lingüística entre ambos idiomas.

Sobre tal fondo común, surgen, sin embargo, numerosas diferencias tan pronto como se examina de cerca la representación que cada una de las mencionadas modalidades ofrece en una y otra canción. En las presentes observaciones las cifras que preceden a los ejemplos indican las sílabas a que corresponden los acentos coincidentes, y las que los siguen, la numeración de los versos. Para mayor claridad comparativa y ahorro de cifras, las cantidades absolutas se sustituyen en su confrontación por sus correspondientes porcentajes.

Cinco acentos. — Además del apoyo fijo en la décima sílaba, los cuatro acentos del período rítmico recaen sobre sílabas prosódicamente fuertes. Se registran en ambos poemas las tres combinaciones que presentan esta máxima acentuación.

Acentos en 1-3-6-8-10. Tipo melódico: «Nulla vita mi fia noiosa o trista» (85); «Gran espacio se halla lejos de ella» (100).

Acentos en 1-4-6-8-10. Tipo sáfico: «Vo trapassando e sol d' alcune parlo» (93); «Mil es amargo, alguna vez sabroso» (79).

Acentos en 2-4-6-8-10. Tipo heroico: «E i piedi in ch' io mi stetti o mossi o corsi» (45); «Del bien, si alguno tuvo, ya olvidado» (138).

La presencia de estos versos se hace notar por su peso y densidad acentual. Depende de la intención más o menos consciente del poeta ensanchar o reducir su papel. En la canción de P representan más de la quinta parte del conjunto; G los hizo figurar en proporción mucho menor.

	Petrarca	Garcilaso
1-3-6-8-10	4,96 %	1,25 %
1-4-6-8-10	8,69	2,48
2-4-6-8-10	9,31	7,45
	22,96	11,18

Cuatro acentos. — Invariable el de la sílaba décima. Sólo uno de los cuatro apoyos del período rítmico queda sin correspondencia prosódica. El efecto sonoro es poco menos denso que en el caso de la plenitud acentual. Constituyen los endecasílabos de cuatro acentos en ambas canciones el elemento predominante; pero también en este caso, como en el de los versos de cinco acentos, su representación en la de G, 46,58 por ciento, es menor que en la de P, 56,52 por ciento. Las combinaciones 2-4-6-10 y 2-6-8-10 ocurren en proporciones semejantes en los textos italiano y español. Las tres siguientes son en el primero mucho más abundantes que en el segundo.

	Petrarca	Garcilaso
1-4-8-10	9,31 %	0,00 %
2-4-8-10	8,69	3,72
3-6-8-10	9,93	4,96
	27,93	8,68

Al lado de la forma sáfica 1-4-8-10, se halla en P con menos frecuencia la análoga 1-4-6-10, oscilante entre sáfica y heroica. La canción de G, en la cual no figura la primera, se sirve en cambio hasta doce veces de la segunda, con preferencia debida probablemente a su mayor inclinación hacia el ritmo trocaico dominante en el poema.

Tres acentos. — Descontando el acento permanente de la sílaba décima, los endecasílabos de este grupo presentan dos apoyos sobre sílabas prosódicamente fuertes y otros dos sobre sílabas débiles. Su equilibrado y flexible efecto se hace notar especialmente en la canción de G, donde figuran en conjunto en la proporción del 39,13 por ciento, casi doble de la que ofrecen en P, 20,49 por ciento. Tres de sus modalidades llenan en G cerca de un tercio del poema.

Acentos en 2-6-10. Tipo heroico: «E fal perche il peccar piu se pavente» (129); «Bañado de mi sangre la carrera» (12).

Acentos en 3-6-10. Tipo melódico: «Per spelunche deserte e pellegrine» (142); «Lloraré de mi mal las ocasiones» (4).

Acentos en 4-6-10. Oscilante entre sáfico y heroico: «Mel ritrovasse solo lagrimando» (55); «De libertad la juzgo por perdida» (118).

	Petrarca	Garcilaso
2-6-10	1,24 %	13,03 %
3-6-10	8,69	12,42
4-6-10	2,48	4,96
	12,41	30,41

De la combinación 4-8-10, no obstante su noción prototípica en la preceptiva del sáfico, junto a 1-4-8-10, no se registran más que seis casos en P y cuatro en G. Carecen de representación en P dos combinaciones de tres acentos usadas por G; una es 2-4-10: «Un campo lleno de desconfianza» (89); dos casos más en 105 y 165; la otra es 2-8-10: «Guardarse como en los pasados años» (25) ejemplo único.

A la clase de tres acentos pertenece también la modalidad enfática 1-6-10, registrada una sola vez en P: «Questa che col mirar gli anime fura» (72). La misma forma se halla en siete casos en G: «Fuerzas de mi destino me trajeron» (22); los restantes ejemplos en 18, 48, 76, 113, 124 y 147. A éstos se pueden añadir otros cinco ejemplos de análogo efecto con la combinación 1-4-6-10, en los que los apoyos de las sílabas primera y sexta dominan y atenúan al de la cuarta, evitando que los versos actúen como sáficos: «Nunca en todo el proceso de mi vida» (47); los restantes en 11, 14, 57 y 93. La repetición del endecasílabo enfático en G es una de las notas que más contribuyen a diferenciar el temple de la versificación entre uno y otro poema.

Dos acentos. — El endecasílabo más tenue es el que, fuera del acento de la décima, sólo contiene un apoyo rítmico-prosódico. Tres de los cuatro tiempos del período rítmico recaen sobre sílabas prosódicamente inacentuadas. En la canción de P no se ha identificado más que un verso que, prescindiendo de otros elementos ocasionales, puede considerarse con únicos apoyos en sexta y décima, segunda de las formas teóricas en la explicación escolar del endecasílabo: «E se contra suo stile ella sostene» (127). En contraste, se cuentan en G seis casos de forma más definida, cuyo testimonio subraya la inclinación que se ha venido notando por los versos más flexibles y ligeros en el texto de este poeta: «Y a la que me atormenta me entregaron» (23); los restantes en 8, 15, 27, 122 y 162.

El conjunto de las diferencias indicadas entre las dos canciones en cuanto a la constitución rítmico-prosódica del endecasílabo se resume en el siguiente cuadro.

	Petrarca	Garcilaso
cinco acentos	22,96 %	11,18 %
cuatro acentos	57,16	45,82
tres acentos	19,26	39,13
dos acentos	0,62	3,87

Acentos extrarrítmicos. — Aunque en general no alteran el tipo a que cada endecasílabo corresponde, no dejan de influir en su carácter y sonoridad los acentos prosódicos, que suelen quedar fuera de los auténticos apoyos rítmicos. Pueden tales acentos dar lugar a vacilaciones de clasificación cuando pertenecen a vocablos de relativa importancia semántica; no tanto cuando corresponden a elementos gramaticales de papel secundario. La extensión del endecasílabo admite sin violencia en español uno o dos acentos extrarrítmicos; su acumulación sobre estos límites imprime al verso dureza y pesadez. Los endecasílabos exentos de extrarrítmicos son los que lucen con línea más clara.

Una vez más, la canción de G, considerada bajo este aspecto, se diferencia de su modelo. En la de P, entre los 161 versos, contienen extrarrítmicos el 63,30 por ciento; la de G sólo presenta en este caso el 23,58 por ciento. El hecho más corriente es que no entre en el verso más de un acento de esta clase. Los versos con dos extrarrítmicos, que en P no dejan de darse con cierta frecuencia, son excepcionales en G. Los que encierran tres o más extrarrítmicos, que también en P ofrecen algunos ejemplos, en G son desconocidos. Cada una de las largas estrofas de veinte versos no suele contener en G más de tres o cuatro extrarrítmicos, mientras que en P ocurren diez o más en el mismo espacio. Ejemplo de P con tres extrarrítmicos junto a cuatro rítmico-prosódicos: «Chi udi mai d'uom vero nascer fonte?» (113). Ejemplo con cuatro extrarrítmicos y cinco rítmico-prosódicos: «Non son mio, no; s'io moro, il danno e vostro» (100). El cotejo siguiente pone de relieve la distinta disposición de cada texto sobre este punto.

Extrarrítmicos	Petrarca	Garcilaso
1	45,96 %	22,38 %
2	13,04	1,20
3	3,10	0,00
4	1,20	0,00

Dentro del modo de la acentuación extrarrítmica, ordinariamente casual y variable, una combinación a lo menos parece desempeñar activo papel artístico. Consiste en la colocación de un acento de esta especie en la sílaba séptima, inmediatamente después del apoyo regular de la sexta, lo cual da lugar a la división de la cláusula que estas dos sílabas forman de ordinario como tercer tiempo del período rítmico: la sexta queda como único elemento de este tiempo, mientras que la séptima pasa a ocupar el principio de la cláusula siguiente, con reforzamiento acentual y semántico del vocablo a que pertenece. Se cuentan en la canción de P más de 30 versos con tal combinación: «Che per fredda stagion foglia non perde» (40). El efecto no debió pasar inadvertido para G, quien, no obstante los reducidos límites de su acentuación extrarrítmica, lo aplicó en varias ocasiones en éste y otros poemas: «Esto ya por razón no va fundado» (132); «La que de su dolor culpa tenía» (*Égloga* I, 54); «En este mismo error muero contento» (*Elegía* II, 139).

Las modificaciones que G introdujo en el endecasílabo de su canción significan una simplificación de los elementos constructivos del verso en beneficio de su ligereza y suavidad, a la vez que una mayor distinción de sus valores expresivos: *a*) Predominio del equilibrado ritmo trocaico, correspondiente al tipo heroico, frente a la modulación del sáfico; *b*) Empleo relativamente abundante del emocional tipo enfático; *c*) Abstención total respecto al endecasílabo dactílico; *d*) Predilección por los versos más leves, con sólo dos o tres acentos rítmico-prosódicos; *e*) Intervención mínima de los acentos extrarrítmicos que obstruyen la fluidez del verso.

Otros poemas. — Han sido sometidos a una confrontación semejante, de una parte el *Trionfo della pudicicia* y el *Trionfo della morte* de P, y de otra las dos elegías de G al Duque de Alba y a Boscán, composiciones unas y otras de análogo carácter filosófico-moral y todas compuestas en la misma forma de tercetos endecasílabos. Los resultados han coincidido, respectivamente, en líneas generales, con los de las dos canciones comparadas, tanto en lo que se refiere a la diferente proporción de los tipos del verso como a las modalidades de la acentuación rítmico-prosódica y a la intervención del elemento extrarrítmico. Como nota especial puede señalarse el aumento de representación con que la modalidad trocaica de tres acentos 2-6-10 alcanza el lugar dominante en las elegías de G. Otro dato que se hace notar es la considerable disminución en las mismas elegías de los endecasílabos de tipo enfático, menos adecuados, en efecto, al tono de estas composiciones que al de la canción cuarta.

No es ocasión para precisar hasta qué punto las condiciones señaladas en los ejemplos de P corresponden de manera particular a su propio estilo o se manifiestan de manera semejante en otros poetas italianos. Cabe indicar, sin embargo, que en dos poesías tan representativas y celebradas como la oda de Ludovico Ariosto a la ciudad de Florencia, en tercetos endecasílabos, y la canción de Torcuato Tasso a las ninfas del Po, en octavas reales, el verso muestra caracteres semejantes a los de las mencionadas poesías de P, con el mismo predominio del tipo sáfico, con análoga abundancia de versos de densa acentuación rítmico-prosódica y con elevada representación del elemento extrarrítmico.

Teniendo en cuenta la distinta impresión del acento idiomático entre el italiano y el español, no parece infundado relacionar con este hecho la inclinación del primero por la ondulada línea del sáfico, así como la del segundo por el equilibrio trocaico del heroico. En cuanto a la mayor o menor acumulación de acentos, es probable que el asunto obedezca a determinados hábitos gramaticales de cada lengua. Los textos italianos ofrecen numerosos casos de formas tónicas pronominales que en gran parte desaparecerían en una traducción al español, y muestran asimismo frecuente uso de adjetivos posesivos que en italiano mantienen su integridad morfológica y prosódica, mientras que en español se reducen a meras partículas inacentuadas.

La misma canción primera de P sirvió también de modelo a Boscán, con leve reducción de las estrofas a 18 versos en vez de 20, para la que éste compuso paralelamente a la de G, cuyo principio dice: «Gran tiempo ha que amor me dice: Scrive, / escrive lo que'n ti yo tengo scrito». La cavilación amorosa del poema de Boscán tiene más del tono reflexivo de la canción de P que de la conmovida confesión de G. Tampoco logró el poeta barcelonés la seguridad y soltura con que G procedió en el manejo del verso; pero en el rasgo característico de la preferencia por la variedad heroica y en la moderada acentuación rítmica y extrarrítmica coincidió con la práctica de su compañero.

En la epístola de Boscán a don Diego Hurtado de Mendoza, el verso ofrece asimismo interior construcción rítmica semejante a la de las elegías de G. Habría, sin duda, entre los dos amigos intercambio de impresiones y experiencias respecto a su compartida empresa, pero no es probable que en detalles tan minuciosos y prolijos como los registrados procedieran bajo acuerdo alguno de orden formal.

De este modo, desde el primer momento, el endecasílabo, sin alterar su esencial estructura y por mera reelaboración de sus propios elementos, se acomodó a las condiciones del ambiente español, donde vino a convertirse de manera permanente en el metro amplio y lento que la poesía grave necesitaba. En su función artística, el nuevo verso conquistó una aceptación y estabilidad que no habían conseguido ni el viejo alejandrino del mester de clerecía ni el verso de arte mayor de la gaya ciencia, metros aparentemente extensos, pero en realidad de ritmo breve, debido a la medida heptasílaba y hexasílaba de sus respectivos hemistiquios. El endecasílabo es propiamente extenso por la amplitud de su período rítmico, no compuesto, sino simple, y dos veces más largo que el del octosílabo. Considerados sobre esta base, el octosílabo y el endecasílabo se corresponden en relación equivalente a la que existe entre los compases musicales de dos y cuatro tiempos; uno representa la medida del paso ordinario y otro la de la marcha lenta. El hecho de tal concordancia entre el endecasílabo y el verso más espontáneo y popular de la poesía española, el cual por su parte concuerda igualmente con la extensión del grupo fónico predominante en este idioma, pudo ser el principal motivo de la rápida adopción del verso italiano y de su definitiva incorporación a nuestra métrica.

El endecasílabo de G, coincidente en sus rasgos esen-

ciales con el de Boscán, se repite de manera semejante en
poesías posteriores, como, por ejemplo, la canción de Herrera a la victoria de Lepanto y la epístola de Quevedo al
Conde-duque de Olivares. Por supuesto, no es la única fór-
mula practicada por los poetas clásicos y modernos, pero
sí, acaso, la más general y más conforme con las condiciones de la lengua. El mismo G no se sujetó a ella sino en
las extensas secciones narrativas de la égloga segunda y
en el tono filosófico-moral de la canción cuarta y de las
elegías. Dio preferencia a la modulación del sáfico en los
poemas más propiamente líricos, como las églogas primera
y tercera y gran parte de los sonetos. En las canciones
menores, el efecto rítmico no depende sólo del endecasílabo, sino de sus varias combinaciones con el heptasílabo.
La epístola a Boscán, en endecasílabos sueltos, es ejemplo
de fluida y ágil aplicación de las cuatro variedades del verso.
No hay duda de que el autor sentía el especial valor de
cada una de ellas.

Las partes de que consta la égloga primera muestran
un orden semejante al de una composición sinfónica. Empieza con cuatro estrofas, a modo de preludio, en que se
sitúa la escena, a las cuales sigue el cuerpo del poema en
cuatro secciones, que se corresponden con exacta simetría:
a) Cantar de Salicio, 10 estancias; b) Interludio descriptivo, una estancia; c) Cantar de Nemoroso, 10 estancias; d)
Final descriptivo, una estancia. La forma de la estancia
es la misma usada por P en su canción XIX, núm. 207, en
«Rime sparse», Opere, Milán, 1963, pág. 155. El orden
de sus rimas es ABCBACcDdEeFF. Introdujo G un elemento lírico que no suele hallarse en esta clase de poemas, el cual consiste en la terminación de cada una de
las diez estancias de Salicio con el retornelo de «Salid sin
duelo, lágrimas, corriendo». Ni el retornelo ni la disposi-

ción sinfónica de la égloga figuran en la canción de P de donde la estrofa procede.

Análogo esquema musical se observa en la égloga tercera, formada también por una introducción en que se pinta el verde y sombreado prado del Tajo y se describen las labores de las ninfas bordadoras. Sigue el cantar de los pastores Tirreno y Alcino, esta vez en forma de dúo dialogado en alternas octavas reales. Terminado el diálogo, una octava final cierra la escena con la retirada de los pastores y el regreso de las ninfas al fondo del río. En numerosos casos, los versos, como repetidas frases musicales, forman parejas coincidentes en su interior estructura rítmica. Con frecuencia, las estrofas se dividen en dos mitades que se complementan armoniosamente en su construcción rítmica y sintáctica. El sáfico es usado como marco para la correlación predicativa entre las dos mitades del verso: «Cestillos blancos de purpúreas rosas» (222); «Claras las luces de las sombras vanas» (268); «Las verdes selvas con el son suave» (295). Los endecasílabos de tipo enfático suelen servir para empezar o terminar la estrofa: «Todas con el cabello desparcido» (225); «Nise, que en hermosura par no tiene» (56).

La vuelta a un concepto anterior, como la repetición melódica de un giro o acorde, se ve practicada en la misma égloga tercera: «Sobre una ninfa muerta que lloraban» (224); «Lloraban una ninfa delicada» (226). El mismo recurso, en forma más desarrollada, se halla en la égloga segunda, donde el llano compás del relato se interrumpe para dar lugar a unos versos que, como paréntesis lírico, se intercalan en forma de armonioso rondel, con los cuales Albino contesta a la compasión de los pastores, versos 528-532:

Vosotros los de Tajo, en su ribera,
cantaréis la mi muerte cada día.
Este descanso llevaré aunque muera,
que cada día cantaréis mi muerte
vosotros los de Tajo en su ribera.

La «lira» de la canción *A la flor de Gnido* tuvo por modelo, como es sabido, la estrofa usada por Bernardo Tasso en su *Loda della vita pastorale*. Aparte de su propia armonía métrica por la combinación de sus endecasílabos y heptasílabos, aBabB, la constitución rítmica de tal estrofa en la canción de G es elemento de especial valor en la unidad artística del poema, sin equivalente correspondencia en el de Tasso. Existe en *A la flor de Gnido* un exacto equilibrio entre los endecasílabos leves, con dos o tres acentos rítmico-prosódicos, y los densos, con cuatro o cinco acentos. En la *Loda* los versos densos figuran en proporción tres veces mayor que los leves. Los heptasílabos, que ocupan tres quintas partes de cada poema, alternan indistintamente en la *Loda* bajo sus variedades trocaica, dactílica y mixta, mientras que en *A la flor de Gnido* la variedad trocaica, en proporción de un 70 por ciento, constituye una nota dominante que sirve de fondo al juego combinado de los endecasílabos. En la tercera lira, los dos endecasílabos, sáficos, contrastan con los tres heptasílabos, trocaicos; las liras 15 y 17 combinan endecasílabos diferentes sobre el plano trocaico de los heptasílabos uniformes; las liras 2 y 18 extienden la base trocaica a todos sus versos. En el conjunto del poema, la mayor parte de las estrofas hacen percibir con líneas definidas el variado efecto de su respectiva unidad musical. Es de notar asimismo que en la suma de sus 110 versos sólo se cuentan diez acentos extrarrítmicos, muy por debajo de la medida ordinaria.

La composición rítmica del soneto «Oh dulces prendas» explica en gran parte la razón de su suave armonía. De sus 14 endecasílabos, nueve son sáficos y cuatro melódicos; la neutra intervención trocaica del heroico queda reducida a un solo verso. La densidad de la acentuación rítmico-trocaica aparece equilibrada entre siete versos leves, con tres apoyos concurrentes, y otros siete densos, con cuatro o cinco apoyos. La acentuación extrarrítmica no tiene lugar más que en tres versos, con un solo acento en cada uno.

Como se ve, el endecasílabo no fue para G un instrumento de sonido uniforme en todos sus poemas. El poeta tuvo el arte de ajustar el efecto de los varios recursos del metro al tono de cada composición. Se ha advertido que el ejemplo del verso en la canción cuarta y en las elegías tuvo ejecución semejante en poesías de Boscán y de otros autores. No sabemos hasta qué punto la acomodación de verso y tono entre poesías de distinto género en esta clase de metro, ha sido realizada por otros en el grado en que G la practicó. Algunas observaciones provisionales indican que tal refinamiento ha sido poco corriente. Es más común, al parecer, que cada poeta se sirva de tal metro con habitual preferencia por una determinada combinación de sus elementos, cualquiera que sea el tema a que lo aplique. En el poema *Octava rima,* de Boscán, no obstante su carácter meramente lírico, las condiciones del endecasílabo son, en efecto, las mismas que en sus amistosas y urbanas epístolas.

No hay que pensar que la musicalidad de Garcilaso tenga por único fundamento los factores que aquí se han considerado. Una amplia e intacta cuestión es la de determinar la causa de que su fonología sintáctica, a pesar de su antigüedad, suene con acento tan natural y moderno.

Otro campo virgen es el de su entonación, hasta ahora no identificada, pero sin duda latente y activa en el secreto de sus versos. De la calidad de su habla dio Juan de Valdés un breve indicio al señalar a G como árbitro de bien decir; al metal de su carácter aludió Boscán en emocionada invocación: «¡Garcilaso, que al bien siempre aspiraste!» Poseyó el raro don poético de hacer sentir el ritmo esencial de la lengua, sellado con su propio timbre personal. No parece que sea mero reflejo de lecturas clásicas la fina percepción del sonido en sus repetidas referencias al rumor de su río Tajo, al murmullo del arroyo, al susurro de las abejas, al silencio de la selva, etc. Ninguna estridencia revela en sus versos el hecho de que, para escribirlos, el joven poeta y soldado, que pronto moriría en combate, «hurtó del tiempo aquesta breve suma / tomando ora la espada ora la pluma» (*Égloga III*, 39-40).

EL ENDECASÍLABO
EN LA TERCERA ÉGLOGA DE GARCILASO

Entre las poesías de Garcilaso, la tercera égloga se distingue por la sencillez de su composición, el claro desarrollo de su asunto y la suave armonía de sus versos. Escrita en 1536, pocos meses antes de la muerte del poeta, revela pleno dominio del metro que el mismo Garcilaso y su amigo Boscán introdujeron y aclimataron en la poesía española. No se limita tal dominio a la mera perfección formal del endecasílabo. Incluye además el sentido artístico de las circunstancias y mecanismo del funcionamiento rítmico de este verso.

Era Garcilaso maestre de campo del emperador Carlos V y tenía a su cargo servicios importantes en la campaña militar que en el verano del citado año se desarrollaba en la Provenza, donde el poeta perdió la vida a los 35 años de edad. No era propio de su vocación el ejercicio de las armas que tuvo que practicar como obligación aneja a la vida cortesana de aquel tiempo. Su breve obra se produjo en su mayor parte por ocasionales estímulos de amistad. Compuso la tercera égloga, según parece, en homenaje a la ilustre dama doña María Osorio Pimentel, esposa del gran amigo de Garcilaso, el virrey de Nápoles don Pedro de Toledo. Hizo figurar en esta última de sus composiciones un entrañable recuerdo de Toledo, su ciudad natal, y de la fallecida doña Isabel Freyre que inspiró sus mejores versos.

Consta la égloga de 47 octavas reales que suman 376

endecasílabos. En la ordinaria alternancia con que las variedades rítmicas de este metro se mezclan entre sí, la forma sáfica se destaca como nota dominante en el conjunto del poema:

égloga III	versos	porcentaje
sáfico	183	48,66
heroico	130	34,55
melódico	55	14,62
enfático	8	2,12

El efecto reposado y suave del sáfico aparece además reforzado por la blanda armonía del melódico. La suma de uno y otro se eleva al 64,3 por ciento. Ambas modalidades forman un acorde de dulce sonoridad en concordancia con el ambiente del verde y apacible soto donde ejecutan sus bordados las ninfas del Tajo.

Contrasta la serenidad de esta composición con el turbado estado de ánimo de la canción IV del mismo autor, donde éste refleja el debate interior entre el impulso de sus sentimientos y el freno de su raciocinio y voluntad. El temple de la canción halla expresión adecuada en el tenso compás trocaico del endecasílabo heroico cuya intervención se eleva con señalado relieve, al mismo tiempo que el tipo enfático casi triplica la proporción con que figura en la tercera égloga. Los 161 endecasílabos de las nueve largas estancias de la canción, como se ha indicado en la pág. 122, se distribuyen de este modo:

canción IV	versos	porcentaje
sáfico	39	24,22
heroico	79	49,06
melódico	31	19,25
enfático	19	7,45

Es claro que la clasificación rítmica no puede ofrecer la exactitud de una operación matemática. Algunos versos, como también antes se ha visto, se prestan a ser interpretados de distinto modo según su lectura se haga más o menos lenta y expresiva. Las discrepancias, sin embargo, no suelen alterar el orden de proporción de los tipos del verso, como se advierte entre la versión de la canción IV registrada en el *Boletín de la Real Academia Española*, 1969, XLIX, 419, y la indicada en el *Homenaje al profesor William L. Fichter*, Madrid, 1971, págs. 557-564. El contraste entre el carácter de la égloga, de una parte, y el de la canción, de otra, respecto a las modalidades rítmicas predominantes en cada poema, no deja en todo caso lugar a la menor duda. Por supuesto no hay que pensar que tal diferencia se produjese por definida intención del poeta. Fue indudablemente resultado espontáneo de su intuitiva sensibilidad.

Un testimonio semejante se observa en lo que se refiere a la imprecisa relación entre los acentos prosódicos y los apoyos rítmicos del verso. Es harto sabido que no suelen coincidir unos con otros. El compás del endecasílabo consta de cuatro tiempos, los cuales necesitarían cuatro acentos prosódicos en su período interior, aparte del de la sílaba décima que corresponde al principio del período de enlace. Los tiempos primero y segundo se mueven entre las cuatro primeras sílabas; el tercero y el cuarto corresponden invariablemente a las sílabas sexta y octava. Son inacentuadas la quinta, la séptima y la novena.

Los endecasílabos de la égloga cuyos acentos prosódicos coinciden con los cinco apoyos rítmicos son notoriamente escasos. Sólo 12 responden a la combinación 1-4-6-8-10: «Pienso mover la voz a ti debida» (12), y no más de 18 se ajustan al orden de 2-4-6-8-10: «El suave

olor de aquel florido prado» (74). Los demás versos, hasta
los 376 del total, se distribuyen entre otras 52 combinaciones distintas, cifra relativamente moderada en comparación con las 151 anteriormente enumeradas. El ponderado
sentido del poeta evitó los versos recargados con siete o
más acentos, que en otros poemas ocurren, y apenas dio
espacio a los de forma débil reducida a sólo dos acentos.
Las sílabas pares son las que reciben el mayor número
de acentos. La proporción de su frecuencia muestra en
la égloga una línea marcadamente ondulada:

sílabas	1	2	3	4	5
acentos	58	191	65	224	8
porcentaje	4,0	13,3	4,5	15,6	0,5

sílabas	6	7	8	9	10
acentos	306	16	178	9	375
porcentaje	21,4	1,1	12,4	0,6	26,2

Las combinaciones que predominan en la égloga son
las de tres y cuatro acentos. Las más frecuentes entre las
de tres son 2-6-10: «Ilustre y hermosísima María» (2),
y 4-6-10: «Por el Estigio lago conducida» (14). Entre las
de cuatro sobresalen 2-4-8-10: «Del verde sitio el agradable frío» (84), y 2-6-8-10: «Poniendo en su lugar cui-
dados vanos» (23). Corresponden en unos casos al tipo
sáfico y en otros al heroico. En la modalidad melódica domina la combinación 3-6-10: «A despecho y pesar de la
ventura» (5), y en la enfática 1-6-10: «Todas con el cabello desparcido» (225). Ejemplo de los de dos acentos,
en 6-10, es: «Y sobre cuantos pacen la ribera» (299), y
de los de seis, en 1-3-4-6-8-10: «No perdió en esto mucho

tiempo el ruego» (89). En conjunto la representación del material prosódico se distribuye en los siguientes grupos:

acentos en el verso	2	3	4	5	6
número de versos	3	131	186	50	5
porcentaje	0,8	34,6	45,6	13,4	1,6

No significa impedimento alguno el hecho de que dos de los cinco apoyos rítmicos tengan que situarse sobre sílabas débiles en los versos de tres acentos prosódicos y que un apoyo en los versos de cuatro acentos pase por esa misma posición. Significan en cambio cierta perturbación los acentos prosódicos que aparecen en las sílabas impares, en contradicción con los apoyos rítmicos. Es de notar que en la mayor parte de los casos de esta especie registrados en la égloga tercera su obstrucción va atenuada por corresponder a vocablos de función secundaria, como el auxiliar *había* en «Contento de lo mucho que había hecho» (208), y el indefinido *algún* en «Apartada algún tanto la corteza» (237). Se advierte en general que tales acentos extrarrítmicos hallan entrada más fácil en el molde del tipo trocaico que en los demás tipos. Lo que importa señalar sobre todo en relación con el tono que el autor imprimió a su égloga tercera es que la proporción en que tales acentos antirrítmicos figuran en este poema, 14,6 por ciento, es mucho menor que la que presentan ordinariamente en otras composiciones. En la canción IV se elevan al 23,5 por ciento.

Hay ocasiones entre las sílabas impares en que alguna de ellas, la séptima especialmente, recibe un acento gramatical que, aunque fuera de la línea del ritmo, desempeña un papel activo como elemento de expresión. El efecto, en lo que a esta sílaba se refiere, consiste en destacar el vocablo a que corresponde en competencia con el que ocupa el apoyo regular de la inmediata sílaba sexta. Garcilaso, como ya se ha indicado, debió observar la práctica de este recurso en los versos de Petrarca, donde aparece empleado con relativa frecuencia. Por su parte lo aplicó en la canción IV, en la égloga primera y más extensamente en la tercera. Su ejemplo estableció en el endecasílabo español un modelo aprovechado con frecuencia por poetas posteriores.

La indicada actuación de la sílaba séptima se produce especialmente en el endecasílabo heroico:

> Está y estará en mí siempre clavada   7
> Tomando ora la espada ora la pluma   40
> Al espantoso mar mueve la guerra   334
> Doquiera que de hoy más sauces se hallen 359

Refuerza la vehemencia del tipo enfático en «Flérida, para mí dulce y sabrosa» (305). Depende de la competencia entre *aun* y *no* en el melódico «Y de tanto destrozo aun no contenta» (333). No se registra en el tipo sáfico, donde la sílaba sexta no suele ofrecer bastante relieve para contrastar con la séptima.

Se dan en la égloga perfectos ejemplos, citados en otras ocasiones, de versos bimembres con simetría de elementos correlativos, como en «El triste reino de la escura gente» (139), o en «Cestillos blancos de purpúreas rosas» (222). Abundan los casos, ya también mencionados en otros lugares, de armonía vocálica entre los apoyos rítmicos del verso, como en «Lloraban una ninfa delicada» (226). Se aprecia el efecto evocativo de la fricación sibilante de la *s* en la terminación de la estrofa décima: «En el silencio sólo se escuchaba / un susurro de abejas que sonaba».

El claro timbre de la vocal *a,* repetido con proporción

más alta de la que muestra en la escala fonológica de la lengua, es la nota predominante en la versificación del poema. La rima en *á-a* es la más abundante y son además frecuentes *á-o* y *á-e,* en las que la *a* ocupa el acento final del verso. En algunos casos tal vocal se da en todos los apoyos rítmicos: «Tornaba con su sangre colorada» (184), «Lugar para mostrar su blanca cara» (276). El pasaje más insistente es el de las octavas 34 y 35, en las que la rima *á-a* es mantenida uniformemente en doce de los dieciséis versos y la rima *á-o* en los cuatro de los pareados finales. En la imaginación del poeta, la resonancia de la *a* se asociaba con el recuerdo del tranquilo soto del Tajo en la plena luz del mediodía.

Con frecuencia la octava real se aparta de la unidad del modelo italiano y se manifiesta dividida sintácticamente en dos mitades, aunque las rimas de los seis primeros versos obedezcan al normal orden alterno. Acaso la división indicada respondía a mero sentido de simetría o tal vez influyera en el autor la familiar imagen de la copla de arte mayor, aún viva en la fecha de la égloga. Las dos mitades se reflejan a veces en la combinación rítmica de las variedades del verso. Representando cada tipo por su respectiva inicial, el esquema de la octava 25 es S-S-S-H-S-S-S-H. Otras veces los cuatro primeros versos son de la misma variedad y los cuatro siguientes son mezclados, como en la primera estrofa: S-S-S-S-M-M-S-H.

Se observa visible tendencia a empezar las estrofas con endecasílabos heroicos y a terminarlas con sáficos. Los melódicos ocurren por lo común en posición interior. Entre el total de 55 melódicos sólo tres son iniciales y seis finales. De los 8 enfáticos, en cambio, tres empiezan octava y uno la termina, todos con señalado papel vocativo. Una estrofa, la 23, en que se lamenta la muerte de Adonis, mantiene en todos sus versos el grave tipo sáfico, con excepción del último, heroico. Se repite con frecuencia el hecho de que el verso final realice un cambio de ritmo respecto a los anteriores.

El análisis de la estrofa séptima, registrada en lectura normal, ni afectada ni incolora, da idea del mecanismo del acento y de la cantidad en la construcción rítmica de los versos dentro de la estructura de la octava. Primero y tercero son melódicos; segundo, cuarto, quinto y sexto, sáficos; séptimo, heroico, y octavo, enfático:

> Por aquesta razón de ti escuchado,
> aunque me falten otras, ser merezco.
> Lo que tengo te doy, y lo que he dado,
> con recibillo tú yo me enriquezco.
> De cuatro ninfas que en el Tajo amado
> salieron juntas, a cantar me ofrezco;
> Filódoce, Dinámone y Crimene,
> Nise, que en hermosura par no tiene.

La duración de cada período rítmico ha sido por término medio 250 c.s. El promedio de la duración de las cláusulas ha dado por resultado 65 c.s., equivalente a la cuarta parte del período. Las discrepancias entre los períodos se han reducido a una ligera oscilación entre 10 y 25 c.s. Los dos últimos versos han sido algo más lentos que los anteriores, hasta acercarse a 300 c.s. Las cláusulas correspondientes a los tiempos marcados y las formadas por las sílabas sexta y séptima, al principio de la segunda mitad del verso, han sido un poco más largas que las restantes. En los versos melódicos y sáficos, la detención sobre los tiempos monosílabos ha sido poco menor que la de las cláusulas bisílabas, superior en todo caso a la de las simples sílabas acentuadas o débiles.

Las pausas más largas, de un segundo aproximadamente, se han producido después de los versos segundo y cuarto. Al final de los otros versos se han mantenido entre 60 y 75 c.s. Los períodos de enlace, compuestos, como se sabe, por la cláusula final de cada verso, más la pausa intermedia y la anacrusis del verso siguiente, han dado medidas entre 200 y 250 c.s. Dentro de la semejanza de sus medidas totales, el sáfico muestra de ordinario una duración un poco mayor que la de los demás tipos, aunque en el presente caso los dos versos finales, heroico y enfático, por su propio sentido y posición, hayan alargado perceptiblemente sus medidas. La lectura de la octava en total ha ocupado 34 segundos y 30 c.s.

Aunque de sencilla apariencia por su asunto, lengua y forma, la égloga, examinada de cerca, se muestra como una obra artística de sólida y trabada construcción y de delicados y pulidos detalles. Tiene sobre la filigrana de las bellas arquetas de marfil y de plata de su tiempo la señalada ventaja de ocultar el laborioso esfuerzo de la mano del artista. Ningún manuscrito original se conserva que dé idea gráfica de la intimidad de su redacción. Tal vez sus versos, tan claros y armoniosos, pasaron por lento proceso de corrección en solitarias horas de descanso o en el caminar de las largas jornadas militares del poeta. Queda mucho por conocer de este gentil caballero, distinguido cortesano, delicado poeta y valeroso soldado.

EL ENDECASÍLABO DE GÓNGORA

Sería de esperar que en el refinado arte de don Luis de Góngora no pasaría inadvertido el diferente valor expresivo de cada una de las cuatro modalidades rítmicas del endecasílabo común, tan ampliamente cultivado por el poeta cordobés en sus numerosos sonetos y en sus más extensos y elaborados poemas.

La aplicación artística de tales modalidades no era materia usada de manera reconocida, ni registrada en ningún tratado de poética. Contaba, sin embargo, con el admirado y familiar ejemplo contenido en los poemas de Garcilaso de la Vega. Nadie más indicado que Góngora para haber recogido y continuado tan eximio precedente.

Se aprecia, en efecto, en las poesías de Garcilaso, una clara diferenciación entre el endecasílabo de tipo sáfico, usado como elemento predominante en el molde lírico de las églogas primera y tercera, y el de tipo heroico, empleado con preferencia en el tono filosófico-moral de las elegías, de la canción cuarta y especialmente en la forma narrativa de la égloga segunda.

El grave y doloroso soneto «Oh dulces prendas por mí mal halladas» expresa su emoción en suaves endecasílabos sáficos y melódicos, con la sola excepción de un verso de tipo heroico. En contraste, el soneto que refiere la mitológica transformación de Dafne, «A Dafne ya los brazos le crecían», emplea la descriptiva variedad heroica en ocho de sus catorce versos.

A primera vista, podría parecer en contradicción con esta práctica la canción *A la Flor de Gnido,* en la que, no obstante su lirismo, predominan los endecasílabos heroicos con su característico ritmo trocaico, pero su testimonio, en realidad, confirma la norma, teniendo en cuenta que el poeta en este caso no expresó su propia emoción, sino que sólo trató de influir en el ánimo de la dama napolitana en favor del enamorado amigo, mediante razones y consejos persuasivos.

Al sáfico, con período rítmico reducido a seis sílabas, se le evalúa por la lentitud monosilábica de sus dos primeras cláusulas; al heroico, con período de ocho sílabas, por la uniformidad y equilibrio de sus cuatro cláusulas trocaicas; al melódico, con siete sílabas en su período, por la flexibilidad de su carácter intermedio, y al enfático, con período de nueve sílabas, por la energía y rapidez dactílica de su cláusula inicial. El tipo predominante en cada poema imprime el efecto de su resonancia al conjunto de la composición, sin perjuicio de la acción de los demás tipos en su respectivo papel.

Sin alterar la naturaleza polirrítmica del metro endecasílabo, la sensibilidad de Garcilaso, por propia intuición, escogió y destacó en cada momento la modalidad más en armonía con el carácter estético del poema. Las diferencias a este respecto entre cuatro de las composiciones mencionadas, se manifiestan en el siguiente resumen:

	predominio sáfico		predominio heroico	
	Égloga I	*Égloga III*	*Elegía I*	*Canción IV*
sáficos	46,66 %	48,66 %	28,92 %	24,22 %
heroicos	31,66	34,55	44,29	49,06
melódicos	17,33	14,62	17,91	19,25
enfáticos	4,33	2,12	8,79	7,45

El predominio de los sáficos sobre los heroicos, en el primer grupo, representa un 14 por ciento y un 15 por ciento; el de los heroicos sobre los sáficos, en el segundo grupo, un 16 por ciento y un 13 por ciento. Los melódicos, en nivel inferior, se confinan entre límites más próximos en los cuatro poemas. Los enfáticos, escasos en el blando ambiente de las églogas, elevan su representación en las conmovidas reflexiones de la elegía y la canción.

Entre los endecasílabos de Góngora, han sido examinados los de las 63 octavas del *Polifemo,* los de otras tantas octavas del principio del *Panegírico* y los de la primera mitad de la *Soledad primera,* en número correspondiente a los 504 de cada serie de octavas. Los resultados obtenidos han sido los siguientes:

	Polifemo	*Panegírico*	*Soledad*
sáficos	38,52 %	34,92 %	35,12 %
heroicos	34,12	30,95	36,90
melódicos	18,84	28,17	20,03
enfáticos	8,33	5,75	7,93

Los sáficos muestran ligera ventaja de un 4 por ciento en el *Polifemo* y el *Panegírico;* los heroicos, en la *Soledad,* superan levemente a los sáficos en menos de un 2 por ciento. Las diferencias entre estos dos tipos, los más abundantes y representativos del endecasílabo, están lejos en estos poemas del claro contraste con que aparecen en los de Garcilaso.

El clima poético entre las tres composiciones de Góngora es bastante distinto para que en la comparación de sus versos se hubieran podido esperar mayores discrepancias. No se alcanza el motivo de que en la *Soledad,* precisamente, recibiese el heroico ni poca ni mucha superioridad. Sólo en las estrofas del coro de las bodas de este poema, la ocasión musical, reforzada por la invocación «Ven, Himeneo», que se repite al principio de varios versos, elevó el tipo sáfico hasta la excepcional proporción del 51,38 por ciento, frente a la del 21,16 por ciento del heroico.

Poesías de Góngora de otro carácter, como la patriótica oda a la armada que fue a Inglaterra, en estancias de endecasílabos y heptasílabos, y la epístola laudatoria de la vida campestre, «Mal haya el que en señores idolatra», en los habituales tercetos, presentan entre las modalidades del endecasílabo proporciones semejantes a las de los poemas anteriores. En la primera se distinguen los sáficos con no mayor relieve que en el *Polifemo* o el *Panegírico,* y en la segunda la superioridad de los heroicos es tan reducida como en la *Soledad.*

Se aprecia una adecuada preponderancia de los elementos más suaves y musicales en las dos octavas del *Polifemo* en que se pinta el retrato de la bella Galatea: 8 sáficos y 2 melódicos frente a 4 heroicos y 2 enfáticos; pero inmediatamente se advierte con sorpresa que esta misma combinación, casi con idénticas medidas, es también la que figura en las dos octavas del retrato del monstruoso cíclope: 7 sáficos y 2 melódicos frente a 5 heroicos y 2 enfáticos.

Nada de esto significa que Góngora no poseyera un perfecto dominio de la construcción del endecasílabo. Abundan en sus poesías ejemplos de insuperable pureza y sonoridad correspondientes a toda la escala de variedades de este metro. Los que se citan a continuación, sobre la edición de *Obras completas,* Aguilar, Madrid, 1967, se refieren a la *Soledad primera* cuando no se indica otra procedencia.

Hizo uso relativamente escaso del modelo sáfico de la preceptiva tradicional, acentuado en las sílabas 4-8-10: «lisonjear de agradecidas señas» (33). Con proporción igualmente reducida se sirvió de esa misma forma, reforzada con acento inicial, 1-4-8-10: «Era del año la estación florida» (1). Utilizó con cierta frecuencia la modalidad del mismo tipo sáfico acentuada en 1-4-6-10: «rocas abraza, islas aprisiona» (208). En algunas ocasiones aplicó la máxima acumulación acentual de esta clase de endecasílabo, 1-4-6-8-10: «sierpes de aljófar, aún mayor veneno» (599). Otras veces lo redujo a su acentuación más simple, 4-10: «la ceremonia en su recibimiento» (*Panegírico*, 199). En la mayoría de los casos, muy por encima de todas estas combinaciones, dio preferencia a la acentuación 2-4-8-10: «los fuertes hombros con las cargas graves» (340).

Se oye aún repetir la antigua idea escolar de que la variedad acentuada en 6-10 es la única forma del endecasílabo que alterna con el tipo sáfico. No se tiene en cuenta que, al contrario, esa acentuación apenas tiene existencia real; su intervención en los poemas examinados de Góngora y en los que se han repasado de otros poetas no representa ni un 2 por ciento. El papel del acento en la sílaba sexta, en los endecasílabos que no pertenecen al tipo sáfico, consiste en marcar el centro del período rítmico, cuyo principio se sitúa en la sílaba primera, segunda o tercera. La colocación del acento en una u otra de estas sílabas, juntamente con el apoyo fijo de la décima, es el elemento que determina el carácter peculiar de cada una de las tres modalidades que colocan su apoyo medio en la sílaba sexta. Mientras el papel de las tres primeras sílabas es determinante y activo, el de la sexta es meramente estructural y neutral.

La forma heroica, caracterizada por su regular ritmo

trocaico, resulta de la posición del primer tiempo marcado sobre la segunda sílaba. Su combinación acentual 2-6-10 se destaca como la más corriente entre todas las variedades del endecasílabo de Góngora: «al cóncavo ajustando de los cielos» (99). Ocurre también con marcada frecuencia en sus poemas la combinación 2-6-8-10: «del siempre en la montaña opuesto pino» (15). Motivos de carácter gramatical o semántico suelen ocasionar vacilación entre el tipo heroico y el sáfico en la acentuación 2-4-6-10. La indivisible unidad sintáctica favorece al heroico en «los dulces dos amantes desatados» (*Polifemo*, 474). La división bimembre apoya al sáfico en «la niega avara y pródiga la dora» (*Polifemo*, 80). Análoga vacilación suele producirse en las combinaciones 4-6-10 y 2-4-6-8-10.

La colocación del primer apoyo rítmico sobre la sílaba tercera determina la modalidad melódica, de efecto intermedio entre la modulada lentitud de la sáfica y la llana uniformidad de la heroica. Ocurre en Góngora con señalada frecuencia bajo la forma 3-6-10: «sobre el crespo zafiro de tu cuello» (313). A este mismo tipo se suman las combinaciones 1-3-6-10: «tal la música es de Polifemo» (*Polifemo*, 96); 3-6-8-10: «en la inculta región de aquellos riscos» (320), y 1-3-6-8-10: «verde muro de aquel lugar pequeño» (523).

Menos frecuente que las anteriores, pero de expresión especialmente definida, es la modalidad enfática, practicada en el *Polifemo* con representación relativamente mayor que en los demás poemas. Gran parte de los ejemplos de este tipo, señalados por su apoyo rítmico sobre la sílaba inicial, aparecen en principio de estrofa. Góngora lo empleó significativamente para empezar el *Polifemo,* con acentuación 1-6-10: «Estas que me dictó rimas sonoras», y para terminarlo: «yerno lo saludó, lo aclamó río».

Es prodigiosamente amplio, como se ve, el repertorio de variedades del endecasílabo de Góngora. De ordinario, cada verso define con precisión su propio perfil. En muchos casos se aprecia asimismo la adecuación expresiva de su papel individual. Lo que se echa de menos es su acción colectiva en el temple y color del conjunto de cada obra. Sus proporciones se repiten en orden y medida semejantes entre composiciones de distinto carácter. Las dos modalidades más abundantes compiten entre sí por el primer lugar con un margen de insignificante diferencia.

Es forzoso reconocer que el arte del insigne poeta, tan agudo y sutil en otros aspectos, no se ejercitó con análogo refinamiento en el cultivo de estos recursos tan aptos para traducir el espíritu del poema. Acaso no sea ajena esta circunstancia al hecho de que sus composiciones, de tan elevada confección artística y de métrica tan elaborada y preciosista, no hayan alcanzado especial admiración con respecto a su musicalidad. Sus versos son universalmente celebrados por el encanto que ejercen sobre la mente, más que por el halago que producen en el oído.

En la construcción bimembre del endecasílabo, tan apuradamente estudiada por Dámaso Alonso, aplicó Góngora con insuperable destreza la simetría verbal. El tipo propiamente apto para tal recurso es el sáfico, debido al marcado contraste entre las dos mitades de su período rítmico. Predominan, en efecto, los sáficos entre los numerosos ejemplos registrados por Alonso en sus *Estudios y ensayos gongorinos*, Madrid, 1955, págs. 125-135. Entre las varias combinaciones acentuales del sáfico representadas en esos ejemplos, la que reúne mayor número de casos bimembres es 1-4-8-10: «nace en sus ondas y en sus ondas muere». Se repite también como molde adecuado la modalidad melódica, aunque con división menos equilibrada que la sáfica.

Su acentuación más corriente es 1-3-6-10: «ninfas bellas y sátiros lascivos». La aplicación del procedimiento, con evidente pérdida de eficacia, a los tipos heroico y enfático da a entender que, en principio, la simetría bimembre se ejecutaba sin precisa ni regular coordinación con la forma rítmica del verso. Del heroico se repite la combinación 2-6-8-10: «claveles del abril, rubíes tempranos». El enfático ocurre bajo la forma 1-6-10: «yerno le saludó, le aclamó río».

No faltan casos en que la división bimembre altera la línea rítmica normal poniendo en conflicto el acento central de la sílaba sexta con otro, ocasional y accesorio, pero no menos destacado, sobre la séptima, 2-4-6-7-10: «apenas hija hoy, madre mañana». Otras veces el choque de acentos se produce al final del verso entre las sílabas 9 y 10: «ecos solicitar, desdeñar fuentes». La bimembración, aun en los raros casos en que asocia vocablos con mayor o menor semejanza fonética, es básicamente un efecto conceptual de carácter semejante al del hipérbaton sintáctico, la diéresis prosódica y las pluralidades léxicas, familiares recursos gongorinos cuya función se sobrepone libremente a las modalidades rítmicas del verso.

Hay que advertir que la actitud de Góngora no fue menos susceptible a estas modalidades que la de los demás poetas de su tiempo. La sensibilidad musical de Garcilaso dio en este punto un ejemplo que hasta ahora no se ha probado que se repitiera en la poesía clásica. En lo que parece notarse cierta consistencia es en la habitual inclinación de algunos poetas por una u otra de las modalidades del endecasílabo, cualquiera que fuera el carácter de la composición a que se aplicara. Fray Luis de León recogió la imagen sonora de las liras de Garcilaso y la empleó con señalado reforzamiento de la variedad heroica, menos acomodada a la inspirada emoción de sus odas que a la intención admonitiva de la canción *A la flor de Gnido*. Guiado por estos modelos, san Juan de la Cruz elevó a un grado casi exclusivo la uniformidad trocaica de esa misma variedad en el arrobamiento místico de sus canciones.

Rasgos en cierto modo contradictorios, en la oda de Herrera a la victoria de Lepanto, son el predominio general del tipo melódico y la escasa representación del enfático en el entono de la composición. En la elegía de Rodrigo Caro a las ruinas de Itálica, aparte de la elevada proporción que muestra el mismo melódico a costa del sáfico, la nota más saliente es el importante papel que desempeña la modalidad enfática. Los testimonios de la epístola moral de Fernández de Andrada (?), de la *Amarilis* de Lope y de la epístola de Quevedo al Conde-duque muestran análogas proximidad y oscilación de proporciones que las notadas en las poesías de Góngora.

	Herrera	Andrada	Lope	Caro	Quevedo
sáficos	25,92 %	35,06 %	38,76 %	14,28 %	30,24 %
heroicos	34,39	32,28	42,85	36,90	36,51
melódicos	35,97	31,20	15,44	32,14	28,78
enfáticos	3,70	1,46	2,94	16,66	4,39

Por hábito natural, la facultad de ver se ejercita con más refinamiento y sutileza que la del oír. Como instrumento de percepción, el oído es en general menos penetrante y agudo que la vista, aun en el caso del poeta que voluntariamente elige la forma musical del verso como medio de expresión. La percepción del color abunda en las poesías de Góngora con extraordinaria riqueza y brillantez; la del sonido es más imprecisa y menos frecuente.

En sus referencias al sonido del viento, del agua y del

canto de las aves o de las personas, sus imágenes sugieren con artística originalidad la impresión general, sin detalles que la actualicen y concreten. Las aves son «cítaras de pluma» y «turba canora», pero entre la múltiple variedad de sus cantos apenas se recogen otras notas que las del «dulce ruiseñor» y de los «arrullos gemidores» de tórtolas y palomas. El arroyo forma orejas con sus guijas para oír el canto de unas zagalas y los pájaros callan en la selva para escuchar del céfiro los «silbos no aprendidos», pero el canto y los silbos pasan sin que ninguna indicación dé idea de su melodía ni de su susurro. Pocas voces dejaron el eco de su timbre en los romances, letrillas, sonetos y poemas de Góngora fuera de la espantosa voz de trueno del monstruo Polifemo.

Es testimonio evidente de curiosidad musical la gran cantidad de instrumentos músicos mencionados en sus versos. En su enumeración, sin ser completa, figuran: adufe, albogue, añafil, atambor, avena, bandurria, caramillo, castañetas, cítara, clarín, chirimía, gaita, guitarra, laúd, lira, organillo, pandero, plectro, rabel, salterio, tiorba, trompa, trompeta, vihuela, violín, violón y zampoña, sin contar el gigante caramillo del imponente cíclope del poema. Las alusiones al sonido de estos instrumentos son tan escasas, que se reducen a las de la «dulce avena», «roncos atambores» y «zampoña ruda». Suele ser más frecuente la alusión a otras cualidades, como en «cítara dorada», «trompa bélica» o «sacra vihuela». En una dura referencia satírica dijo de otro poeta que su lira era un cencerro (546).

Con respecto a la métrica, hizo referencia a las «rimas sonoras», al «métrico canto», al «limado soneto», al «madrigal elegante» y, sin notas calificativas, a redondillas, quintillas, décimas, endechas y nenias. En otro momento de humor satírico advirtió que mejor hubiera querido ver, a pie, «un toro suelto en el campo, / que en Boscán un verso suelto / aunque sea en un andamio» (175).

Fue supremo arquitecto de la construcción verbal del endecasílabo, insuperable maestro de la metáfora y audaz explorador y renovador de los recursos sintácticos y léxicos de la lengua. Es de imaginar la calidad musical que el verso hubiera alcanzado en sus manos si hubiera tratado sus elementos rítmicos con la misma artística destreza con que labró su estructura formal. Dominó aspectos esenciales de la secreta virtud de la palabra versificada; algo de su oculto misterio le quedó por descubrir. Son tantas sus reconocidas excelencias que no parecerá irreverente señalar este punto en que su obra no superó un común nivel que tampoco otros muchos han sobrepasado.

LOS VERSOS DE SOR JUANA

LOS VILLANOS DE SOR JUANA

En la segunda mitad del siglo XVII, mientras declinaba en España la rica polimetría desplegada en la versificación de la lírica y del teatro clásico, sor Juana Inés de la Cruz, en México, empleaba en sus obras una variedad de formas métricas apenas igualada por ningún otro poeta anterior. Sus composiciones poéticas se reparten en tres secciones: 1) Poesías de tema alegórico o de relación social y cortesía. 2) Composiciones devotas destinadas al canto. 3) Loas y autos religiosos. Cada sección ofrece rasgos métricos que la distinguen de las demás. A la primera la caracterizan los sonetos y las poesías de virtuosismo métrico; a la segunda, los conjuntos heterogéneos de los villancicos; a la tercera, los extensos diálogos bajo varias formas de ovillejos con eco. Redondillas, décimas y romances en diversos metros son comunes a las tres secciones.

El modelo de Góngora, presente en numerosos casos, se reconoce y declara especialmente en el poema *El sueño*, de elaboración semejante a la de las *Soledades*. Los ejemplos del *Polifemo* y del *Panegírico* no llevaron a sor Juana al cultivo preferente de la octava real, de la que sólo se sirvió en un breve pasaje de su *Auto de San Hermenegildo*. Tampoco fue atraída por el prestigio y compostura de la estancia italiana ni por el grave y trabado terceto de la poesía epistolar. Mientras rehuía los modelos estereotipados por la tradición académica, mostró inclinación por las novedades y experiencias de la versificación ingeniosa y cultivó con preferencia las formas métricas de la tradición popular, acomodándolas con soltura a su particular propósito.

Con actitud de restrictiva disciplina, trató la quintilla bajo su simple modalidad de rimas alternas, ababa, sujetándose a mayor rigor que el practicado por Góngora, quien emparejaba ordinariamente esta variedad con la de aabba, y separándose del uso común que mezclaba estas y otras combinaciones de tal estrofa. Análoga restricción aplicó en los tercetos del soneto, limitándose a las dos formas más corrientes, la de rimas alternas, CDC-DCD, y la correlativa, CDE-CDE, con renuncia de otras variedades corrientes en Góngora y en los demás poetas. De otra parte, en contraste con esta sobriedad, sor Juana dedicó parte de su ingenio a los artificios de virtuosismo métrico que la corriente barroca había introducido y a las antiguas galas del trobar que bajo este mismo movimiento habían resucitado.

Conocidas son las dos composiciones con que sor Juana llamó la atención de sus contemporáneos, construidas con decasílabos dactílicos que empiezan cada verso con un vocablo esdrújulo, metro que se le atribuyó como de su propia invención, aunque no careciera de precedentes, como ha señalado A. Méndez Plancarte en su excelente edición de *Obras completas de sor Juana Inés de la Cruz,* México, 1951-1955, a la cual se refieren las citas de este capítulo. La primera de las composiciones de sor Juana empieza de este modo (I, 171):

> Lámina sirva el cielo al retrato,
> Lísida de tu angélica forma;
> cálamos forma el sol de sus luces,
> sílabas las estrellas compongan.

De técnica más alambicada y compleja hizo gala en su *Laberinto endecasílabo,* el cual, a lo largo de sus ocho cuartetos asonantes, además del texto aparente en la medida de once sílabas, incluye otras dos versiones, octosílaba y hexasílaba, todas con sentido propio. También en este caso la destreza de la autora superó a ensayos anteriores indicados por el mismo Méndez Plancarte (I, 465). La versión hexasílaba correspondiente a la última sección de los versos, es la de sentido más natural, como si en realidad hubiera servido de base en la ampliación de cada verso. Sus primeros versos son éstos (I, 176):

> Amante, / caro, / dulce esposo mío,
> festivo y / pronto, / tus felices años,
> alegre / canta / sólo mi cariño,
> dichoso / porque / puede celebrarlos.

Como a tantos otros poetas, la arquitectura del soneto invitó a sor Juana a ensayos de maestría, unas veces obligándose a la utilización de humorísticas rimas forzadas (I, 284-287); otras, construyendo sonetos paralelos con los mismos vocablos en las rimas (I, 295-297), y en una ocasión poniendo en acróstico en las letras iniciales de los versos el nombre de su maestro Martín de Oliva (I, 306).

El nombre de ovillejo fue aplicado por sor Juana a la serie de pareados de endecasílabos y heptasílabos libremente combinados, designada hoy como «silva de consonantes». Compuso una extensa poesía en esta forma con especial predominio de las parejas de 11-11 y 7-11 (I, 320-330). Aparte de esto, el propio ovillejo de octosílabos con eco, acreditado por Cervantes en el *Quijote* y en *La ilustre fregona,* fue practicado por sor Juana, bajo el molde regular de tres octosílabos con eco y una redondilla con verso final de recopilación, en el diálogo entre Narciso y el

Eco del *Auto del Divino Narciso* (III, 70-78), formado por trece composiciones de esa especie. Otro diálogo del mismo auto, entre la Soberbia y el Eco (III, 66-68), se desarrolla en cuatro ovillejos en que la redondilla final se halla compuesta en hexasílabos, a diferencia de la uniformidad octosilábica del ovillejo normal.

En la *Loa de la Concepción* (III, 269-271), aparecen otros cuatro ovillejos en que los octosílabos con eco son sólo dos en vez de tres, mientras que la redondilla final se prolonga con otros dos octosílabos que repiten los ecos precedentes en orden inverso. En la *Loa por los años del rey don Carlos II,* figuran otros cuatro ovillejos en que los octosílabos con eco tampoco son tres como en el modelo ordinario sino cuatro, con el último verso de la redondilla, que reúne los cuatro ecos, repetidos bajo varias combinaciones hasta el fin de la escena (III, 340-349). El tipo de cuatro ecos lo practicó también la autora en seis ovillejos en metro endecasílabo en la misma oda últimamente citada, los cuales parecen ser los únicos ejemplos registrados en esta clase de metro (III, 288-292). Por su rareza, puede ser conveniente presentar un ejemplo:

> El cielo os de sus puras luces bellas,
> estrellas,
> porque os asista, sin mudanza alguna,
> la luna,
> y os adornen varios arreboles,
> soles,
> y con lucientes, cándidos esmeros,
> luceros;
> para que el mundo, ufano de teneros,
> vuestras leyes admita sin recelo,
> pues ve que os contribuye el mismo cielo
> estrellas, luna, soles y luceros.

Un recurso adicional que subraya la destreza de la autora en los ovillejos regulares del *Auto del Divino Narciso* consiste en la intercalación de una redondilla que recoge en sus cuatro octosílabos los finales acumulativos de los cuatro ovillejos precedentes (III, 75), y de otra redondilla semejante, después de los cuatro ovillejos siguientes, que reúne asimismo los versos respectivos (III, 78). La suma de sus veintiséis ovillejos octosílabos, endecasílabos y mixtos, con el complemento de sus redondillas recopiladoras, hacen que corresponda a sor Juana el primer lugar entre los poetas cultivadores de esta forma métrica.

La técnica del ovillejo se refleja en el sexteto heptasílabo con eco y final acumulativo, por el cual la autora mostró visible preferencia repitiéndolo en varias ocasiones (II, 61, 79, 163; III, 55):

> A llantos repetidos
> entre los troncos secos,
> ecos, ecos,
> dan a nuestros oídos
> por llorosa respuesta
> el monte, el llano, el bosque, la floresta.

Se sirvió de otro de los varios aspectos del eco en las redondillas de la letra para cantar de la *Dedicación de San Bernardo* (II, 191), donde las rimas de los versos tercero y cuarto de cada estrofa son repercusión de las palabras inmediatamente anteriores:

> De piedra el raro ejemplo
> en esta fábrica admiro,
> y mientras me admiro, miro,
> que es lo que contemplo, templo.

Al mismo principio responde la antigua gala trovadoresca de los versos enlazados, en la que el principio de cada uno repite la rima del que le precede. Sor Juana se ejercitó en esta práctica en un romance de felicitación (I, 119), que empieza de este modo:

> El soberano Gaspar
> par es de la bella Elvira
> vira de amor más derecha,
> hecha de sus armas mismas.

La repercusión sonora es sustituida por el efecto analógico en las redondillas derivativas que forman parte de la *Dedicación de San Bernardo* (II, 208), en las que los versos tercero y cuarto terminan con parejas de vocablos diferenciados por su estructura prosódica:

> La locución mal explica,
> en que admiración reprimo,
> por más que el ánimo animo,
> quien tal fábrica fabrica.

Cultivó el romance más que ninguna otra clase de composición, no sólo en octosílabos o hexasílabos sino en varios otros metros. En forma de romance compuso las dos poesías de decasílabos dactílicos con esdrújulos iniciales, antes mencionadas, y el *Laberinto endecasílabo,* con sus tres versiones paralelas. El ejemplo más extenso en metro de once con trece cuartetos es el de la letra compuesta para la danza de sociedad llamada «turdión» (I, 181). Otros ejemplos menores se hallan en II, 91, 155 y 168. Romance es asimismo la letra de baile de la «españoleta» (I, 182),

en versos de diez y doce sílabas combinados alternativamente:

> Y pues el alto Cerda famoso
> que con cadena de afecto sutil
> suavemente encadena y enlaza
> de América ufana la altiva cerviz...

Representan los romances más de un tercio de las poesías de sor Juana de carácter urbano y de relación social,
y desempeñan también principal papel en sus autos, loas y
demás composiciones devotas. Los primeros, destinados a
la lectura, se ajustan regularmente a la forma ordinaria
de estas composiciones, como series informes de cuartetas asonantes; los segundos, compuestos para el canto, aparecen modificados con variedad de elementos líricos. Bastará indicar algunas de sus combinaciones:

1. Sigue a cada cuarteta octosílaba, bajo la misma
asonancia corrida, un final de seguidilla, 5-7-5 (II, 122 y
214).

2. El terceto que sigue a cada copla está formado
por versos de 4-6-6 (II, 147).

3. El romance no está formado por cuartetas sino
por sextillas que terminan en pie quebrado (II, 166).

4. Consta de sextillas en que uniformemente el
quinto verso es acumulativo de los nombres básicos de
los cuatro precedentes y el sexto cierra la estrofa con una
frase exclamativa (II, 104).

5. Romance en cuartetas de seguidillas de 7-5-7-5,
bajo la misma asonancia (I, 208, y II, 121).

6. Serie de cuartetas de seguidilla, 7-5-7-5, con asonancia diferente en cada estrofa (I, 208, y II, 101, 136,
159).

7. Romance octosílabo o hexasílabo en que des-

pués de cada cuarteta se repite un estribillo (II, 26, 74, 86, 97, etc.).

8. Romance octosílabo con intercalación de estribillo cantado de 7-11 (III, 5-10).

9. Romance hexasílabo con repetición de estribillo de 6-11 (III, 3-4).

10. Romance heptasílabo con repetición de estribillo a cada dos cuartetas (III, 83-86).

11. Romance hexasílabo en cuartetas y sextillas alternas entre las cuales se repite un estribillo (II, 131).

12. Romance hexasílabo con dos estribillos, uno que sigue a cada estrofa y otro que se repite cada dos estrofas (II, 113).

13. Consta de cuartetas asonantes de 7-7-7-11, semejantes a las de la endecha (II, 133, 151, 198, 210).

Aunque en menor proporción que el romance, otras estrofas que sor Juana empleó bajo forma regular en su poesía de lectura adquirieron en sus manos modificaciones especiales al ser aplicadas a los poemas cantados. En la endecha real, de una parte practicó el cuarteto asonante 7-7-7-11, corriente en la lírica del siglo XVII, y de otra parte lo amplió añadiéndole un nuevo heptasílabo, 7-7-7-7-11 (II, 178); otras veces sustituyó el endecasílabo final por un decasílabo de 5-5 (II, 209), y en otros casos le sirvió de base para convertirlo en sexteto de eco, como antes se ha visto.

En sus poesías leídas la décima aparece bajo su organización ordinaria, abba:ac:cddc. En las destinadas al canto la acomodó alguna vez al tipo del villancico, cambiando la rima del último octosílabo de manera que sirva como vuelta al estribillo. Un ejemplo con el estribillo de «y trescientas cosas más» se halla en II, 109, y otro con «Éste sí que los otros no», en II, 228:

LOS VERSOS DE SOR JUANA

Zagalejos de la aldea,
venid a ver una boda,
y no quede en ella toda
quien su festejo no vea.
Ved que el mayoral se emplea
en una pobre pastora
que de hoy más será señora,
pues con él se ha desposado.
Éste sí que es enamorado
como lo he menester yo:
Éste sí, que los otros no.

La seguidilla fue forma métrica por la cual mostró sor
Juana particular predilección. Como simple estrofa asonante de 7-5-7-5 la usó, según queda dicho, en varios romances. La hizo figurar con frecuencia como estribillo de otras
estrofas (II, 102, 103, 105, etc.). Se sirvió de la seguidilla
compuesta, 7-5-7-5:5-7-5, en II, 76, y con prolongación
de la cuarteta mediante la adición de una pareja más de
7-5, en II, 78. La seguidilla de 7-6-7-6, con complemento
de 4-9-5, figura en una canción de Navidad (II, 112). Aparece como pareado de dodecasílabos de 7-5 en II, 50 y
131, y como cuarteto monorrimo en este mismo metro
en II, 67 y 310. Un romance de regular forma octosílaba
termina con giro de seguidilla representado por media
copla 7-5, en I, 170. La combinación libre de heptasílabos
y pentasílabos con fondo de seguidilla se da en II, 79 y
146. Llamó seguidillas reales a unos cuartetos asonantes
en decasílabos dactílicos y hexasílabos polirrítmicos, 10-6-
10-6 (II, 115). Esta misma clase de coplas figura con estribillo repetido en forma de terceto de seguidilla, 5-7-5,
en II, 120.

Donde sor Juana procedió con mayor libertad en sus
experiencias métricas fue en los poemas devotos que llamó

Villancicos, destinados a ser cantados en la iglesia con ocasión de determinadas festividades. Su disposición regular, acomodada a los intervalos litúrgicos de la misa, divide a cada poema en tres partes llamadas «nocturnos», las cuales a su vez se subdividen en secciones que se denominan también «villancicos», como el conjunto del poema. Cada uno de los nocturnos primero y segundo comprende a su vez tres villancicos; el tercero, en la mayor parte de los casos, sólo consta de dos. Sor Juana compuso doce obras de esta clase, aparte de algunas otras que se le atribuyen.

Los villancicos de los nocturnos consisten en general en breves composiciones en forma de romances, redondillas, quintillas y décimas, precedidas o seguidas por un estribillo de variable forma y extensión. De ordinario, los estribillos, aunque ligados por el sentido al tema de las coplas de sus respectivos villancicos, se diferencian de éstas por la clase, disposición y rimas de sus versos. La uniformidad de las coplas en cada caso denota la repetición de una determinada melodía, tal vez compuesta por la misma sor Juana o recogida de algún tono conocido, como se deduce de las letras, en romancillos hexasílabos, correspondientes a los bailes populares del «tocotín» y el «cardador» (II, 41 y 83), además de la del «panamá» (I, 18), y de las antes mencionadas del «turdión» y la «españoleta».

Los estribillos hacen suponer una elaboración melódica más variable y acaso más en relación con la original iniciativa de la autora. Por lo visto no se conservan manuscritos de lo que pudieran ser algo como las partituras de estos poemas, pero varias referencias sobre técnica musical en sus propias poesías y el hecho concreto de que sor Juana escribiera un cuaderno para la enseñanza de la música a petición de la condesa de Paredes, referido en I, 61 y 387, son indicios de su probable participación en las melodías de sus numerosos villancicos y de los coros de sus loas.

Los temas de estas obras se refieren, de manera sencilla y anecdótica, a puntos de historia sagrada relacionados de algún modo con la festividad que se celebra y evocados especialmente con aplicación del léxico más alusivo y característico. Unas coplas mencionan el exordio, epílogo, tropos, metáforas y otros conceptos de la retórica (II, 13); otras aluden a la manzanilla, hierbabuena, salvia, mejorana y otras plantas (II, 21); otras a los términos escolares referentes a la enseñanza de la escritura (II, 46); otras a las premisas, supuestos, distinciones y conclusiones de la lógica (II, 53); otras a los reveses, tajos, quiebros y tretas de la esgrima (II, 55).

El último villancico del tercer nocturno, final del poema, es el lugar donde con más frecuencias figuran las «ensaladas» con romances en latín, portugués, vizcaíno y azteca; con imitaciones del español hablado por indios y negros, y con relatos en desenvuelto estilo de jácara, que sor Juana identificaba con el corrido mexicano: «un corrido es lo mismo que una jácara» (II, 10).

La estrofa característica del villancico según el molde métrico de la lírica tradicional, abunda en los nocturnos, incluida indistintamente bajo el común nombre de «coplas» con que se designa cualquier género de mudanzas correspondiente a cada estribillo. Presenta tal estrofa numerosas variantes que, aunque en parte se deban al ingenio de la autora, indican la vitalidad con que este antiguo tipo de canción se mantenía en el ambiente mexicano. El modelo normal en que el estribillo es un pareado y la mudanza una redondilla octosílaba, a la cual siguen un

verso de enlace y otro de vuelta, figura en varias ocasiones.
El siguiente ejemplo se halla en II, 105:

> Morenica la esposa está
> porque el sol en la cara le da.
>
> Aunque en el negro arrebol
> negra la esposa se nombra,
> no es porque ella tiene sombra,
> sino porque le da el sol
> de su pureza el crisol,
> que el sol nunca se le va:
>
> Morenica la esposa está
> porque el sol en la cara le da.

Son muchas las modificaciones que suelen afectar a
cada una de las partes del villancico. A veces, por ejemplo,
sólo se repite el último verso del estribillo (II, 3 y 29);
en otros casos el estribillo consiste en dos expresiones análogas que se repiten alternativamente (II, 89, 93, etc.);
la redondilla de la mudanza es sustituida por dos pareados (II, 22 y 421); la sustitución es realizada a base de la
décima, con duplicación del verso de enlace (II, 226).

Los estribillos formados por un simple pareado, escasos en número, responden a tipos tradicionales, como
el del ejemplo citado o el de «Barquero, barquero, / que
te llevan las aguas los remos» (II, 81). En los de tres
suele darse también el hecho usual de que el tercer verso
sea más extenso que los anteriores; en el siguiente ejemplo
los dos primeros podrían considerarse como un dodecasílabo de 7-5: «Con los pies sube al templo / la niña
bella; / con los pies anda y con el alma vuela» (II, 220).
El de cuatro versos consta a veces de dos pareados o de

un cuarteto monorrimo; otras veces es una simple cuarteta en octosílabos, heptasílabos o hexasílabos, y más corrientemente consiste en una seguidilla: «Ay, ay, ay, niña bella, / que linda vas; / ay, ay, ay, y qué lindos / pasos das» (II, 218). Figuran con combinaciones variables estribillos de cinco versos (II, 99); o de seis (II, 6 y 36). Algunos alcanzan extensiones de trece versos (II, 29); de veintiséis (II, 25), y hasta de treinta y ocho (II, 125), mediante la suma de pareados, cuartetas, décimas y villancicos más o menos modificados. Elemento saliente en la composición de estos extensos estribillos es la seguidilla.

Los tipos de metros usados por sor Juana fueron ordinariamente los comunes y corrientes de seis, siete, ocho y once sílabas y en casos especiales el decasílabo y el de arte mayor. Ocasionalmente, en la polimetría de sus estribillos suelen asomar el eneasílabo y el alejandrino, y sobre todo el dodecasílabo de 7-5, empleado en serie monorrima en III, 116-117. Dentro del ordinario carácter polirrítmico del octosílabo, se inclinó con preferencia por la variedad trocaica. Numerosos ejemplos dan idea de la aplicación que solía hacer de las parejas de octosílabos homogéneos para destacar paralelismos y oposiciones, frecuentes en sus romances y sobre todo en las conocidas redondillas de su poesía en defensa de la mujer: «quejándoos si os tratan mal; / burlándoos si os quieren bien»; «a una culpáis por cruel / y a otra por fácil culpáis»; «la que peca por la paga / o el que paga por pecar». Entre las variedades del endecasílabo hizo uso principal de las más líricas y musicales, es decir, de la melódica y la sáfica, y entre las correspondientes al heptasílabo y hexasílabo mostró predilección por las de uniforme línea trocaica.

Se sirvió con igual frecuencia y facilidad de las rimas asonante y consonante y observó en general la diferenciación entre *s* y *z, c,* pero con natural espontaneidad dejó muestras de su seseo en supuestas consonancias como las de *milagrosa-roza* (I, 219); *capaz-compás* (I, 219); *empiezo-confieso* (I, 323); *lisa-postiza* (I, 324); *voz-Dios* (II, 28); *feliz-lis* (II, 29); *hizo-quiso* (II, 176); *goza-esposa* (II, 228), etc.

La variedad de las estrofas, practicadas extensamente en el teatro del Siglo de Oro, alcanzó un grado excepcional en el *Auto del Divino Narciso,* de sor Juana. Entre las diez y seis escenas de la obra, sólo tres muestran visible coincidencia en su modo de versificación. El conjunto del auto constituye un alarde métrico en que además de las redondillas y décimas corrientes y de varias clases de romances, figuran sextetos alirados y con eco, silvas de consonantes, endechas en cuartetos y quintetos, ovillejos de varios tipos, villancicos, un soneto y una serie polimétrica oscilante entre versos de diez, once y doce sílabas. Es de notar la ausencia en este repertorio de forma tan familiar a la autora como la seguidilla, acaso porque el aire jovial y profano de esta copla no le parecería adecuado en el cuadro teológico-moral que el auto representa.

Con análoga actitud de experimentación renovadora, en tres glosas aplicó la pauta normal de dedicar una décima a cada uno de los versos de la redondilla del tema (I, 266-270); en cuatro glosas más sustituyó la décima por una quintilla doble en cada estrofa (I, 270-276); y en una redujo el tema a un solo verso que se repite como retornelo al final de las décimas en que se desarrolla la glosa (I, 265).

Tanto en la polimetría del *Divino Narciso* como en la laboriosa composición del *Laberinto endecasílabo,* de los decasílabos con principio esdrújulo, de los sonetos con rimas forzadas o con acróstico y de las varias combinaciones de versos con eco, sor Juana se ejercitó en el campo de un virtuosismo métrico que en todo tiempo ha contado con cultivadores más o menos ingeniosos. Realizó la mayor parte de tales ejercicios en sus composiciones sociales destinadas a la lectura. La versificación de sus *Villancicos* se caracteriza por su espontaneidad y llaneza. La libertad de sus combinaciones en estos poemas no responde a calculados efectos preciosistas; revela un fondo musical animado por la ingenua gracia de un espíritu inquieto, desenvuelto y juvenil. Dejó ejemplos juntamente de alambicado cultismo y de espontaneidad popular. Sus mismas composiciones más recargadas de influencia barroca dan la impresión de estar construidas por entretenimiento y recreo más que por afectación de novedad.

RASGOS MÉTRICOS DE LA AVELLANEDA

De ordinario, la preparación métrica del poeta se ha limitado a la enseñanza que cada uno ha podido recoger en sus lecturas de obras en verso. El estudio de esta materia ha sido realizado especialmente por los gramáticos, como parte de los varios aspectos del lenguaje. Son excepcionales los ejemplos de poetas que han contribuido a tal estudio con trabajos como los de Fernando de Herrera, Ignacio Luzán, Martínez de la Rosa y Alberto Lista, o como el de Andrés Bello, que fue a la vez poeta, gramático y tratadista de métrica.

Nombres preeminentes por su representación innovadora en la larga historia de la versificación española son los de Gonzalo de Berceo, maestro de la cuaderna vía; Juan de Mena, principal artífice del verso de arte mayor; Boscán y Garcilaso, adaptadores del endecasílabo italiano, y Rubén Darío, indiscutible definidor de los ritmos modernistas. Sin representación tan notoria, algunos otros poetas se han ejercitado en particulares experiencias, demostrativas de una atención y curiosidad ajenas a la habitual e indiferente práctica ordinaria. Por sus intentos de renovación y por su sensibilidad métrica, doña Gertrudis Gómez de Avellaneda ocupó señalado lugar entre los poetas de su tiempo.

METROS

La ocasión en que la Avellaneda se ejercitó con mayor empeño en el ensayo de nuevos versos fue la composición de la escala métrica de *Noche de insomnio y el alba*. La escala de Espronceda en *El estudiante de Salamanca* comprende once metros distintos, desde el bisílabo al dodecasílabo. Zorrilla extendió la serie desde el bisílabo al alejandrino en la escala de *La azucena silvestre,* pero omitió los versos de cinco, nueve y trece sílabas. Después, el mismo Zorrilla en las escalas de *Un testigo de bronce* y *La leyenda de Alhamar,* incluyó los de cinco y nueve sílabas, pero no el de trece. En la de la Avellaneda, aparecen cubiertas una por una todas las medidas desde la de dos sílabas a la de dieciséis. Entre ellas, las de trece, quince y dieciséis sílabas carecían de precedentes.

La autora se sirvió de la repetición de la gramatical cláusula anapéstica ooó, tanto en el verso de trece sílabas, «Yo palpito tu gloria mirando sublime», como en el de dieciséis, «Guarde, guarde la noche callada sus sombras de duelo». El mismo principio de repetición de tal cláusula era familiar en el decasílabo de himnos y cantatas, registrado también en *Noche de insomnio*: «Se matizan eternas alfombras / donde el trono se asienta del sol», y en la variedad de heptasílabo acentuado en las sílabas tercera y sexta, como en *El cazador,* de la misma Avellaneda: «De su perro seguido / sale al campo florido». En el heptasílabo las cláusulas son dos; en el decasílabo, tres; en el tridecasílabo, cuatro, y en el hexadecasílabo, cinco.

Con análogo procedimiento, formó el verso de quince sílabas mediante la repetición de la cláusula anfibráquica ooó: «Qué horrible me fuera brillando tu fuego fecundo / cerrar estos ojos que nunca se cansan de verte». Tal cláusula era también elemento conocido en versos que la misma autora empleó en *Noche de insomnio,* con una sola unidad en el trisílabo: «Brindándo / le al mundo / profundo / solaz»; con dos en el hexasílabo: «El mudo reposo / fatiga mi mente»; con tres en el eneasílabo: «Ni un eco se escucha, ni un ave / respira turbando la calma», y con cuatro en el dodecasílabo: «Cual virgen que el beso de amor lisonjero / recibe agitada con dulce rubor».

Sabido es que los versos formados por series uniformes de cláusulas como las citadas adquieren forma dactílica por virtud del orden rítmico musical que organiza sus sílabas en relación con sus tiempos marcados. Las series anfibráquicas empiezan con la sílaba inicial en anacrusis y las anapésticas con dos sílabas. No hay en realidad contradicción entre el ritmo prosódico o gramatical y el acústico o sonoro. La percepción del primero es de orden mental y la del segundo se funda en la impresión auditiva. Para el lector habituado al sistema musical, los versos dactílicos son el elemento predominante en *Noche de insomnio,* no sólo por su número sino por ser también los de mayor extensión. El efecto hubiera sido aún más completo si la autora, en lugar de servirse del endecasílabo común hubiera utilizado la modalidad dactílica de este metro, conocida desde antiguo, divulgada por algunas fábulas de Iriarte y hasta utilizada en 1826 en un himno patriótico por José María Heredia, paisano de la Avellaneda: «Pues otra vez de la bárbara guerra / lejos retumba el profundo latir».

El endecasílabo dactílico, alargado con una cláusula más, produjo el dactílico de catorce sílabas que la autora no empleó en *Noche de insomnio* sino en *Soledad del alma:* «Sale la aurora risueña de flores vestida / dándole al cielo y al campo variado color». El grado de catorce sílabas en la escala de *Noche de insomnio* está cubierto por el alejandrino trocaico. El metro de catorce sílabas de *Soledad del alma,* distinto del alejandrino, es el tetradecasílabo que Vicuña Cifuentes echaba de menos y al cual representó con un ejemplo de su propia mano, ignorando el precedente de la Avellaneda. La aptitud musical que ésta debió notar en tal metro fue sin duda la causa de que diera el subtítulo de *Melopea* a la indicada poesía y de que la dama a quien la dedicó la acomodara al pentagrama y la recitara al piano, según noticia de Regino E. Boti, en «La Avellaneda como metricista», *Cuba Contemporánea,* La Habana, 1913, página 381.

Los cuatro largos metros dactílicos, de trece, catorce, quince y dieciséis sílabas son de un efecto ampuloso que podría haber parecido adecuado para algunas manifestaciones de la grandilocuencia romántica. Sin embargo, apenas suscitaron imitaciones entre los poetas contemporáneos. La misma Avellaneda, que sin duda los consideró como meros ejercicios de prolongación de su escala métrica, no volvió a insistir en su cultivo, con excepción del pentadecasílabo, usado al lado del de catorce sílabas en *Soledad del alma.* Del tridecasílabo hizo uso posteriormente Ventura Ruiz Aguilera en *El árbol de la libertad:* «Aun vagaba en mi boca sonrisa de niño». Más tarde, este mismo verso y el pentadecasílabo y hexadecasílabo dactílicos fueron recordados y repetidos por los poetas modernistas.

Las experiencias que realizó en relación con el ritmo trocaico fueron menos numerosas. A las modalidades corrientes del decasílabo, dactílico o compuesto de 5-5, añadió la Avellaneda la de ritmo trocaico, con apoyos en las sílabas impares y en especial sobre la tercera, quinta y novena. Hizo figurar esta variedad, combinada con el tetrasílabo, igualmente trocaico, en los sextetos agudos, aaÉ: bbÉ, de la canción *A Dios:* «Tú que huellas / las estrellas / y tu sombra muestras en el sol». La autora había practicado extensamente el tetrasílabo en las octavillas agudas de *Paseo por el Betis* y *A un ruiseñor.* Del octosílabo trocaico, equivalente a dos tetrasílabos, se sirvió en las redondillas de *La aurora del 8 de septiembre.* La adición a este tipo de octosílabo de una simple cláusula bisílaba bastó para producir el decasílabo de la canción mencionada.

Es poco probable que influyera en el ensayo de este verso por parte de la Avellaneda el recuerdo del lejano ejemplo del decasílabo del mismo tipo rítmico del *Conde Lucanor:* «Qui por caballero se toviere». Es en cambio natural que el modelo de la Avellaneda estuviera presente en los ejercicios del mismo verso realizados por los modernistas González Prada en *Los pájaros azules;* Díez Canedo en *El juguete roto,* y Roger D. Bassagola en los quintetos que empiezan: «Cuando ya muy lejos del estío».

No es posible mantener la atribución a la Avellaneda del dodecasílabo de 7-5, de ritmo de seguidilla. Antecedentes esporádicos de este metro se registran en el antiguo arte mayor, en el *Cantar del alma,* de san Juan de la Cruz, «Que bien sé yo la fuente que mana y corre», y en el *Cancionero de Évora,* «Lloro mi mal presente y el bien pasado», así como, con oscilación de medidas, en la composición de Góngora dedicada a doña María Hurtado: «Mátanme los celos de aquel andaluz; / háganme si muriere la mortaja azul». En manos de sor Juana Inés de la Cruz, tal metro adquirió forma definitiva independientemente de la copla popular sobre la cual se había formado.

En 1859, Zorrilla compuso en La Habana, de camino para México, la primera de las serenatas en que utilizó esta clase de dodecasílabo, y un año después, también en La Habana, la Avellaneda publicó en el mismo verso su poesía *A las cubanas*. Sin duda la autora tuvo presente la serenata de Zorrilla, aparte de que no es improbable que ambos conocieran los precedentes de los *Nocturnos* de sor Juana.

En realidad, ni Zorrilla ni la Avellaneda llegaron a desligar enteramente el verso de la imagen de la copla originaria. El primero reducía la simple seguidilla de 7-5-7-5 a un pareado de 12-12. La segunda tomaba por base la copla compuesta de 7-5-7-5:5-7-5, a la cual representaba bajo forma de cuarteto con una pareja asonante de 12-12 y otra con asonancia diferente de 5-12. La liberación definitiva de tal dodecasílabo y su composición en cuartetos ordinarios, en sonetos y en otras estrofas no se produjo hasta los comienzos del modernismo.

No obstante su emancipación métrica, puede decirse que el ritmo de dodecasílabo de 7-5 suscita en toda ocasión el efecto del airoso canto y baile con que de ordinario se da compenetrado. Su festivo acento se presta a serenatas y cumplimientos como los de la Avellaneda en sus composiciones *A las cubanas* y *A la condesa de San Antonio*, pero no parece adecuado para usarlo con ocasión de la muerte de un niño, como la misma autora lo empleó en *A una joven madre,* ni para la prevención elegíaca en que lo hizo figurar en una escena de *La ondina del lago azul*. Darío elogió la seguidilla especialmente como ánfora lírica de la musa Alegría; sólo por caso excepcional la asoció con el retumbar de las batallas.

La poesía romántica no fue innovadora de versos. Su novedad métrica más saliente consistió, lo mismo en español que en italiano y francés, en el abundante desarrollo de las rimas agudas, y especialmente en la estrofa simétrica con rimas oxítonas en los últimos versos de sus dos mitades. En español, aparte del dodecasílabo de 7-5, la única adición del romanticismo al repertorio de metros tradicionales fue la reelaboración del alejandrino bajo forma distinta de la francesa y de la cuaderna vía. El ejemplo de Carducci en Italia se concentró en el empeño neohumanístico de reavivar el eco de los ritmos greco-latinos. La Avellaneda se guió de manera más sencilla y directa por la impresión sonora del ritmo musical, en lo cual sirvió de modelo, con medio siglo de anticipación, a varias de las experiencias del modernismo.

CONCORDANCIAS

Otro aspecto de las iniciativas métricas de la Avellaneda es el de la combinación de metros en la estrofa y de las estrofas en el poema. En lo que se refiere al primer caso, ensanchó con varios ensayos la práctica tradicional, sin apartarse del principio de homogeneidad de medidas pares o impares que había sido norma ordinaria. Combinó el eneasílabo con el pentasílabo en *Ley es amar:* «Vosotras que huís de Cupido / la dulce lid». Empleó juntamente el decasílabo y el tetrasílabo en el cántico *A Dios,* antes citado. Otra combinación de ambos metros, en que parece haber discrepancia entre el ritmo dactílico del primero y el trocaico del segundo, muestra su homogeneidad en el hecho de que la suma de los tres tetrasílabos consecutivos, todos agudos, componen una unidad idéntica a la del decasílabo: «Una perla en un golfo nacida / al bramar / sin cesar / de la mar» (*La pesca en el mar*). Renovó la antigua asociación de los dactílicos de doce y diez sílabas en *El genio de la melancolía:* «Yo soy quien recoge sus luces postreras / que acarician las tibias esferas». De la combinación del octosílabo y del dodecasílabo se sirvió en *La primavera, La tórtola* y *El último acento de mi arpa.* En el primero de estos poemas se lee: «Huye el invierno sañudo / y luce brillante el sol / que el pálido velo rasgando glorioso / difunde en la tierra benigno calor».

Las ocasiones en que con aparente discordancia hizo alternar medidas heterogéneas indican que la autora tuvo presente como elemento principal la correspondencia del ritmo sobreponiéndola a la de la medida silábica. En *Almas hermanas* intervienen el decasílabo, par, y el pentasílabo, impar, pero la discordancia es sólo aparente si se tiene en cuenta que el decasílabo en este caso corresponde al tipo compuesto de dos pentasílabos: «¡Genio fecundo! / Sentí yo entonces lo que hoy columbro». La semejanza de ritmo prevalece igualmente sobre la consideración silábica en la combinación de eneasílabos y hexasílabos en partes de *El genio de la melancolía, Serenata de Cuba* y *La pesca en el mar.* Al primero de estos poemas corresponde el siguiente ejemplo: «De todos los genios hermosos / yo soy el más bello, / y en todas las almas sublimes / se ostenta mi sello».

ESTROFAS

Cultivó la Avellaneda la mayor parte de las estrofas tradicionales —redondillas, quintillas, tercetos, cuartetos, sextetos, octavas reales, estancias, silvas y romances, además del molde romántico de la estrofa aguda construida en cuartetos, sextetos y octavas en toda clase de metros. El número de sus sonetos es mayor que el de los compuestos por la mayor parte de sus contemporáneos. Otro indicio de su actitud respecto a las formas cultas fue la atención que dedicó a la estrofa sáfico-adónica, compuesta con perfecto orden clásico en sus odas *A la luna* y *A la Virgen.*

En *El árbol de Guernica* hizo una versión aproximada, AbB:AaB, del sexteto en endecasílabos y heptasílabos de mitades simétricas, AaB:CcB, anticipado por Maury al principio de *El festín de Alejandro,* y divulgado más tarde por Núñez de Arce. Otra modalidad de sexteto, acreditada por Pastor Díaz, a la que la Avellaneda imprimió melodiosa armonía fue la de AAb: CCb, empleada en parte de su celebrado poema *Amor y orgullo:* «Un tiempo hollaba por alfombra rosas, / y nobles vates de mentidas diosas / prodigábanme nombres».

Es de notar la ausencia de la décima entre sus estrofas, tal vez porque siendo tan corriente en los medios populares de su tierra cubana no le pareció aplicable en el campo literario, aunque otros autores de prestigio la emplearan por entonces en España y América. Al utilizarla en la poesía *A Julia* no lo hizo sin darle un toque especial añadiéndole un pentasílabo como último verso. Con análogo propósito, en las doce estrofas de otra composición *A la Virgen,* la modificación consistió en suprimir un verso en la segunda mitad de la décima y en hacer quebrado el sexto verso. Hizo en cambio uso regular y frecuente de la seguidilla plena, de siete versos, combinada con otras estrofas, como en las canciones de *Las almas hermanas* y *A la Duquesa de Montpensier,* aparte de los casos en que la representó bajo forma de cuartetos de 12-12-5-12.

Observó un orden metódico en el uso de metros y estrofas de acuerdo con el asunto y carácter de cada obra. Aplicó el romance endecasílabo como forma única, con escasos cambios de asonancia, en sus dramas *Munio Alfonso* y *El príncipe de Viana.* En obras de menor temple dramático, como *Recaredo, Saúl, Baltasar* y *Catilina,* hizo alternar romances y cuartetos en metros de once y ocho sílabas. En las comedias de *La hija de las flores, La aventurera, Oráculos de Talía* y *La hija del rey René,* empleó romances y redondillas octosílabas, con exclusión del endecasílabo.

En ningún caso llevó al teatro la variedad polimétrica de sus composiciones líricas. En éstas, superó la general inclinación de la poesía romántica respecto a los cambios de metros y estrofas, especialmente en los cuentos, leyendas y canciones. Pocas de las poesías de la Avellaneda se hallan compuestas en una sola clase de verso. No parece que en ningún otro poeta de su tiempo se halle un caso de tan profusa polimetría como la de *Serenata de Cuba,* cuyo índice puede señalarse como ejemplo máximo de tal tendencia:

1. El poeta: Siete cuartetos, ABAB en dodecasílabos dactílicos.
2. Voz de Cuba: Décima aguda de eneasílabos y hexasílabos, Abbbé:Cdddé.
3. Voz de la noche: Octavilla aguda heptasílaba, abbé:cddé.
4. Voz de la luna: Octavilla aguda pentasílaba, abbé:cddé.
5. Voz de las estrellas: Dos cuartetos ABAB en decasílabos de 5-5.
6. Voz de las gotas del rocío: Octavilla aguda pentasílaba, como en 4.
7. Voz de las flores: Octavilla aguda heptasílaba, como en 3.
8. Voz de los cocuyos: Octavilla aguda octosílaba, abbé:cddé.
9. Voz de las aves: Dos redondillas heptasílabas y una octavilla aguda heptasílaba y trisílaba.

10. Voz del bosque: Terceto de eneasílabos y hexasílabo, ligado por la rima con la octavilla precedente.
11. Voz de los silfos: Sextilla aguda de eneasílabos, decasílabos y hexasílabos, AAé:BBé.
12. Voz de los arroyos: Media sextilla aguda en decasílabo y pentasílabos, Abé.
13. Voz de la brisa: Segunda mitad de la sextilla anterior, Cdé.
14. Voz del mar: Media sextilla aguda como la del número 12.
15. Voz de las nubes: Segunda mitad de la sextilla, como en 13.
16. El poeta: Dos cuartetos en dodecasílabos dactílicos semejantes a los del principio, pero no llanos sino agudos, AÉAÉ.

No fue la Avellaneda particularmente inclinada a los artificios de ingenio métrico, aunque sin duda poseía la habilidad necesaria para esa clase de ejercicios. En los cuartetos decasílabos del número 5 de la *Serenata de Cuba* son esdrújulos asonantes los versos impares, y llanos consonantes los pares. El contraste entre esdrújulos y agudos, usados alternativamente, se observa en las octavillas heptasílabas de *El desposorio en sueño* y en los cuartetos endecasílabos de *La venganza.* Dedicó un soneto al Duque de Frías empleando al fin de los versos los mismos vocablos de otro soneto que el Duque había dirigido a la autora.

En plano más propiamente musical se sirvió del efecto del retornelo en *El cazador,* en *Ley es amar* y con más relieve en *Las siete palabras,* donde cada una de las ocho octavas dodecasílabas termina repitiendo: «¡Y está allí la madre al pie de la cruz!» En la oda sáfico-adónica *A la Virgen,* el retornelo se resuelve en anáforas y enlaces de versos. Las cinco primeras estrofas empiezan con análoga expresión; el pentasílabo final de la séptima se repite como principio del primer verso de la octava, y el pentasílabo de la novena es principio de la décima. Otras estrofas siguientes empiezan repitiendo solamente el último vocablo de la que precede.

La reiteración anafórica subraya la expresión emocional en un pasaje de *Amor y orgullo:* «Nombre que un alma lleva por despojo, / nombre que excita, con placer, enojo», se combina con antítesis en «Nombre que halaga y halagando mata, / nombre que hiere como sierpe ingrata», y de manera semejante en *El recuerdo inoportuno:* «De pasado placer pálida sombra, / de placer por venir nublo sombrío». En otros casos se suman anáfora y paralelismo: «Te saludo si puro matizas las flores; / te saludo si esmaltas fulgente la mar» *(Noche de insomnio).* «Yo, como vos, para admirar nacida; / yo, como vos, para el amor creada» *(A don Pedro Sabater).*

EXPRESIÓN

Sus contemporáneos elogiaron las cualidades de su versificación. Nicasio Gallego la calificó de armoniosa y robusta. Pastor Díaz la ponderó por su elegancia, pureza y corrección. Algunos, con intención irónica, aludieron a su temple viril. Sus biógrafos atestiguan, sin embargo, sus condiciones de atractivo personal, feminidad y ternura. El efecto vigoroso de su poesía puede obedecer en primer lugar a la gravedad de los temas predominantes tanto en sus obras líricas como en las dramáticas. De otra parte, en su versificación es fácil advertir que aunque a veces se sirviera de formas breves y ligeras, de ordinario dio preferencia a los metros más amplios y a las estrofas más rotundas.

Una nota significativa del sentido intuitivo con que procedió en esta preferencia es el excepcional predominio que concedió en sus poemas endecasílabos a la modalidad sáfica, la más densa y lenta de las variedades de tal metro. La proporción con que tal modalidad figura en los poetas del tiempo de la Avellaneda ofrece un promedio de un 45 por ciento. Del apoyo que la autora prestaba al peculiar carácter rítmico de este tipo de endecasílabo son ejemplos *La esperanza,* con el 87 por ciento; *La venganza,* 82 por ciento; *A Pastor Díaz,* 72 por ciento, y *Contemplación,* 71 por ciento. Consideradas en conjunto estas y otras composiciones endecasílabas de la Avellaneda, el promedio de la variedad sáfica representa el 65 por ciento, suficientemente superior a la proporción ordinaria para que se advirtiera el efecto de su ponderado compás.

Tal variedad es realzada con frecuencia no sólo por su abundancia sino por la clara simetría bimembre con que la autora solía construirla: «Perla del mar, estrella de Occidente» (*Al partir*); «Brota raudales de placer divino» (*La juventud*). La simetría adquiere mayor relieve cuando la combina con el paralelismo: «Llena la mente, pero no la enciende; / vive en el alma, pero no la anima» (*A la luna*).

La modalidad de endecasílabo más propiamente enfática es la acentuada en las sílabas primera, sexta y décima. De ordinario es poco frecuente. Su presencia en las poesías de la Avellaneda, menos escasa que en las de otros autores, constituye sin duda otra nota de la robustez de sus versos. Ocurre sobre todo en ocasiones de exaltada emoción: «Rudo como la pena que me agita» (*La venganza*); «Mugen por los desiertos arenales» (*A la tumba de Napoleón*); «Libre de la materia que me oprime» (*Contemplación*).

Es de notar que la modalidad sáfica, en su ponderada gravedad, es dominada por la enfática, con refuerzo expresivo, cuando el concepto apoyado por el acento de la sílaba sexta se destaca con mayor relieve semántico que el del que ocupa la sílaba cuarta: «Un formidable espíritu lo enciende» (El poeta); «Y una corona eterna de laurel» (A la esperanza); «Del aquilón sañoso el roble erguido» (A la muerte de José María Heredia); «Mientras tu helada mano se tendía» (A la tumba de Napoleón). Los ejemplos abundan en Contemplación: «Un religioso efecto el alma inunda»; «Amo tu luna tibia y misteriosa»; «Vienes a dar al alma su consuelo».

Numerosos ejemplos muestran asimismo que la autora debió sentir el vigoroso temple que el endecasílabo adquiere por virtud de la ruptura rítmica que resulta de la concurrencia de ejemplos inmediatos en las sílabas sexta y séptima: «¡Lucero del amor! ¡Rayo fecundo!» (Contemplación); «Que es el mundo sin ti templo vacío» (A la poesía); «Ya el cielo pronunció. ¡Calle la tierra!» (A la tumba de Napoleón). A veces la tensión de esta ruptura se suma al ordinario énfasis de la modalidad acentuada en primera y sexta: «Huye con tu pendón, rey Carlo Magno» (El canto del Altabiscar); «Llenan la inmensidad rayos fecundos» (Las dos luces); «Sal del invierno, sol; reina e inflama» (Al sol). Tales recursos realzan la expresión dramática en entrecortados pasajes como los siguientes: «¡Tuya soy! ¡Heme aquí! ¡Todo lo puedes! / Tu capricho es mi ley. ¡Sacia tu saña!» (Al destino); «No existe lazo ya; todo está roto. / Plúgole al cielo así, ¡bendito sea!» (A él).

Por supuesto, no se deduce de estas notas que la autora tuviera temperamento más o menos femenino o varonil, sino sencillamente que poseía un fino sentido de la adecuación del ritmo del verso al temple emocional del poema. La originalidad de su actitud respecto a la métrica consistió en su combinación de iniciativa experimentadora y de percepción estimativa. Los temas de sus poesías le hicieron cultivar principalmente las formas de versificación severa y grave. Hay que notar, sin embargo, que aunque con menos frecuencia, demostró análoga sensibilidad en ocasiones de distinto carácter y en versos más breves que el endecasílabo y de menos recursos expresivos.

En las octavillas hexasílabas de la *Serenata del poeta,* por ejemplo, donde se hace enumeración de todo el tesoro que la naturaleza ofrece a la contemplación del artista, el verso mantiene invariablemente su ligero ritmo dactílico hasta el momento final en que la evocación se cierra, por contraste, con una efusiva exclamación trocaica con acento inicial: «¡Todo es para el poeta!». En otro pasaje del mismo poema, en octosílabos polirrítmicos, la alusión a la risa sarcástica que contesta a la ilusionada canción del poeta, va concentrada en el rasgado acento de dos octosílabos dactílicos: «Risa de escarnio y desprecio; / risa de burla y baldón».

Puede recordarse asimismo el testimonio de la comedia *La aventurera,* compuesta en romances y redondillas octosílabas, con la sola excepción de la escena en que la protagonista, humildemente arrepentida, declara en cuartetos endecasílabos su falsa personalidad. Por último, como testimonio más espontáneo, cabe añadir el ejemplo de *Polonia,* poema en metro alejandrino compuesto sobre un original de Víctor Hugo. El alejandrino usado normalmente por la Avellaneda era del tipo trocaico establecido de manera general en el romanticismo hispánico. Sólo en *Polonia* se sirvió de la forma polirrítmica de este metro, por delicada y sin duda espontánea percepción del carácter del alejandrino del texto francés.

Los poetas románticos de lengua española más señalados por la variedad de su métrica fueron Espronceda, Zorrilla, Echeverría y la Avellaneda. No cultivaron la estrofa con la libertad y profusión de las de Victor Hugo ni con el propósito clasicista de Carducci. Atendieron de manera principal a los efectos del ritmo y sonoridad del verso, más que a la variedad de sus combinaciones estróficas, en lo cual marcaron la tendencia que el modernismo desarrolló más tarde y se diferenciaron de la versificación del Siglo de Oro, más rica en estrofas que en metros. La Avellaneda se distinguió entre los demás en este sentido tanto por sus originales ensayos, fundados en la clara apreciación de la medida y el ritmo, como por sus intuitivos aciertos en la adopción de las modalidades más adecuadas a su actitud poética y a las circunstancias ocasionales de su expresión emocional.

Aunque tan distantes en el tiempo y tan diferentes en su personalidad, se advierte un fondo común de interés en la aplicación artística del verso, más resuelto y audaz en la mexicana sor Juana Inés de la Cruz, más ponderado y grave en la cubana Avellaneda y más refinado y sutil en la chilena Gabriela Mistral. Con análoga atención respecto al instrumento de su trabajo, una acumuló en conjunto barroco los más heterogéneos elementos, desde la simple canción popular a los más artificiosos ovillejos; otra sumó en sus estrofas agudas, en sus metros dactílicos y en la lenta modalidad de su endecasílabo los tonos graves del romanticismo, y otra expresó en leves versos de flexible ritmo los reflejos y matices de su sensibilidad.

RITMO Y ARMONÍA EN LOS VERSOS DE DARÍO

En el estudio de la versificación de Rubén Darío, más que en la de otros poetas, importa atender juntamente al instrumental visible de sus metros y estrofas y a la serie de recursos, no tan aparentes, pero no menos activos, deliberada o intuitivamente utilizados por la sensibilidad musical del autor. En cuanto al aspecto propiamente formal, se puede decir que entre los poetas de lengua española Darío es el que utilizó un repertorio métrico más rico y variado. En sus poesías se registran 37 clases de versos y 12 tipos de estrofas, diversificados estos últimos en 136 modalidades distintas: 3 de pareados, 7 de tercetos, 35 de cuartetos y redondillas, 6 de quintetos, 15 de sextetos, 3 de septetos, 7 de octavas, 10 de décimas, 4 de duodécimas, 1 tridécima, 13 de sonetos, 13 de romances y 19 de silvas. Como indicación comparativa puede recordarse que en las *Leyendas* de Zorrilla, celebradas por la riqueza de su versificación, sólo figuran 13 clases de metros y 8 de estrofas elaboradas bajo 38 variedades. La lista de versos y estrofas de Darío figura al final de este artículo.

Darío personaliza el período de más extensa y profunda renovación en el cultivo del verso español. Sin embargo, en la serie de sus versos, es poco en realidad lo que puede considerarse como producto de su propia invención. Entre sus 37 tipos, más de la mitad están comprendidos en el ordinario cuadro de la métrica tradicional. Por otra parte, un considerable número de nuevos metros, ensayados por algunos de sus contemporáneos, no fueron practicados por Darío. Su actitud consistió en escoger entre las variedades especiales, antiguas y modernas, que encontraría en sus lecturas, aquellas que más particularmente atrajeron su interés. Desde luego, no se entregó a ensayos experimentales como los realizados por contemporáneos suyos como Salvador Rueda y González Prada.

Se observa en efecto que los versos más conocidos y recordados con el sello de su nombre habían sido usados por poetas anteriores. En el peculiar alejandrino de la *Sonatina* le había precedido Rosalía de Castro. Del musical eneasílabo de *El clavicordio de la abuela,* distinto del tipo común de este metro, existían precedentes en las poesías de Dionisio Pérez, García Gutiérrez, Echeverría y otros escritores del romanticismo. El endecasílabo dactílico de *Pórtico,* recibido y discutido como novedad, había sido usado como metro independiente desde el siglo XVII y se había empleado en fábulas, himnos y cantatas de los siglos XVIII y XIX. El dodecasílabo compuesto de 7-5 del *Elogio de la seguidilla* había figurado en las serenatas de Zorrilla y de la Avellaneda, en las elegías de Balart y en poesías de Bécquer, Díaz Mirón, Julián del Casal y varios otros. El heptadecasílabo del soneto *Venus* había sido extensamente utilizado por don Sinibaldo de Mas, hacia mediados del siglo XIX, en su traducción de varios cantos de la *Eneida.*

Darío, por supuesto, no pretendió hacer pasar estos versos como invenciones suyas ni tampoco los empleó más que en los casos únicos de las poesías citadas, con excepción del dodecasílabo de 7-5 que empleó alguna otra vez. Otros poetas después de Darío los practicaron con regular corrección en varias ocasiones; pero los ejemplos con que de ordinario tales versos son recordados son precisamente los que Darío les dedicó y no los anteriores o posteriores. Lo que el poeta nicaragüense puso en la elaboración de tales ejemplos no se redujo a la medida y acentuación que sus formas requieren, sino que añadió de su parte algo que no se da de manera corriente ni tampoco se deja definir con facilidad. Esta secreta técnica es sin duda la que ha dado fundamento a su fama de innovador y maestro en el arte de la versificación.

Otros ensayos suyos de éxito menos logrado, aunque de perfecta ejecución, tenían también precedentes conocidos. El tridecasílabo dactílico del soneto *Urna votiva* había sido usado por la misma Avellaneda, por Ruiz Aguilera y más recientemente por Jaimes Freyre en *Castalia bárbara*. El alejandrino a la francesa de otro soneto, *Los piratas,* con la particularidad de eludir la séptima sílaba del primer hemistiquio, contaba con intentos anteriores de Iriarte y Moratín. En *Gaita galaica,* Darío siguió el ejemplo del antiguo verso de arte mayor, guiado probablemente por la impresión inmediata de la muiñeira gallega. En una de sus tentativas menos notadas, la del endecasílabo acentuado en quinta sílaba de la *Balada en loor de Valle Inclán,* «Del país del sueño, tinieblas, brillos, / donde crecen plantas, flores extrañas», pudo tener presente el viejo verso gallego-portugués de poesías como el cosante del rey don Dionís: «Ay flores, ay flores do verde pino, / se sabedes novas do meo amigo». Pero no es improbable, como me hizo notar Jorge Guillén, que el oído de Darío, fino captador de ritmos, tomara como molde el nombre de «don Ramón María del Valle Inclán», que figura como uno de los versos de la *Balada.*

En la mayor parte de sus poesías, tanto en versos tradicionales como modernos, Darío se ajustó a las normas de la regularidad silábica. En los casos en que se apartó de ella fue generalmente para reforzar el papel del ritmo. El verso amétrico a base del grupo tetrasílabo trocaico del nocturno *Una noche* de José Asunción Silva, repetido por varios poetas modernistas, aparece en *Desde la Pampa,* de Darío, el cual volvió a utilizarlo en gran parte de *La canción de los osos.* Sobre el mismo sistema, pero con la cláusula trisílaba dactílica como unidad básica en la variada dimensión de los versos, compuso su grave y sonora *Marcha triunfal,* modelo rítmico que parece debido a su propia iniciativa, así como el del verso rimado y de medidas variables de *Augurios* y de *Salutación a Leonardo.* En *Heraldos* y *En el país del sol,* reflejos de la sintaxis musical de Walt Whitman, la propia inclinación de Darío acabó por llevarle al orden simétrico y a la rima. No siguió en ningún momento el ejemplo de plena independencia del versolibrismo francés. La *Salutación del optimista* y las demás composiciones en que se sumó a las varias tentativas contemporáneas de imitación del hexámetro demuestran su firme valoración de la sonoridad de las palabras y su hondo sentido de la proporción y equilibrio del período rítmico.

En su juventud, Darío había probado su dominio del verso en la escala métrica de *Tú y yo,* formada por versos de trece medidas distintas, desde dos a quince sílabas, en la que siguió los modelos de Espronceda, la Avellaneda y Zorrilla, y en el ovillejo *El Ateneo,* a la manera cervantina, reanudada por el mismo Zorrilla. Aunque sus versos adquirieron pronto cualidades musicales que no son simple resultado de destreza métrica, la exuberancia de sus recursos renovó tales ejercicios juveniles en composiciones posteriores, como el diálogo de *Eco y yo,* a semejanza de los antiguos ejemplos de Juan del Encina y Baltasar de Alcázar, y en contrastes de ritmos y repercusiones de rimas como los que se observan en *Sinfonía, Ritmos íntimos, Líbranos, Señor,* y en otros muchos casos.

Más que en la unidad del verso, Darío ejercitó la riqueza de su técnica en el campo de la estrofa. Mientras el verso constituye el elemento esencial del ritmo, la estrofa es el marco que sirve de base a la estructura musical del poema. Su sentido de la armonía condujo a Darío a destacarse como cultivador de la estrofa en un período en que la mayoría de los poetas habían apartado su interés de este aspecto de la métrica. Tampoco en este punto se propuso inventar combinaciones nuevas; su labor consistió en obtener de los tipos tradicionales la mayor variedad posible de efectos artísticos. No prestó atención a la estrofa sáfico-adónica ni a la alcaica, que acaso consideró como meras demostraciones de técnica académica.

En la reelaboración de los tipos de estrofas, su procedimiento consistió principalmente en romper la tradicional dependencia de cada tipo respecto a un determinado metro, lo cual le llevó a componer sonetos no sólo en endecasílabos o alejandrinos sino en versos de todas las medidas desde seis a diecisiete sílabas, y a proceder del mismo modo respecto a las décimas, octavas, sextetos, cuartetos, romances, etc. A esto añadió la libertad de introducir en la estrofa combinaciones no acostumbradas de metros y rimas, varias de ellas sugeridas por ejemplos parnasianos y simbolistas. La aplicación del eneasílabo como auxiliar del alejandrino, el sexteto eneasílabo y los tercetos monorrimos procedían probablemente de lecturas verlainianas más que de ninguna otra fuente. Los particulares dodecasílabos de *Líbranos, Señor,* con primeros hemistiquios agudos que hacen resaltar en cada uno de ellos su sílaba quinta, reflejan el ritmo de la conocida *Art poétique* de Verlaine, y «El verso sutil que pasa y se posa» repetía a todas luces el eco de «Sans rien en lui qui pèse ou qui pose»; pero en la claridad de sus líneas, en las repercusiones interiores de las rimas y en la correlación de los hemistiquios, la armonía de *Líbranos, Señor,* no es sino del propio Darío. El verso al pasar por sus manos enriquecía su virtud musical y la estrofa multiplicaba con prodigiosa variedad sus matices y facetas.

Ritmo y armonía fueron elementos consustanciales en la ejecución de sus obras. Su doctrina métrica se reducía, como dijo recordando al mismo Verlaine, a obedecer ante todo al imperio de la música, con lo cual respondía, indudablemente, más que a principios teóricos, a condiciones de su propio temperamento. En el ambiente poético de sus composiciones se destacan con especial relieve las sensaciones del sonido: el tañido de suaves campanas en la madrugada, de *La dulzura del Ángelus;* el último acorde del piano que queda vagando en la sala solitaria, de *Su alcoba;* el «lejano clavicordio que en silencio y olvido / no diste nunca al sueño la sublime sonata», de *Norturno;* el velado son de liras y laúdes que acompaña la presencia de las siete virtudes, en *El reino interior;* las mágicas notas de la orquesta y los sollozos de los violoncelos de *Era un aire suave;* la onda que llora cuando el viento canta, la queja amarga y sonora que sube del abismo y los violines de la bruma que saludan al sol que muere, en *Sinfonía.* Sus referencias a instrumentos músicos excede a la mera ornamentación parnasiana del áureo bandolín, la septicorde lira, las sonoras arpas y la flauta de cristal. Señaló en el *Canto de la sangre* la representación simbólica del clarín, órgano, salterio, cuerno, tambor, etc. La elegía al obispo Fr. Mamerto Esquiú resuena con imágenes musicales: copa de cantos, salterio celeste, clarín del día, címbalo sonoro, órgano vibrante.

El poeta concentraba su culto en la armonía como síntesis aristotélica definidora del universo, de la naturaleza y de la vida. La presencia de este concepto se repite en su mente en todas circunstancias, lo mismo entre jardines y fuentes que entre bosques y selvas o entre tempestades y tormentas. El imperio de la música que él profesaba era el imperio de la armonía. En el fondo, la conciencia que tenía de la naturaleza de su arte derivaba de ese mismo sentimiento: «Peregrinó mi corazón y trajo / de la sagrada selva la armonía» (*Las ánforas de Epicuro*).

En el conjunto de las poesías de Darío, espejo de sus ideas, inquietudes, experiencias y pasiones, la *Sonatina* se distingue principalmente por el atractivo de su efecto musical. El mismo Darío dijo en *Historia de mis libros* que consideraba esta poesía como la más rítmica y musical de sus *Prosas profanas,* donde apareció acompañada de *Era un aire suave, Pórtico, Elogio de la seguidilla, Sinfonía en gris mayor, Responso* y otras poesías celebradas por su ritmo y armonía. Los versos de la *Sonatina,* tan conocidos en todas partes donde se habla español, se recuerdan en efecto como una canción. Acaso es la poesía de más extensa popularidad de la lírica artística moderna. Con fortuna semejante a la de la *Canción del pirata* de Espronceda y a la de *Las golondrinas* de Bécquer, permanece en la memoria de la gran mayoría de las gentes por virtud de su encanto musical, aunque no siempre se le incluya en las antologías. El análisis de su delicada estructura a base de datos concretos y objetivos, no de mera impresión estética, podrá llevar a descubrir alguna parte del secreto de su singular atractivo. Considero necesario ampliar con nuevas observaciones el breve comentario que anticipé de la *Sonatina* en mis *Estudios de fonología española,* Syracuse, N. Y., 1946. La estructura métrica de la *Sonatina* es como compendio de las cualidades artísticas del conjunto de la versificación de Darío.

La armonía del verso es una rara cualidad; multitud de poemas no la poseen. No consiste en que el verso esté propiamente medido y acentuado. El acento a intervalos regulares determina el compás, y el orden de las cláusulas en los intervalos define el ritmo. La armonía es aquello que sobre el compás y el ritmo añade la canción. En su origen el verso nació con el canto. Desprovisto del canto, se reduce a un compás esquemático; desprovisto del compás, se convierte en simple prosa. El contenido mental no suple la falta de ritmo y armonía; el poema puede poseer densidad de sentido y carecer de atractivo artístico, y puede faltarle este mismo atractivo aunque ostente perfecta estructura formal. El acierto del don musical sólo se logra por el ajuste y equilibrio de ritmo, armonía y sentido que supieron poner en sus versos Jorge Manrique, Garcilaso, san Juan de la Cruz y pocos más.

El tema de la *Sonatina,* en su sencillez, es hondo y delicadamente humano. La doncella no visitada por la gracia del amor es una melancólica figura de universal realidad. En las antiguas canciones de amigo, la doncella espera con anhelo el regreso del amante ausente; en la *Sonatina* la tristeza de la princesa es por el amante imaginario que nunca se ha hecho presente. La escena que Darío situó en el ambiente de un rico palacio puede igualmente imaginarse en la aldea más humilde o en la ciudad más moderna, y en cualquier tiempo o país. Hay una afinada correspondencia entre la suave emoción compasiva del poema y la dulce melodía de su temple musical.

La *Sonatina* tiene como fondo rítmico la especial modalidad de su verso alejandrino, modalidad distinta del tipo común de este metro. Consta de hemistiquios invariablemente acentuados en sus sílabas tercera y sexta, de uniforme anacrusis bisílaba y de período rítmico formado con igual regularidad por una sílaba, la tercera, en el tiempo marcado, y por dos sílabas, cuarta y quinta, en el tiempo débil. El tiempo marcado monosílabo, como la nota que llena toda una parte del compás musical, presta lentitud y suavidad al período, cuya estructura se asemeja en este caso a la de una prolongada cláusula dactílica.

El alejandrino común, con libre mezcla de sus nueve posibles variedades, posee particular flexibilidad y soltura; pero su ritmo mezclado e impreciso lo hace poco apto para la expresión lírica. Darío escogió para la *Sonatina,* entre las modalidades del alejandrino, la más melodiosa y musical, así como en *El clavicordio de la abuela* prescindió también del eneasílabo polirrítmico y se sirvió de la uniforme modalidad trocaica de este metro. Los versos palirrítmicos, por la libertad de sus combinaciones, son más corrientes que los de ritmo simple y uniforme. Estos últimos forman una serie relativamente reducida que se reparte entre las modalidades dactílica y trocaica. Se han cultivado con preferencia en relación con el canto. Su representación es generalmente escasa en las poesías de otros poetas. En las de Darío, aunque aplicados de ordinario a casos individuales, representan no menos del 50 por ciento de su repertorio de metros. Mostró visible inclinación por las variedades de tipo dactílico. Llama la atención la ausencia entre sus versos del endecasílabo sáfico, de noble y antiguo prestigio, y la del octosílabo trocaico, frecuente en los cantables líricos.

La estrofa de la *Sonatina* es el sexteto agudo de semiestrofas simétricas, en las cuales los dos primeros versos de cada una de ellas forman un pareado con rimas llanas diferentes entre sí, y los terceros son consonantes con la rima aguda que enlaza las dos mitades del sexteto, AAÉ:BBÉ. La composición consta de ocho estrofas de esta especie, las cuales suman 48 versos; 32 llanos con 16 rimas y 16 agudos con 8 rimas. El alejandrino común admite que los primeros hemistiquios puedan tener terminación llana, aguda o esdrújula; en el de la *Sonatina,* ningún primer hemistiquio es agudo, cuatro son esdrújulos y todos los demás son llanos.

Entre las estrofas de forma articulada y orgánica, aparte de las series abiertas del romance y la silva, los dos tipos que Darío empleó con más frecuencia y bajo mayor número de variedades, fueron el cuarteto y el sexteto. Al primero lo trató como instrumento aplicable a todo asunto y ocasión; al segundo, de marco más amplio para la combinación de sus elementos, lo reservó para composiciones de mayor elaboración artística. El mismo sexteto agudo de la *Sonatina,* pero en alejandrino polirrítmico, figura en *Víctor Hugo y la tumba* y en *Momotombo,* y con los versos agudos eneasílabos en lugar de alejandrinos, en *Responso a Verlaine* y en la elegía al obispo Fr. Mamerto Esquiú. Hizo uso menos frecuente del sexteto plenamente llano, AAB:CCB, pero dejo de él un famoso ejemplo en el eneasílabo de *El clavicordio.* En varias otras ocasiones, al lado del cuarteto omnipresente, el tipo de estrofa, como el del metro, aparece en visible relación con el carácter de la poesía correspondiente.

Del aspecto especial del ritmo cuantitativo de la *Sonatina* me ocupé hace tiempo en «La cantidad silábica en unos versos de Rubén Darío», *RFE,* IX, 1922, 1-29. La relación de medidas entre los períodos rítmicos y entre los versos de cada semiestrofa, así como entre las semiestrofas de cada sexteto ofrece correspondencias semejantes al orden y compás de una pieza musical. La intensidad de los tiempos marcados coincide con el relieve de su alargamiento. Los períodos interiores y de enlace, del mismo modo que las anacrusis y pausas, se ajustan al aproximado isocronismo de los apoyos acentuales, en cuyos intervalos se nivelan las aparentes diferencias entre unos versos y otros. Desde el punto de vista de la cantidad, la arquitectura de la *Sonatina* sin ajustarse, por supuesto, a una exactitud matemática, es ejemplo sorprendente de equilibrio y proporción.

De ordinario, en los versos de cierta extensión, los acentos prosódicos son más numerosos que los requeridos por los apoyos rítmicos. Afecta a la claridad del ritmo el hecho de que tales acentos sean más o menos de los necesarios o no se den en los lugares adecuados. Ningún desajuste de esta especie altera la claridad de los versos de la *Sonatina*. Entre sus 96 hemistiquios, el 58 por ciento no presentan otros acentos prosódicos que los correspondientes a los apoyos respectivos; el 20 por ciento añaden un acento inicial que refuerza la anacrusis sin conflicto con el de la sílaba tercera, y en el resto de los hemistiquios los acentos superfluos corresponden a palabras de función secundaria y escaso relieve. Es de notar igualmente el perfecto acuerdo entre la composición gramatical y la estructura métrica. Cada verso constituye en ambos sentidos una definida unidad, sin que en ningún caso el exceso o defecto de la dimensión sintáctica dé lugar a encabalgamientos entre los versos ni entre los hemistiquios.

Las ocho estrofas de la *Sonatina* suman 24 rimas, tres en cada sexteto. La calidad vocálica de las rimas aparece en cierta relación con su forma acentual y con el lugar que ocupan. En las rimas llanas correspondientes a los pareados de las semiestrofas, el 75 por ciento llevan en el apoyo del acento una de las vocales claras *a, e, i,* mientras que de las rimas agudas en los versos finales de las mismas semiestrofas, el 62,50 por ciento muestran las vocales oscuras *o, u.* Tal diferencia coincide asimismo con la regular alternancia entre los finales sintácticamente continuativos y abiertos de los pareados llanos y la terminación cerrada de fin de frase en los versos agudos. El predominio de las vocales claras, especialmente *a* y *e,* en las rimas llanas y en cualquier otra posición, se explica por la misma abundancia de estos sonidos que ocupan los dos primeros puestos a la cabeza de la escala de frecuencia de los fonemas de la lengua. Donde se advierte la estimación del simbolismo vocálico como sutil refinamiento de la *Sonatina,* no repetido en las demás composiciones de Darío en sextetos de la misma clase, es en el hecho de que las oscuras *o, u,* no obstante su menor frecuencia, predominen en las rimas agudas, por razón de contraste y por su asociación con el tono compasivo del poema.

En el perfil de cada verso se destacan las sílabas 3, 6, 10 y 13 que reciben los cuatro acentos rítmicos. Se comprende que el sensible oído del poeta se sintiera llevado a utilizar la coordinación de sonoridad a que tales sílabas se prestan. Se observa, en efecto, que dentro de la libre disposición de las vocales rítmicas en la mayor parte de los versos, figuran en proporción considerable casos de armonía de timbre que no parecen atribuibles a coincidencia meramente casual. En varios versos la vocal de la sílaba 6, en el apoyo final del primer hemistiquio, anticipa el timbre de la que en el lugar equivalente de la sílaba 13 constituye el núcleo de la rima: «y vestido de r*o*jo piruetea el buf*ó*n», «en el que es sober*a*no de los claros diam*a*ntes», «el feliz caball*e*ro que te adora sin v*e*rte». A veces los cuatro acentos realzan la nota de la misma vocal: «en la j*a*ula de m*á*rmol del pal*a*cio re*a*l». Con más frecuencia, las vocales se corresponden alternativamente: «ir al sol por la escala luminosa de un rayo», «ya no quiere el palacio ni la rueca de plata», «ni el halcón encantado ni el bufón escarlata». En el pasaje siguiente, la misma combinación se repite a través de dos versos inmediatos: «¿Piensa acaso en el príncipe de Golconda o de China, / o en el que ha detenido su carroza argentina?»

Sin atenerse a las líneas métricas de la glosa tradicional, Darío aprovechó con frecuencia el armonioso efecto que resulta de volver periódicamente al tema inicial de la composición. En la *Sonatina,* la nota que mantiene el tono desde el principio al fin es «la princesa está triste». En *El clavicordio de la abuela* es este mismo título el que aparece como verso eneasílabo en varias estrofas. Análoga repetición sostiene el acorde que sirve de base en *La hembra del pavo real, La bailarina de los pies desnudos, La bella niña del Brasil, Las musas de carne y hueso* y *La sencillez de las rosas perfectas.* Darío llamaba baladas a las poesías de este tipo, de disposición análoga a la de las *ballades* de Verlaine. En *Canción de otoño en primavera,* el efecto de la glosa se concentra y refuerza con la reiteración interior y final de la primera estrofa. Figura un breve estribillo, «Eso fue todo», al fin de cada cuarteto en *Metempsicosis.* Otras veces, el estribillo reaparece con individualidad y posición independiente, como en *La canción de los osos,* en *Canción otoñal* y en una de las serenatas juveniles del autor.

La igualdad de los hemistiquios, sin desajustes entre forma y contenido, es fuente en la *Sonatina* de abundantes efectos de correlación en que al ritmo fonético se suma el ideológico o gramatical. En varias ocasiones el desarrollo de sus elementos suscita como un eco de uno de los más finos recursos de la lírica primitiva, la repetición paralelística del viejo cosante: «La princesa está pálida, la princesa está triste», «Quiere ser golondrina, quiere ser mariposa», «La princesa no ríe, la princesa no siente», «Está presa en sus oros, está presa en sus tules». Igual procedimiento en *Divagación:* «Y el dios de piedra se despierte y ría, / y el dios de piedra se despierte y cante».

Coordinación predominante en el poema es la de una proposición principal en el primer hemistiquio y una complementaria en el segundo: «Los suspiros se escapan de su boca de fresa», «La princesa está pálida en su silla de oro», «Saludar a los lirios con los versos de mayo», «A encenderte los labios con un beso de amor». La disposición inversa que inclina la atención hacia la circunstancia complementaria situada en el primer hemistiquio, ocurre con menos frecuencia: «Y en un vaso, olvidada, se desmaya una flor», «Y vestido de rojo piruetea el bufón», «En caballo con alas hacia aquí se encamina». En otros casos, el segundo hemistiquio encierra un predicado calificativo, cuyo sentido afecta a todo o parte del anterior: «El jardín puebla el triunfo de los pavos reales», «Pobrecita princesa de los ojos azules», «Oh visión adorada de oro, rosa y azul».

La serie enumerativa, propicia para la sucesión rítmica, subraya en la *Sonatina,* con reforzamiento distributivo, la correspondencia de los hemistiquios: «Los jazmines de oriente, los nelumbos del norte, / de occidente las dalias y las rosas del sur». El autor hizo uso del mismo recurso en la *Oda al rey Óscar:* «Por Isabel que cree, por Cristóbal que sueña, / y Velázquez que pinta, y Cortés que domeña».

En el primer verso de la composición, el contraste consiste en colocar el mismo vocablo al principio y al fin en dos niveles distintos: «La princesa está triste, ¿qué tendrá la princesa?» Del mismo modo en *Los motivos del lobo:*

«El lobo de Gubbia, el terrible lobo». En *Cyrano en España,* la confrontación se realiza entre expresiones análogas: «Al gran gascón saluda y abraza el gran manchego», y entre consonancias prosódicas en *El reino interior:* «Alabastros celestes habitados por astros». Resulta efecto semejante de la repetición del concepto en los apoyos interiores, como en la *Sonatina* «La libélula vaga de una vaga ilusión», «Y están tristes las flores por la flor de la corte», y en el poema *A Mistral:* «Mistral, la copa santa llena de santo vino». El acorde abarca dos versos contiguos en la epístola a Rodó de *Cantos de vida y esperanza:* «Potro sin freno se lanzó mi instinto / mi juventud montó potro sin freno».

A este mismo género de coordinación, en que actúan juntamente elementos métricos e ideológicos, pertenece la relación que en muchos versos se observa entre las palabras situadas en los puntos realzados por los acentos rítmicos, como antes se ha notado con respecto a la armonía de las vocales. En el texto de la *Sonatina,* el material predominante lo forman los nombres que se refieren a las figuras y objetos que componen el cuadro. La proporción de los sustantivos es mucho mayor que la de la suma de adjetivos y verbos; las cifras relativas a estos últimos grupos son semejantes entre sí. En el *Responso,* de tono más emocional, aumentan los adjetivos y disminuyen los verbos; en *Cosas del Cid,* de acción más movida, aumentan los verbos y disminuyen los adjetivos. Los sustantivos mantienen su nivel superior en las tres poesías, y son por su misma abundancia los que en la mayor parte de los versos ocupan los lugares acentuados.

La coordinación se funda en este caso, no en la forma ni en las condiciones prosódicas de los vocablos, sino en la preeminencia de su posición y en la similaridad evoca-

tiva de los conceptos a que corresponden. Ocurre principalmente entre los finales de los hemistiquios del mismo
verso: *risa-color, ojos-luz, princesa-rosa, golondrina-maripo-
sa, lirios-mayo, oriente-norte, viento-mar, oros-tules, hipsi-
pila-crisálida, alba-abril.* Con menos frecuencia, los apoyos
iniciales de los hemistiquios, de menor relieve que los finales, ofrecen también ejemplos de esta relación: *alas-cielo,
cisnes-lago, jaula-palacio, lebrel-dragón.* Los cuatro sustantivos destacados por el ritmo se corresponden por parejas
análogas en casos como «En el cinto la espada y en la
mano el azor». Aunque el sentimiento de amor se halla
presente en todas las estrofas, el nombre mismo no figura
en ninguna de estas combinaciones de realce. Al contrario
que «princesa», que aparece repetidamente, la palabra
«amor» se hace notar precisamente por su ausencia. No
parece sino que el autor quiso reservarla para concentrar
su relieve en el último acento del último verso: «A encenderte los labios con un beso de amor».

No sabemos cómo sería la entonación de la *Sonatina*
recitada por Darío con su propio sentido musical del poema y con su habitual pronunciación. Sin embargo, la ordinaria correspondencia entre entonación y sintaxis en cualquier manifestación de la palabra hablada permite apreciar
por lo menos los rasgos principales con que las inflexiones
de la voz forman parte de la estructura sonora de esta
composición. Por su propia forma sintáctica y métrica cada
hemistiquio de la *Sonatina* constituye una unidad melódica. La forma tónica de los hemistiquios responde a la
función de cada verso en la semiestrofa a que pertenece,
la cual a su vez constituye una de las dos partes comple-
mentarias del conjunto armónico del sexteto.

Los 96 hemistiquios de la composición se reparten entre los cinco tipos melódicos de que consta el sistema de

entonación del idioma español. Las inflexiones que los caracterizan se combinan ordenadamente en los versos de cada estrofa. Las cadencias aparecen por períodos regulares en las terminaciones de los versos agudos. El efecto de su inflexión grave coincide con el acento oxítono y en la mayoría de los casos con las vocales oscuras. Las anticadencias van situadas de ordinario al final del segundo verso, centro de cada semiestrofa, en contraste con la cadencia del verso siguiente. En los versos que terminan con cadencia, sus primeros hemistiquios llevan semianticadencia; en los que terminan con anticadencia, los primeros hemistiquios llevan semicadencia. Las inflexiones circunflejas y de suspensión alternan en los hemistiquios interrogativos del tercer sexteto. Dentro de este ordenado conjunto melódico, un giro que se repite uniformemente en los 77 hemistiquios que empiezan con sílabas inacentuadas es el breve movimiento inicial ascendente desde el nivel semigrave al tono normal del primer tiempo marcado.

La construcción total del poema se eleva sobre la base simétrica de sus ocho estrofas agrupadas en cuatro parejas iguales. La primera pareja presenta a la triste princesa en su silla de oro, indiferente a los colores del jardín, a la charla de la dueña y a las gracias del bufón. La segunda describe los sueños e ilusiones que la princesa halaga en el anhelo de su corazón. La tercera retrata su hastío por las galas que la rodean y por el retiro en que vive. En la cuarta, el poeta, por sí mismo y por voz de la dueña, compadece a la joven y trata de alentar y fortalecer sus esperanzas. Es probable que en la ejecución de la obra, después de concebir la imagen de la princesa que en medio de la riqueza del palacio echa de menos el amor, el segundo paso consistiría en proyectar estas cuatro etapas del breve proceso del poema. A continuación, la melancolía del asunto se asociaría en la mente del poeta con el pausado y suave ritmo de la modalidad del alejandrino cuya impresión quedaría en su memoria desde que pasara por sus manos el libro *En las orillas del Sar* de Rosalía de Castro, si es que Darío por sí mismo no desenredó esa modalidad de entre la madeja polirrítmica del alejandrino ordinario.

No hay duda que Darío percibía que cada ritmo tiene su propio valor expresivo y que en orden de estricta correspondencia cada poema debería ser compuesto en el tipo de verso que mejor reflejara el temple emocional de su asunto. La idea del marcial desfile de los paladines de la *Marcha triunfal* lo llevó a servirse del firme compás de la serie de cláusulas dactílicas. La gentil figura de la marquesita Rosalinda le sugirió la adopción para *El clavicordio* de la variedad de eneasílabo cuya ritmo tiene algo del movimiento del minué. Para el *Elogio de la seguidilla* eligió el dodecasílabo de 7-5 que representa el mismo ritmo y movimiento de los versos alternos de esta clase de copla. En el proceso normal de la composición, la idea del asunto precede sin duda a la elección de la forma métrica. A veces el estímulo de tal forma parece haber servido de punto de partida en poesías de Darío como la del rombo o escala métrica de *Tú y yo,* el ovillejo de *El Ateneo,* el diálogo de *Eco y yo,* la imitación de metros franceses y galaicos y la adaptación de canciones, lays y decires trovadorescos.

En suma, la armonía de la *Sonatina* es un complejo conjunto musical en que se combinan como elementos básicos la regularidad silábica de los versos, la uniforme disposición de los acentos, la equilibrada duración de los períodos rítmicos y la correspondencia de las rimas, y como elementos complementarios las coincidencias de timbre entre las vocales realzadas por los apoyos acentuales, la correlación gramatical de los hemistiquios, la coordinación ideológica de los vocablos situados en los tiempos marcados y la ordenada sucesión melódica de las inflexiones de la entonación, todo ello encerrado en la simétrica organización de las estrofas. Sobre este sinfónico tejido, la brillante imaginería del cuadro dibuja su contorno con afinadas notas de color: clave sonoro, pavos reales, carroza argentina, rosas fragantes, halcón encantado, etc. Fuera de la deliberada elección de metros y estrofa, el estrecho entrelazamiento de tal conjunto de factores, en refinada elaboración intuitiva, demuestra la excepcional aptitud de Darío para imprimir en el verso hasta los más delicados reflejos de su sensibilidad musical.

Se le puede imaginar como el artista a quien los utensilios de su trabajo no le ocasionaban esfuerzos ni fatiga. El verso parece haber sido en sus manos materia fácil y obediente. Sin embargo, se hace difícil pensar que una obra de tan acendrada confección como la *Sonatina* saliera ligera y espontáneamente de su pluma. Habría que conocer las circunstancias de su nacimiento en los manuscritos del autor. Sus autógrafos dan a entender que de ordinario corregía y reelaboraba sus composiciones, a veces con cambios sustanciales, que no se referían tanto a la materialidad del verso como a la depuración de su contenido. Algo de la intimidad de esta labor se entrevé en el conocido pasaje de *Las ánforas de Epicuro* donde dijo: «Yo persigo una forma que no encuentra mi estilo,/botón de pensamiento que busca ser la rosa». Nada se advierte en estas palabras que permita atribuirlas ni a afectada modestia ni a mero efecto retórico; tienen el acento de sinceridad característico en las poesías de Darío.

Como quiera que sea, su obra consiguió indiscutiblemente, junto a otros éxitos e influencias, el preciado y perdurable mérito de hacer sentir la magia de la palabra armoniosa y musical, en bellos versos por todos recordados e incorporados a la tradición lírica del idioma. A su muerte, otro gran poeta, Antonio Machado, le hizo sentido homenaje señalando la cualidad que más había admirado en su compañero: «Si era toda en tu obra la armonía del mundo, / ¿dónde has ido, Darío, la armonía a buscar?»

Nada puede dar idea tan clara del extenso cuadro de la versificación de Darío como el repertorio de sus metros y estrofas. Se incluyen en esta enumeración las unidades de una y otra clase que aparecen en forma definida y consistente, no las que aparecen ocasionalmente en composiciones no sujetas a normas regulares. De ordinario sólo se citan uno o dos ejemplos, tanto de los tipos más abundantes como de los menos frecuentes. Las citas de títulos y páginas se refieren al volumen de *Poesías completas* de Darío, preparado por Alfonso Méndez Plancarte y publicado por M. Aguilar, Madrid, 1961.

METROS

1. Bisílabo: *Tú y yo*, 149; *Eco y yo*, 858.
2. Trisílabo: *Tarde del Trópico*, 741; *Ofrenda*, 773.
3. Tetrasílabo: *Rimas*, 564; *Hondas*, 841.
4. Pentasílabo polirrítmico: *Tú y yo*, 150; *Serenata*, 146.
5. Pentasílabo dactílico: *Metempsicosis*, estribillo, 798.
6. Hexasílabo polirrítmico: *Mía*, 637; *A un pintor*, 843.
7. Hexasílabo dactílico: *Versos negros*, 1.061.
8. Heptasílabo polirrítmico: *Pensamientos de otoño*, 591.
9. Heptasílabo trocaico: *Tú y yo*, 150; *La cegua*, 258.

10. Octosílabo polirrítmico: *Primaveral*, 575.
11. Eneasílabo polirrítmico: *Canción de otoño en primavera*, 743.
12. Eneasílabo dactílico: *Tú y yo*, 151, 153.
13. Eneasílabo trocaico: *El clavicordio de la abuela*, 899.
14. Decasílabo polirrítmico de 5-5: *Palimpsesto*, 674.
15. Decasílabo dactílico simple: *Himno de guerra*, 100.
16. Decasílabo dactílico de 5-5: *Del Trópico*, 1.031.
17. Endecasílabo polirrítmico: *Divagación*, 618.
18. Endecasílabo dactílico: *Pórtico*, 652.
19. Endecasílabo galaico: *Balada laudatoria a Valle Inclán*, 1.181.
20. Dodecasílabo polirrítmico: *Era un aire suave*, 615.
21. Dodecasílabo trocaico de 6-6: *Flirt*, 864.
22. Dodecasílabo dactílico de 6-6: *La página blanca*, 659.
23. Dodecasílabo de 7-5: *Serenata*, 145; *Elogio de la seguidilla*, 657.
24. Tridecasílabo dactílico: *Urna votiva*, 771.
25. Alejandrino polirrítmico: *Coloquio de los centauros*, 641.
26. Alejandrino trocaico: *Caupolicán*, 599.
27. Alejandrino dactílico: *Sonatina*, 623.
28. Alejandrino a la francesa: *Los piratas*, 872.
29. Pentadecasílabo dactílico: *Tú y yo*, 152.
30. Hexadecasílabo trocaico: *Año Nuevo*, 661.
31. Heptadecasílabo de 7-10: *Venus*, 600.
32. Verso de arte mayor: *Gaita galaica*, 898.
33. Verso amétrico trocaico: *Desde la Pampa*, 808.
34. Verso amétrico dactílico: *Marcha triunfal*, 727.
35. Amétrico polirrítmico: *Salutación a Leonardo*, 717.
36. Hexámetro fluctuante: *Salutación del optimista*, 709; *In memoriam. Bartolomé Mitre*, 823.
37. Verso suelto de medida y acento fluctuantes: *La monja y el ruiseñor*, 1.087.

ESTROFAS

Pareados

1. Alejandrino: *Coloquio de los centauros,* 641.
2. Eneasílabo: *El canto errante,* 797.
3. Octosílabos y bisílabo: *Eco y yo,* 858.

Tercetos

4. Dodecasílabo monorrimo: *El faisán,* 632.
5. Endecasílabo enlazado: *Revelación,* 810.
6. Endecasílabo monorrimo: *Florentina,* 1.076.
7. Eneasílabo monorrimo. *Santa Elena de Montenegro,* 895.
8. Octosílabo monorrimo: *Madrigal exaltado,* 758.
9. Hexasílabo monorrimo: *Salmo,* 1.269.
10. Verso amétrico suelto: *Aleluya,* 765.

Cuartetos

11. Hexadecasílabo con final quebrado, ABAb: *Año Nuevo,* 661.
12. Pentadecasílabo dactílico agudo, AÉAÉ: *Tú y yo,* 152.
13. Alejandrino llano, ABAB: *Los cisnes,* 731; *Retratos,* 737.
14. Alejandrino agudo, AÉAÉ: *Tú y yo,* 152.
15. Alejandrino agudo asonante, AÉBÉ: *La caridad,* 108.
16. Alejandrino y heptasílabo agudo, AéAé: *A Mistral,* 898.
17. Dodecasílabo de 6-6 llano, ABAB: *Era un aire suave,* 615.
18. Dodecasílabo de 6-6 agudo, AÉAÉ: *Bouquet,* 631.

19. Dodecasílabo dactílico llano, ABAB: *Leda,* 751.
20. Dodecasílabo dactílico agudo, AÉAÉ: *Sinfonía en gris mayor,* 663.
21. Dodecasílabo de 7-5 llano, ABAB: *Elogio de la seguidilla,* 657.
22. Endecasílabo llano, ABAB: *La Cartuja,* 937.
23. Endecasílabo agudo, AÉAÉ: *A Teresa Menéndez,* 1.042.
24. Endecasílabo agudo asonante, AÉBÉ: *El banquillo,* 327.
25. Endecasílabo llano consonante con heptasílabo final, ABAb: *Loetitia,* 1.043.
26. Endecasílabo llano asonante con heptasílabo final, ABCd: *Huyó el día,* 319.
27. Endecasílabo llano con heptasílabo inicial, aBAB: *Claro de luna,* 1.030.
28. Endecasílabo y heptasílabo llano alterno, AbAb: *Espíritu,* 114.
29. Endecasílabo y heptasílabo agudo alterno asonante, AéBé: *A Antonio Tellería,* 12.
30. Endecasílabo llano suelto con pentasílabo final, ABCd: *Metempsicosis,* 798.
31. Endecasílabo dactílico llano, ABAB: *Pórtico,* 652.
32. Decasílabo dactílico llano, ABAB: *Blasón,* 624.
33. Decasílabo dactílico agudo, AÉAÉ: *Himno de guerra,* coro inicial, 100.
34. Decasílabo de 5-5 agudo, AÉAÉ: *A Salvadorita Debayle,* 1.147.
35. Eneasílabo polirrítmico llano, ABAB: *Programa matinal,* 771.
36. Eneasílabo polirrítmico agudo, AÉAÉ: *Canción de otoño en primavera,* 743.
37. Eneasílabo trocaico agudo monorrimo con pentasílabo final, ÁÁÁá: *Canción otoñal,* coro, 883.
38. Eneasílabo y pentasílabo llano alterno, AbAb: *Poema de otoño,* 875.

39. Eneasílabo y pentasílabo agudo, AéAé: *Poema de otoño,* junto con el llano, 875.

Redondillas

40. Octosílaba cruzada, abab: *Danzas gymnesianas,* 962.
41. Octosílaba cruzada con quebrado final, aba*b*: *Tarde del Trópico,* 741.
42. Octosílaba abrazada, abba: *Ingratitud,* 15.
43. Octosílaba y hexasílaba alterna aguda, aéaé: *A un pintor,* 843.
44. Heptasílaba aguda, penúltimo quebrado, aé*a*é: *Ofrenda,* 773.
45. Heptasílaba y pentasílaba asonante, ab*c*b: *A una amiga,* 139.

Quintetos

46. Alejandrino agudo, AÉBCÉ: *El poeta,* 9.
47. Decasílabo de 5-5 agudo, AÉAAÉ: *Del Trópico,* 1.031.
48. Eneasílabo llano, AABAB: *Para una Margarita,* 1.151.
49. Eneasílabo agudo. ÂÁBÁB: *Para una Margarita,* junto con el llano, 1.152.
50. Octosílabo llano, ababa y abaab: *Serenata,* 124.
51. Octosílabo agudo, aéaaé: *Serenata,* junto con los llanos, 124.

Sextetos

52. Alejandrino polirrítmico agudo, AAÉ:BBÉ: *Víctor Hugo y la tumba,* 435.
53. Alejandrino dactílico agudo, AAÉ:BBÉ: *Sonatina,* 623.

54. Alejandrino y eneasílabo agudo, AAé:BBé: *Responso a Verlaine,* 667.
55. Alejandrino y heptasílabo agudo, AAé:BBé: *Vau-Phe,* 1.019.
56. Dodecasílabo de 6-6 agudo AAÉ:BBÉ: *Letanía a nuestro señor don Quijote,* 775.
57. Endecasílabo con heptasílabo interior, llano, AaB: CcB: *La nube de verano,* 460.
58. Endecasílabo y heptasílabo asonante, abcbDB: *A Emilio Ferrari,* 404.
59. Decasílabo dactílico agudo, AAÉ:BBÉ: *A una novia,* 866.
60. Eneasílabo trocaico llano y agudo, AAB:CCB y AAÉ:BBÉ: *El clavicordio de la abuela,* 899.
61. Eneasílabo polirrítmico agudo, AAÉ:BBÉ: *Oda a Mitre,* 828.
62. Octosílabo llano, aab:ccb: *En una velada,* primera estrofa, 1.053.
63. Octosílabo y tetrasílabo llano, aab:ccb: *La tristeza,* 10.
64. Octosílabo y tetrasílabo agudo, con quebrado variable, aaé: bbé: *¿Dónde estás?,* 1.959.
65. Octosílabo y bisílabo agudo, aaé: bbé: *Ritmos íntimos,* 959.
66. Octosílabos en pareados, aabbcc: *Ritmos íntimos,* estrofa novena, 960.

Septetos

67. Octosílabo de 4-3, abab:ccb: *Dezir,* 684.
68. Heptasílabo de 4-3 con quebrado, abab-ccb: *Canción,* 884.
69. Heptasílabo y pentasílabo de seguidilla, abcb: ded: *Rimas,* 536.

Octavas

70. Dodecasílaba en pareados, AABBCCÉÉ: *Unión Centro-Americana,* 1.033.
71. Endecasílaba trabada, ABBCCABA: *Thánatos,* 773.
72. Decasílaba dactílica aguda, ABBÉ:CDDÉ: *Himno de guerra,* 100.
73. Octosílaba aguda, abbé:cddé: *Alí,* introducción, 476.
74. Heptasílaba aguda, aaaé:bbbé: *Pequeño poema de carnaval,* 940.
75. Hexasílaba aguda, abbé:cddé: *La cegua,* 258.
76. Pentasílaba aguda, abbé:cddé: *Tú y yo,* 150, 154.

Décimas

77. Endecasílaba cruzada, ABAB:BC:CDCD: *Balada sobre la sencillez de las rosas perfectas,* 1.189.
78. Endecasílaba abrazada, ABBA:AC:CDDC: *Balada en honor de las musas de carne y hueso,* 861.
79. Endecasílaba de ritmo galaico, ABAB:BC:CDDC: *Balada laudatoria a Valle Inclán,* 1.181.
80. Decasílaba de 5-5, ABAB:BA:CDDC: *Balada a Leopoldo Díaz* con variantes en cada estrofa, 1.106.
81. Eneasílaba cruzada, ABAB:BC:CDDC: *A la bella niña del Brasil,* 961.
82. Octosílaba ordinaria, abba:ac:cddc: *El libro,* 34; *Alí,* 477.
83. Octosílaba y tetrasílaba, a*a*bb*b*ccddc: *Loor,* 688.
84. Hexasílaba asonante aguda, abbcé:dffgé: *Tú y yo,* 50, 154.
85. Hexasílaba de 4-6 aguda, abcé:dfghié: *La cegua,* 258.

Duodécimas

86. Octosílaba, abba:accd:deed: *Al Ateneo de León,* quinta estrofa, 20.
87. Octosílaba trovadoresca, abba:cddc:abba: *Canción,* 686.
88. Octosílaba aguda de lay trovadoresco, áάéάάé: ééíééí: *Lay,* 686.
89. Heptasílaba aguda con impares esdrújulos sueltos, abcbdé:fghgjé: *Alegoría,* 76.

Tridécima

90. Endecasílaba y pentasílaba asonante, ABCBDB: Efghgig: *Las tres,* 156.

Sonetos

91. Heptadecasílabo: *Venus,* 600.
92. Pentadecasílabo: *A Francia,* 807.
93. Alejandrino: *La revolución francesa,* 1.028.
94. Alejandrino con cuartetos desiguales: *Toast,* 1.092.
95. Tridecasílabo: *Urna votiva,* 771.
96. Dodecasílabo de 7-5: *Walt Whitman,* 603; *Díaz Mirón,* 605.
97. Endecasílabo: *Tríptico,* 164; *España,* 1.119.
98. Endecasílabo y heptasílabo: *A Cervantes,* 757.
99. Endecasílabo de 5-5: *Montevideo,* 1.194.
100. Decasílabo dactílico: *Menéndez,* 1.046.
101. Eneasílabo: *¡Oh Dios!,* 1.223.
102. Eneasílabo de trece versos: 753.
103. Octosílabo: *A una cubana,* 630, 631; *Para Bebé,* 989; *Toisón,* 1.166.
104. Hexasílabo: *Mía,* 637.

Romances

105. Alejandrino: *Del Campo,* 626.
106. Endecasílabo: *La eternidad,* 320.
107. Decasílabo dactílico: *Mensajero sublime,* 1.065.
108. Decasílabo y hexasílabo dactílico: *Rimas,* 561.
109. Decasílabo de 5-5 en cuartetos con asonancia aguda: *La cegua,* 256.
110. Decasílabo y pentasílabo: *Rimas,* 563.
111. Octosílabo: *Primaveral,* 575.
112. Octosílabo y tetrasílabo: *Rimas,* 567.
113. Octosílabo con cambio de asonancias: *Por el influjo de la primavera,* 739.
114. Heptasílabo: *Pensamientos de otoño,* 591.
115. Heptasílabo y endecasílabo en estrofas de 7-7-7-11-11: *A Emilio Ferrari,* 404.
116. Heptasílabo y trisílabo: *Nuevos abrojos,* 1.018.
117. Hexasílabo: *A Raquel Catalá,* 1.173.
118. Hexasílabo con estribillo: *A Amy V. Miles,* 1.260.
119. Pentasílabo: *La obra del oleaje,* 223.
120. Tetrasílabo: *Rimas,* 564.

Silvas

121. Hexadecasílaba, octosílaba y tetrasílaba: *La canción de los osos,* 954.
122. Alejandrina consonante: *Los cuatro días de Elciis,* 330.
123. Alejandrina y heptasílaba consonante: *Helios,* 724.
124. Alejandrina y heptasílaba asonante: *A Roosevelt,* 720.
125. Alejandrina, endecasílaba y heptasílaba consonante: *El primer día,* 332.
126. Alejandrina, heptasílaba y octodecasílaba asonante: *El poeta pregunta por Stella,* 651.
127. Dodecasílaba, decasílaba y pentasílaba consonante: *Serenata,* 145.

128. Dodecasílaba y hexasílaba consonante: *Los motivos del lobo,* 946.

129. Dodecasílaba, decasílaba, hexasílaba, tetrasílaba y trisílaba: *La página blanca,* 659.

130. Endecasílaba y heptasílaba consonante: *Estival,* 578.

131. Endecasílaba y heptasílaba asonante: *Autumnal,* 583.

132. Decasílaba de 5-5 consonante: *Palimpsesto,* 674.

133. Decasílaba dactílica consonante: *Canto a la Argentina,* 932.

134. Eneasílaba consonante: *Canto a la Argentina,* fragmento, 906.

135. Octosílaba y tetrasílaba consonante: *Pequeño poema infantil,* 1.246.

136. Fluctuante entre 7 y 14 sílabas consonante: *Pax,* 1.253.

137. Fluctuante entre 3 y 15 sílabas: *Salutación a Leonardo,* 717.

138. Fluctuante de cláusulas trocaicas consonante: *Desde la Pampa,* 808.

139. Fluctuante de cláusulas dactílicas consonante: *Marcha triunfal,* 727.

Estrofas de primor

140. Canción trovadoresca, 686.

141. Dezir, 689.

142. Eco: *Eco y yo,* 858; *Ritmos íntimos,* 959; *A María Castro,* 1.149; *A una colombiana,* 1.219.

143. Escala métrica: *Tú y yo,* 149.

144. Lay: 686.

145. Letrilla con retornelo: 219.

146. Loor: 688.

147. Ovillejo: *A Celia,* 133; *El Ateneo,* 216; *Tres ovillejos,* 222; *A Mariíta Debayle,* 1.148.

La serie de metros de Darío representa por sí sola casi la totalidad del repertorio practicado en el conjunto de la versificación modernista. Sus tipos básicos, entre los 37 registrados, son los de ocho, nueve, once y doce sílabas. Los metros polirrítmicos comunes figuran en minoría frente a las variedades monorrítmicas disgregadas de aquéllos. Dentro de estas variedades. Darío adoptó las de ritmo datílico con gran preferencia sobre las trocaicas. El único metro que no sometió a tal disgregación es el viejo y firme octosílabo corriente. Darío no recogió ni aun la variante trocaica de este verso usada por otros poetas.

Fue insuperable artífice de la estrofa, a la cual dedicó constante y refinada atención. La estrofa, como unidad esencial de la armonía de la composición, era sin duda el primer elemento que respondía en su mente al requerimiento de cada tema. Metros y rimas acudirían sucesivamente a revestir la imagen sonora de movimiento y color. Dato singular es que Darío, que se sirvió en varias ocasiones del metro de 7-5 y escribió el *Elogio de la seguidilla,* no dejara entre sus poesías más que una sola copla de esta clase, de tipo compuesto, 7-5-7-5 : 5-7-5, en la crónica rimada de *Tres horas en el cielo* (1.040). Es probable que tal hecho se relacione con la circunstancia de que la seguidilla es más antigua y familiar en España que en Hispanoamérica, mientras que la décima, más compleja y moderna, es más popular en Hispanoamérica que en España.

No es improbable, dada tal diferencia de popularidad, que el concepto apreciativo de la seguidilla no sea el mismo en España y en Hispanoamérica. En España predomina el efecto de la asociación de esa copla con los rápidos, festivos y airosos bailes conocidos bajo los nombres de sevillanas, manchegas, torradas, chambergas, parrandas, etc. Un rasgo característico, en los bailes como en la copla, es que su compás es de tres tiempos, diferente de los de dos o cuatro tiempos de las estrofas correspondientes a los demás metros, y más adecuado que éstos a las ondulaciones y giros de tales bailes.

Es cierto que sus temas pueden ser graves, tristes y dramáticos, pero por lo general predominan los de carácter alegre, amoroso, elogioso, irónico o burlesco. Es de recordar que sor Juana Inés de la Cruz, que se sirvió abundantemente de la seguidilla en sus villancicos, la excluyó de la variada polimetría de su devoto *Auto del Divino Narciso*. Zorrilla y la Avellaneda la emplearon en forma de pareados de dodecasílabos de 7-5 en serenatas y poesías de homenaje y cortesía. Es de efecto chocante que Federico Balart la usara bajo esa misma forma de pareados en poesías elegiacas por la muerte de su esposa. De modo análogo, en el vivo *Elogio* de Darío, donde tan fina y brillantemente se interpreta el ritmo de la copla, no deja de parecer excepcional la alusión que la relaciona con el estruendo de la guerra y los clarines de las batallas.

LA VERSIFICACIÓN DE ANTONIO MACHADO

En varias ocasiones, Machado declaró su preferencia por las formas métricas sobrias y sencillas. En los años de su juventud, la poesía modernista había invadido el campo del verso con audaces experiencias e invenciones. Sólo temporalmente, Machado adoptó algunas de aquellas novedades. Rehuyó todo lo que su ponderado juicio consideraba como artificioso o superfluo. Puso, en cambio, con frecuencia, en la elaboración de sus versos, delicados efectos artísticos, no estudiados de propósito, sino nacidos de su hondo sentido del ritmo y armonía del idioma.

Las referencias abreviadas a sus obras en las notas siguientes se harán de este modo: *Soledades: Soledades, galerías y otros poemas,* Madrid, 1907. *Campos: Campos de Castilla,* Madrid, 1912. *Nuev. canc.: Nuevas canciones,* Madrid, 1924. *Canc. apócr.: Cancionero apócrifo,* Revista de Occidente, Madrid, 1931.

Metros

En el repertorio del modernismo se han contado 46 variedades de versos; en el de Machado, sólo 9. Se sirvió principalmente de los dos metros básicos de la tradición poética española: el octosílabo y el endecasílabo. Ambos figuran en la poesía que ocupa el frente de su primer libro, *Soledades,* 1903, y se mantienen en lugar superior en su versificación hasta el final de su obra.

Octosílabo. — Se advierte en el carácter rítmico del octosílabo de Machado cierto temple viril, no sólo en relatos dramáticos como el del poema «La tierra de Alvargonzález», sino hasta en poesías de tono tan lírico como la dedicada a evocar el eco de las *Arias tristes,* de Juan Ramón Jiménez. En general, la variedad trocaica de este metro, que es, como se sabe, la más suave y musical, actúa en las composiciones de Machado con menor relieve que en las de sus contemporáneos. Es de notar que la proporción en que Machado solía combinar las cuatro modalidades del octosílabo es semejante a la que se observa predominantemente en los antiguos romances populares, que fueron parte predilecta de sus primeras lecturas.

Endecasílabo. — Entre las variedades del endecasílabo, dio preferencia, especialmente en los sonetos, a las más lentas y graves. Puede señalarse como ejemplo el soneto en que hizo la semblanza de Azorín, en el que sólo intervienen las formas sáfica y melódica. Dentro de su relativa limitación, el tipo heroico, de ritmo trocaico, eleva su papel en la grave meditación de «El dios ibero» y de «Orillas del Duero» *(Campos).* La variedad enfática, rara en Machado, con cláusula dactílica inicial, no figura sino como punto de partida de algún soneto: «Tuvo mi corazón encrucijada» *(Nuev. canc.).* A la equilibrada proporción de tales variedades obedece sin duda el armonioso y sereno ritmo de los cuartetos de «El viajero» *(Soledades).* Aparte de este pasaje y de los sonetos, empleó regularmente el endecasílabo combinándolo con el heptasílabo.

Algunos ejemplos no corresponden a la exactitud y propiedad con que Machado construía este verso. Unos casos irregulares de la poesía «La vida hoy tiene ritmo» *(Soledades),* pueden ser alteraciones tipográficas o acaso detalles de un borrador no corregido: En «Bulle la savia joven en las nuevas ramas», se podría suprimir «nuevas»; en «Yo he seguido tus pasos en el viejo bosque», habría que eliminar «viejo»; en «De tus piernas silvestres entre verdes ramas», cabe excluir «verdes». En esta misma composición, el segundo verso, «de ondas que pasan», aunque no sea disonante, es ejemplo único y extraño al orden que Machado aplica a este género de composiciones; acaso haya que suponer «de las ondas que pasan». Otras irregularidades de más bulto dan a la poesía sobre las «Bodas de Francisco Romero» (*Nuev. canc.*), el aspecto de una improvisación que el autor no trató de retocar. Estos y otros detalles se aclararían si algún día se llegaran a conocer los manuscritos de Machado.

Hexasílabo. — Otros dos metros de antigua tradición hispánica usados por Machado, son el hexasílabo y el heptasílabo. Se sirvió de uno y otro en romancillos y canciones, aparte de su papel auxiliar como quebrados de sus respectivos dobles. Al hexasílabo lo empleó en su común forma mezclada de las variedades dactílica y trocaica. Una probable asociación intuitiva entre la sensación del ritmo y el tema lírico puede explicar el hecho de haber dado preferencia al rápido movimiento dactílico en el comentario del corro de los niños: «Yo escucho los cantos / de viejas cadencias», y de haberse servido predominantemente del compás del trocaico, más uniforme y lento, para la melancolía de «Sueño infantil»: «Verdes jardinillos / claras plazoletas», ambas poesías en *Soledades.*

Heptasílabo. — El heptasílabo, por su parte, tal como aparece en Machado, representa el período en que, rectificando la uniformidad trocaica a que se le había reducido en la poesía romántica, volvía a recuperar gradualmente su antiguo carácter polirrítmico. En la introducción de «Galerías» y en «Inventario galante» (*Soledades),* compuestos

en este metro, sigue presente la influencia de la práctica
inmediatamente anterior; los heptasílabos no trocaicos aún
no llegan a representar ni un diez por ciento en el total
de cada una de ambas poesías.

Dodecasílabo. — Otros dos versos usados por Machado, de menos arraigo en nuestra poesía, son el dodecasílabo y el alejandrino. No eran de invención moderna, pero
fueron en gran parte reelaborados por el modernismo, sobre
todo el segundo de ellos. Se sirvió Machado del dodecasílabo en varias poesías de su primer período, anteriores a
Campos de Castilla, 1912. No parece que después volviera
a utilizarlo hasta un breve pasaje, «Palacios de mármol,
jardín con cipreses», del *Cancionero apócrifo,* 1931, en el
que la pesadilla de Abel Martín, recuerda en movimiento y
situación, aparte del humorismo, otro momento semejante
y rimado en el mismo metro, del desvarío de don Félix de
Montemar.

Como verso compuesto de dos hexasílabos, el dodecasílabo puede ser uniformemente dactílico o trocaico o bien
puede diferenciar sus dos mitades asignándolas cruzada-
mente a uno u otro tipo. Dentro de la norma corriente de
combinar en la misma composición las distintas variedades
indicadas, Machado mostró señalada inclinación a destacar la modalidad dactílica en «Fue una clara tarde triste
y soñolienta», aunque empiece con ritmo trocaico; en «Era
una mañana y abril sonreía», y en «Naranjo en maceta, qué
triste es tu suerte» *(Soledades).* Su «Fantasía de una noche
de abril», en el mismo libro, puede ser considerada casi
totalmente bajo este tipo rítmico; entre sus 85 dodecasílabos, sólo 6 se apartan de la uniformidad dactílica.

Otra particularidad de esta última composición es indicio de la libre actitud del autor ante el conflicto de la
medida silábica y el encuentro de los hemistiquios. Practicó

el hiato entre vocales en «Acecha en la oscura ' estancia la dueña», pero aplicó la reducción a sinalefa en «Señora si acaso o'tra sombra emboscada». Atribuyó valor pleno a la terminación esdrújula, con encabalgamiento sobre el segundo hemistiquio, en «Centellas de lángui'dos rostros velados», pero no compensó la terminación aguda en otra ocasión al decir «La tarde de abril ' sonrió. La alegría...» El encabalgamiento de la terminación esdrújula se repite en varios versos de la citada poesía.

Alejandrino. — El cultivo del alejandrino lo concentró Machado en *Campos de Castilla,* 1912, donde figuran en este metro su «Retrato», «A orillas del Duero», «Por tierras de España», y algunas otras de sus composiciones más famosas. Antes de esta fecha sólo había empleado el alejandrino en escasas y breves poesías, algunas de no más de cuatro versos. Después de *Campos de Castilla* tampoco volvió a utilizar este metro, con excepción del pasaje final de la poesía a Grandmontagne, en *Nuevas canciones,* 1924. Machado y Juan Ramón Jiménez abandonaron en la misma fecha el empleo del alejandrino.

Procedió Machado en la elaboración del alejandrino del mismo modo que en la del heptasílabo, cuyas circunstancias se repiten esencialmente, como es sabido, en los hemistiquios del primero. Así, pues, hizo uso preferente de la variedad de este metro en que sus dos mitades son trocaicas, con apoyos rítmicos en las sílabas pares de cada mitad: «Mi infancia son recuerdos de un patio de Sevilla» (*Campos*). La mezcla de hemistiquios trocaicos y mixtos, abundantemente practicada por otros poetas de su tiempo, apenas alcanza en Machado a una décima parte de sus alejandrinos: «Guarda su presa y llora la que el vecino alcanza» (*Campos*). No adoptó la variedad acentuada en las sílabas tercera y sexta de cada hemistiquio, popularizada por la *Sonatina* de Rubén Darío, ni en forma independiente ni mezclada.

Aunque uno y otro compuestos y polirrítmicos, el alejandrino de Machado, con su fondo trocaico, y el dodecasílabo del mismo autor, de base principalmente dactílica, ofrecen entre sí un fuerte contraste. El alejandrino fue para Machado un instrumento claro y definido. Sin ninguna vacilación mantuvo en él el hiato de las vocales entre los hemistiquios. Con igual regularidad asignó a la primera parte del verso la terminación esdrújula, prescindiendo de la preocupación silábica: «Lucir sus verdes álamos al claro sol de estío» *(Campos)*. Aprovechó eficazmente en muchos casos el intervalo entre los hemistiquios como lugar propicio para subrayar el adjetivo: «Me llega un armonioso tañido de campana». «La forma de un inmenso centauro flechador» *(Campos)*. No practicó el uso modernista del encabalgamiento de vocablos entre hemistiquios. Mantuvo en realidad el tipo de alejandrino que había sido corriente en el romanticismo.

Hexadecasílabo. — En «Orillas del Duero», «Hacia un ocaso radiante» y «El poeta» *(Soledades),* se sirvió del largo hexadecasílabo de 8-8, alternando con octosílabos simples. No siguió el modelo de uniforme ritmo trocaico del *Año Nuevo* de Darío, sino la combinación polirrítmica practicada por Díaz Mirón, Jaimes Freyre y otros poetas. Aunque la antigüedad de tal metro se remontase hasta los primitivos romances, el sello de su elaboración modernista lo dejó impreso Machado en la mezcla de versos compuestos y simples y en particularidades como la de terminar el primer hemistiquio en palabra débil en casos como «Bajo las palmeras del ' oasis el agua buena», o en parte de una locución adverbial como «El campo parece más ' que joven adolescente».

Eneasílabo. — De uno de los metros más característicos del modernismo, el eneasílabo, sólo dio Machado una breve muestra de cuatro cuartetos, probable ensayo de juventud, en «Recuerdo infantil», conservado entre los apuntes de Juan de Mairena. El tipo del eneasílabo corresponde a la variedad trocaica con acentos en cuarta y octava: «Mientras no suena un paso leve». Por los mismos años, esta variedad de eneasílabo atrajo el interés de los poetas en España y América. La forma dactílica, con acentos en segunda, quinta y octava, más familiar en el romanticismo, alterna con el decasílabo del mismo carácter rítmico en tres versos de «El sol es un globo de fuego» *(Soledades)*.

Decasílabo. — Otro metro poco usado por Machado, el decasílabo polirrítmico de 5-5, figura en «Donde las niñas cantan en corro» *(Soledades)*, y en «Rejas de hierro, rosas de grana» *(Nuev. canc.)*, en esta última combinado con pentasílabos. La primera reaparece más tarde entre las notas de Mairena, con cambio de disposición de los versos y de alguna palabra en el primero de sus cuatro cuartetos y con alusión irónica del maestro al encanto rítmico de su «verso bobo», indicio de la actitud del poeta en sus últimos años respecto a sus antiguas experiencias métricas.

Ametría. — El excéptico profesor de retórica aplicaría sin duda esa misma denominación a la ametría rítmica de la canción «El casco roído y verdoso» *(Soledades)*, formada por veinte versos no rimados y de medidas variables entre 6 y 18 sílabas, cuyo claro efecto musical se funda en su base dactílica, puntuada por cambios de compás, repercusiones verbales y terminaciones agudas. Otro ensayo análogo, en menor grado de ametría, representa la poesía «Oh, tarde luminosa» *(Soledades)*, en la que, aparte de los heptasílabos iniciales, los demás versos, de 6, 10 y 12 sílabas, se enlazan en el mismo movimiento dactílico y bajo la misma asonancia. Cabe suponer que en el único verso de quince sílabas de esta poesía, «Las alas agudas tendidas al aire sombrío», se introdujo por accidente la palabra «sombrío», incongruente con la luminosidad de la tarde y cuya supresión acomodaría el verso a la medida de los demás dodecasílabos. Al mismo tipo amétrico pertenece «A la hora del rocío» (*Nuev. canc.*), en la que los versos de 5, 6, 8 y 10 sílabas se combinan libremente bajo la asonancia de cada estrofa.

En ninguna ocasión se dejó atraer Machado por la nueva corriente del verso libre sin ritmo regular, ni medida, ni rima, ni estrofa. Su opinión sobre este punto la expresó en *Nuevas canciones,* en un sencillo consejo a la manera de los de su Abel Martín:

> Verso libre, verso libre...
> Líbrate, mejor, del verso
> cuando te esclavice.

En resumen, todos los tipos de verso que practicó Machado están presentes en sus *Soledades, galerías y otros poemas,* 1907. Abandonó pronto los metros modernistas de 12 y de 16 sílabas. Ya la versificación de *Campos de Castilla,* 1912, quedó limitada al alejandrino pleno y al endecasílabo y octosílabo con sus respectivos quebrados. A pesar del importante papel que el alejandrino desempeñó en este libro, también tal metro desapareció después, casi totalmente, de la atención de Machado. En sus últimas obras, a la vez que su lírica se hacía más depurada y densa, su versificación se fue reduciendo al clásico endecasílabo, común instrumento de la poesía grave, y a los versos de 8, 7 y 6 sílabas en sus formas más simples y populares.

Estrofas. — Entre las pocas combinaciones que se salvaron del derrumbamiento de las estrofas del romanticismo, Machado cultivó el soneto, el cuarteto y la redondilla; del modernismo recibió el pareado en metros largos y las silvas semilibres, y de la tradición popular recogió el romance, la cuarteta, la seguidilla y la solear.

Soneto. — La adhesión de Machado al resurgimiento del soneto no se manifestó resueltamente hasta *Nuevas canciones,* 1924. En adelante se sirvió con asiduidad de esta forma métrica hasta el fin de su vida. Entre el escaso número de sus composiciones correspondientes a los años de la guerra civil, la mayor parte fueron sonetos. El modernismo practicó el soneto en toda clase de versos, breves y largos; Machado se limitó moderadamente al tradicional endecasílabo, con la única excepción del soneto en metro alejandrino sobre *Flor de santidad,* de Valle Inclán, anticipado en *Campos de Castilla,* 1912. En varios de sus sonetos, se ajustó al orden clásico en la disposición de las rimas; en otros lo alteró más o menos, como concesión a la actualidad modernista.

Cuarteto. — Del cuarteto endecasílabo de versos plenos y regulares no hizo uso exclusivo en ninguna poesía. De ordinario compuso esta estrofa con libre combinación de versos de once y siete sílabas. En parte de la composición «Orillas del Duero», en «Fantasía iconográfica» y en algunas otras poesías de *Campos de Castilla* hizo alternar cuartetos plenos y quebrados en beneficio de la variedad y movimiento de la exposición. La impresión serena y reflexiva de la primera sección de «El viajero» *(Soledades)* va subrayada por el ponderado y sostenido compás de sus cabales cuartetos endecasílabos, sólo alterado por dos distantes heptasílabos intercalados en el relato. En realidad el único ejercicio dedicado uniformemente a esta estrofa lo realizó

Machado en los cuartetos de sus sonetos, a veces de rimas abrazadas, ABBA, y más frecuentemente de rimas cruzadas, ABAB.

Hasta *Campos de Castilla*, 1912, no había usado el cuarteto alejandrino sino en breves y contadas poesías. Fue en este libro donde le hizo desempeñar papel principal, empleándolo como forma única en varias de sus poesías más famosas: «Retrato», «Por tierras de España», «Recuerdos», etc. A diferencia del endecasílabo, al cuarteto alejandrino lo compuso siempre en versos plenos y rimas cruzadas, ABAB. La atención que le dedicó fue transitoria; no volvió a utilizarlo en sus libros posteriores.

Del cuarteto ABAB en metro dodecasílabo hizo uso Machado en «A un naranjo y a un limonero» (*Soledades*). Es de notar en esta poesía el hecho de que, de sus cinco cuartetos, el tercero, que es eje del conjunto, se diferencia de los demás por sus rimas abrazadas, ABBA. Equilibrio semejante se observa en «Era una mañana y abril sonreía», otra de las poesías dodecasílabas de *Soledades*, compuesta en cuartetos y quintetos, entre los cuales el cuarteto que ocupa el centro de la composición repite armoniosamente la misma rima básica de los quintetos que forman los extremos.

Los cuartetos de decasílabos, 5-5, en «Donde las niñas cantan en corro» (*Soledades*) añaden a la musicalidad del metro el efecto de la alternancia entre las rimas llanas de los versos impares y de las agudas de los pares, AÉAÉ. Otras ocasiones en que Machado practicó este mismo efecto fue en los cuartetos eneasílabos de «Recuerdo infantil», en *Juan de Mairena*, 1936: «Mientras no suena un paso leve», y en la poesía «Preludio» (*Soledades*) en cuartetos alejandrinos. Machado era parco en general en el empleo de rimas agudas fuera de los versos cortos. En las composiciones en versos de más de ocho sílabas, no solía hacer intervenir tales rimas sin determinado propósito.

Redondilla. — Figura la rendondilla como elemento familiar en todos los libros de Machado, y especialmente en *Soledades, galerías y otros poemas.* En algunas composiciones, como «Recuerdo infantil» y «Coplas elegíacas», las redondillas son de tipo cruzado, abab; otras veces, como en «Sonaba el reloj la una», aunque el tipo indicado sea siempre el que predomina, suele también intervenir la variedad abba.

Responden probablemente a escondidas imágenes melódicas tres redondillas de fino tono lírico del *Cancionero apócrifo:* Una, «En Alicún se cantaba», consta de octosílabos y hexasílabos alternos, 8-6-8-6; otra, «En el nácar frío», usa el verso breve como punto de partida, 6-8-8-8; otra, «En el gris del muro», sitúa en parejas esos mismos versos, 6-6-8-8. En «Amanecer de otoño» *(Campos)* dos redondillas alargan sus últimos versos como ensanchando el espacioso paisaje, 8-8-8-16. De manera análoga, el alargamiento del verso final en la redondilla heptasílaba que empieza «De diez cabezas, nueve», 7-7-7-11, parece mostrar el propósito de subrayar la firmeza de su aseveración.

La redondilla heptasílaba «Ni vale nada el fruto» *(Campos),* en versos uniformes, única de este tipo, tiene el corte característico de las de los *Proverbios* de Sem Tob, cuyo nombre se menciona en otro de los proverbios de Machado.

Pareado. — El pareado alejandrino, de tradición francesa y adaptación modernista, hizo una breve aparición en *Soledades* en «La calle en sombra. Ocultan los altos torreones...». Donde Machado puso de relieve esta estrofa fue en la composición «A orillas del Duero» que empieza «Mediaba el mes de julio. Era un hermoso día», en la dedicada a Azorín por su libro *Castilla,* en la de «La mujer manchega» y en otras composiciones menores, todas en *Campos de Castilla.*

Los pareados hexadecasílabos abundan en la poesía que lleva también por título «Orillas del Duero» y empieza «Se ha asomado una cigüeña a lo alto del campanario», y asimismo en la de «El poeta». Al contrario que el alejandrino, el pareado hexadecasílabo no llegó a adquirir representación independiente y uniforme en la versificación de Machado. Alterna con otras combinaciones en las poesías citadas y hasta su propia forma oscila entre la pareja de versos plenos y la de pleno y quebrado. Machado no lo practicó después de *Soledades,* su primer libro, 1903. Fue el rasgo de métrica modernista de que antes se desligó. Posteriormente, en *Nuevas canciones,* 1924, después de haber abandonado también el pareado alejandrino de *Campos de Castilla,* volvió su atención al popular pareado octosílabo en varios de sus proverbios y axiomas. No siendo el endecasílabo verso modernista ni popular, no lo utilizó en la formación de pareados.

Silva aconsonantada. — El modo de silva aconsonantada que Machado empleó no fue el de versos libremente trabados sin ninguna apariencia de orden estrófico, que venía siendo el modelo tradicional desde el Siglo de Oro, y que Darío, Unamuno y otros poetas modernos continuaron. La modalidad usada por Machado no tiene el verso como unidad básica, sino la estrofa, y consiste propiamente en una libre serie de pareados, tercetos, cuartetos y otros grupos de forma definida. Representa en realidad una disposición intermedia entre la poesía en estrofas uniformes y la de versos rimados sin orden alguno. Contra lo acostumbrado en la silva clásica, rara vez dejaba Machado en las suyas un verso sin rima. Otro poeta que por el mismo tiempo hizo uso de esta misma silva de estrofas mezcladas fue el mexicano González Martínez.

Pertenecen a este género las tres composiciones en versos hexadecasílabos y octosílabos de *Soledades*. En la de «Orilla del Duero» y en la de «El poeta», alternan pareados y cuartetos, con predominio de los primeros; en la de «Hacia un ocaso radiante», son los cuartetos los que figuran en mayor proporción.

Desde *Campos de Castilla* en adelante, los metros en que Machado compuso la silva aconsonantada fueron, de una parte, los de once y siete sílabas, y de otra, los de ocho y cuatro. En ninguna ocasión adoptó la mezcla de versos de 14, 11, 9, 7 y 5 sílabas que la silva llegó a reunir en manos de otros contemporáneos. La silva de endecasílabos y heptasílabos, a base de cuartetos, con intervención ocasional de algún terceto o quinteto, figura en «El dios ibero»; en «Orillas del Duero», tercera poesía de este título que empieza «Primavera soriana, primavera»; en «Olivo del camino»; en «Muerte de Abel Martín» y en otras composiciones de análogo carácter, grave y meditativo, contenidas en *Campos de Castilla, Nuevas canciones y Cancionero apócrifo*.

La silva de octosílabos y tetrasílabos aconsonantados, de vieja tradición trovadoresca, reanudada por los poetas románticos y desarrollada por los modernistas, la reservó Machado para temas familiares, como los de «Los olivos» y «Las encinas», y principalmente para comentarios humorísticos o satíricos como los de «Poema de un día», «Llanto de las virtudes y coplas por la muerte de don Guido», «El gran pleno o conciencia integral», etc. Los versos de ocho y cuatro sílabas se entrelazan aquí con más soltura que los de once y siete en su propia silva, aunque también entre aquellos ocupen el primer plano los grupos de cuatro octosílabos de las redondillas y las breves parejas de los pareados.

Quinteto. — No fue Machado poeta atraído por el propósito de inventar estrofas nuevas. Sin embargo, una experiencia de esta clase puede verse en una de sus primeras poesías, «Fantasía de una noche de abril», formada por estrofas de cinco versos dodecasílabos, de los cuales los cuatro primeros riman a modo de serventesio, mientras que el último, contra lo usual, queda suelto, con terminación aguda, ABABÉ. La terminación suelta parece perdida en la unidad de la estrofa, pero adquiere valor rítmico en la sucesión de finales agudos de los dieciséis quintetos del poema.

El quinteto regular, con los cinco versos rimados, sólo lo empleó Machado en combinación con otras estrofas, y en especial con el cuarteto, en sus silvas aconsonantadas Le dio papel principal en «Era una mañana y abril sonreía», poesía en dodecasílabos donde, junto a dos cuartetos, aparecen tres quintetos con rimas dispuestas de diversas maneras. Otro quinteto, rimado AbBBA, encabeza la silva aconsonantada en metro decasílabo «Rejas de hierro; rosas de grana» (*Nuev. canc.*).

Asonancia. — En el fondo, no obstante su evidente dominio de la rima consonante, Machado sintió siempre decidida predilección por la asonancia. La causa principal de esta inclinación era sin duda el constante propósito de Machado de evitar todo lo que pudiera tener apariencia de artificio. Algunas de sus máximas en *Nuevas canciones* aluden a la asonancia: «Prefiere la rima pobre, / la asonancia indefinida». «La rima verbal y pobre / y temporal es la rica». Por boca de Mairena hacía resaltar el ejemplo de Bécquer, el de las rimas pobres, en cuya poesía «todo parecía escrito para ser entendido». Sin duda la actitud de

Machado no es ajena al nivel de estimación a que la asonancia ha ascendido en la poesía moderna.

Romance. — Una de sus principales formas asonantes
fue el romance. El Romancero, en la colección de su tío
don Agustín Durán, había sido una de sus primeras lecturas. En el prólogo de *Campos de Castilla* se refirió a la
impresión que los romances le habían producido: «Me
pareció el romance la suprema expresión de la poesía».
De aquel estímulo nació más tarde «La tierra de Alvargonzález».

Romances octosílabos y romancillos hexasílabos y heptasílabos fueron apareciendo a lo largo de su obra, antes y
después del poema citado. Puso en ellos toda clase de
reflejos e impresiones de su experiencia poética. Alguna
vez los compuso también en versos mayores, como en «Los
sueños» y «Pascua de Resurrección», en endecasílabos, y
en «El sol era un globo de fuego», en eneasílabos y decasílabos. Su único romance en alejandrinos es el que escribió con motivo de la muerte de Rubén Darío. Una vez
aplicó la variedad moderna del romance popular en cuartetas octosílabas de asonancias independientes, en la parábola de «Era un niño que soñaba» (*Campos*) y en otra
ocasión introdujo esta misma variedad al final de «En la
sierra de Quesada» (*Nuev. canc.*). Algunos de sus romancillos en versos cortos continúan la tradición lírica de las
letrillas con estribillo, por ejemplo, los de «Abril florecía / frente a mi ventana», y «Amada, el aura dice / tu
pura veste blanca» (*Soledades*).

Silva arromanzada. — Desde *Soledades* a *Campos de
Castilla* se sirvió con gran frecuencia de la silva arromanzada de endecasílabos y heptasílabos libremente combinados y sin otro enlace que la asonancia uniforme en los versos pares, serie menos corriente en el modernismo que la

de metros fluctuantes de diversas medidas, la cual Machado ensayó una sola vez en la poesía amétrica «Oh, tarde luminosa» *(Soledades)*. Utilizó la silva arromanzada en temas del mismo carácter que los tratados en la silva aconsonantada de igual clase de metros. Ejemplos característicos son sus meditaciones en «Campos de Soria» y en la composición sobre la muerte de don Francisco Giner de los Ríos.

La presencia de la silva arromanzada, tan frecuente en sus primeros libros, disminuyó en *Nuevas canciones* y quedó suprimida en *Cancionero apócrifo,* donde aumentó, en cambio, el número de silvas aconsonantadas, hecho que no significa cambio de actitud en el autor respecto a la asonancia, sino un tratamiento más estricto en cuanto a la correspondencia de la rima con el carácter de la composición. Se observa, en efecto, que en los últimos libros se refuerza la representación de la rima consonante con sonetos y silvas aconsonantadas, al mismo tiempo que aumenta la proporción de la asonancia en canciones, soleares, consejos y proverbios. Dato significativo es que en su última silva, «El crimen fue en Granada», sobre el fusilamiento de Federico García Lorca, al expresar su indignación, en versos trémulos y oscilantes, Machado se acogiera de nuevo a la popular asonancia.

Cantares. — De la devoción folklórica, que Machado compartió con su hermano Manuel, y que en su origen debió ser herencia de su padre y del círculo de relaciones familiares en que ambos poetas se criaron, dejó entre otros testimonios, el de sus cantares, incluidos en gran parte en *Campos de Castilla* y *Nuevas canciones.* En los cuatro octosílabos de la simple cuarteta asonante, tan identificada con el ritmo y compás del idioma, el sentido epigramático de Machado gustó de poner mucha parte de sus juicios, consejos, humorismos y cavilaciones.

Compuso numerosas cuartetas de puro estilo popular, algunas de las cuales correrán seguramente de boca en boca, como coplas anónimas, por los campos españoles. En otras, acomodadas probablemente a algunas de las múltiples variantes del canto, introdujo particularidades de ritmo combinando el ordinario octosílabo con los de cuatro, cinco o seis sílabas, 8-4-8-8, 8-5-8-5, 8-8-8-6, 6-6-6-8, etc. En una sola ocasión compuso la copla como quintilla asonante, abaca.

Mostró clara predilección por las andaluzas soleares, tercetos octosílabos con asonancia en el primero y tercero, aba. Las soleares empezaron a figurar en sus libros antes que las cuartetas y las compuso en mayor número. Aparecen en general como coplas sueltas, pero figuran también a veces en serie estrófica, como en «Canta, canta en claro rimo» *(Nuev. canc.).*

El terceto quebrado, que lleva el nombre de playera o soleariya, salió de manos de Machado con numerosas variantes, en que los versos de ocho sílabas, que son el elemento más constante, alternan con otros mayores y menores. En *Cancionero apócrifo* las variedades incluyen combinaciones de 4-6-10, 6-6-11 y 6-6-12. La flexibilidad de la copla se adaptaría en cada caso a la melodía que le sirviera de molde. La soleariya más breve, en hexasílabos, además de figurar en coplillas independientes, aparece como unidad estrófica en «Desde mi ventana» y «Por la sierra blanca» *(Nuev. canc.).* En tercetos de hexasílabos uniformes y con mezcla de octosílabos, la compuso el autor en «Soledades a un maestro», sobre don Francisco de Icaza.

Sorprende que la seguidilla simple, de 7-5-7-5, tan sevillana, no fuera copla del repertorio de Machado. Dejó seis finas y airosas seguidillas de 7-5-7-5 : 5-7-5, con la denominación de canciones de mozas del alto Duero: «Molinero es mi amante», «Por las tierras de Soria», etc. *(Nuev. canc.).* Apenas hay detalle en estas coplas que no se ajuste al tipo normal. Tal vez por menos familiares, el autor no las trató con la libertad de cambios y variantes con que manejó las cuartetas y soleares.

Estrofas ocasionales. — A veces la extensión de sus apuntes excede a la de las meras coplas de tres o cuatro versos. La idea de la estrofa se ve también presente, de manera más o menos definida, en la organización de estos grupos. En el consejo que empieza «Este amor que quiere ser» *(Soledades),* sigue el orden de una sextilla octosílaba de rimas alternas, ababab. Otra sextilla, en «La luna, la sombra y el bufón» *(Nuev. canc.),* consta de una redondilla y un pareado, ababcc. El principio de «Soria fría, Soria pura» es otra sextilla formada por tres pareados, aabbcc.

La septilla octosílaba, compuesta por una cuarteta y un terceto de rima aguda, abcb:édé, es un modelo que el autor empleó en «Soria de montes azules» y en otras seis ocasiones en *Nuevas canciones.* La combinación inversa, aunque no con cuartetas sino con redondilla precedida de terceto monorrimo, aaa:bccb, ocurre en «Todo amor es fantasía» y en otros dos casos en *Cancionero apócrifo.*

Del mismo modo ocasional construyó el grupo independiente de ocho octosílabos de varias maneras, ninguna de ellas coincidente con la octavilla aguda, cuyo artificio, prodigado hasta el hastío por la poesía romántica, fue objeto de decidida crítica por parte de Mairena. En «Ya hay un español que quiere», la octavilla consta de redondilla y cuarteta, abab:cded; en «Asomada al malecón» *(Canc. apócr.),* junta dos redondillas, abba:cddc; en «Deletreos de armonía» *(Soledades),* se compone de dos redondillas cruzadas, abab:cded, forma repetida en las tres estrofas de «Anoche cuando dormía» (*Soledades*). En la sección de proverbios de *Campos de Castilla,* se registra una octava alejandrina, ABBA:CDDC, en «Sí, cada uno y todos sobre la tierra iguales», y otra con el primer cuarteto alejandrino y el segundo endecasílabo, ABAB:cDDC, en «Sabe esperar, aguarda que la marea fluya».

No adoptó la décima clásica, mantenida por otros poetas, pero tuvo presente muy de cerca su estructura al disponer en el orden de abba:bcdcdc los diez octosílabos de «Con esta maldita fiebre» (*Canc. apócr.*). Dio a la décima forma realmente distinta, mediante la suma de una sextilla aguda y una redondilla, aaéaaé:bccb, en «Nunca perseguí la gloria» (*Campos*). La décima de «Horizonte» (*Soledades*), en alejandrinos está formada por dos cuartetos con pareado intermedio, ABAB:CC:DEED, disposición semejante a la de «Quiso el poeta recordar a solas», en el mismo libro, donde el primer cuarteto está formado por endecasílabos y alejandrinos alternos y el resto por alejandrinos continuos. La base es la de la décima a la francesa.

Variedad. — No obstante la progresiva reducción del repertorio de sus metros y la relativa escasez de sus tipos de estrofas, la impresión que se recoge del conjunto de la versificación de Machado es de extraordinaria variedad. Hay un continuo y movido cambio de efectos rítmicos aun entre sus formas de apariencia más semejante. Sin tratar de introducir innovaciones, su procedimiento consistió en someter a constante reelaboración los modelos más corrientes y en combinar con libertad los elementos métricos de cada composición.

Se apartó en general de la ordinaria práctica de mantener en el poema el mismo tipo de estrofa. Las únicas poesías de relativa extensión en que observó tal uniformidad figuran en *Campos de Castilla* y se limitan al formal tratamiento de los cuartetos y pareados alejandrinos. En «Fantasía de una noche de abril» *(Soledades)*, no resistió al impulso de romper con un arpegio final el desfile de los acompasados quintetos dodecasílabos.

En el extenso poema de «La tierra de Alvargonzález», el relato, en romance, pasa por constantes cambios de asonancia, al compás del desarrollo de sus episodios. Las silvas aconsonantadas de Machado son, como se ha visto, series de distintas estrofas libremente combinadas. Dentro de la sencilla forma de sus cantares, consejos y proverbios, ocurren modificaciones y diferencias que multiplican sus variantes.

El rasgo más importante de tal variedad es su carácter natural y espontáneo, como si se hubiera producido por puro reflejo de los movimientos de la sensibilidad del autor en la composición de sus poemas. No es difícil advertir las transiciones de su actitud en los cambios de versificación entre las distintas partes de «El viajero» *(Soledades);* en el paréntesis lírico de las redondillas intercaladas en la silva hexadecasílaba de «El poeta», en el mismo libro, y en la soltura de contrastes entre romances, silvas, rendondillas y soleares, combinados en la polimetría de «Recuerdos de sueño, fiebre y dormivela» *(Canc. apócr.).* La diversa disposición de las rimas en sus sonetos, su preferencia por el cuarteto de endecasílabos y heptasílabos libremente combinados y su mezcla de redondillas de distinto tipo puede responder al simple deseo de evitar la repetición de moldes rutinarios.

Empleó en varios casos el antiguo recurso, aplicado en poesía y en música, de cerrar la composición con algún giro o signo que marque la terminación del poema. Se ha aludido ya a este efecto con relación a «Fantasía de una noche de abril» *(Soledades)*, cuyos quintetos dodecasílabos se cierran mediante un recortado cuarteto de 12-12-9-6. El poema a Juan Ramón Jiménez por sus *Arias tristes,* en perfectas y uniformes redondillas, termina con una quintilla, cuyo final recoge como un eco el verso «Sólo la fuente se oía». En la composición titulada «Jardín» *(Soledades),* en silva arromanzada de endecasílabos y heptasílabos, el final se alarga con un alejandrino. El paisaje marino descrito en rápidos metros fluctuantes en «El casco roído y verdoso» *(Soledades),* prolonga más extensamente su final con cuatro lentos versos de 12, 13, 16 y 18 sílabas.

Numerosos indicios muestran, como se ha visto, que para Machado, el sentimiento de la estrofa fue el elemento a que atendió de manera principal en la armonía del poema, y que fue en la elaboración de la estrofa donde imprimió los más finos efectos de su musicalidad poética.

Armonía. — Pareja de la variedad y resultado de esta misma es la armonía que se percibe de manera general en las composiciones de Machado, de la cual se han señalado ejemplos en las páginas anteriores. Bastará añadir el recuerdo de «Yo voy soñando caminos» *(Soledades),* donde las dos variedades de redondilla, cruzada y abrazada, se combinan en dos grupos simétricos bajo el esquema abab: cddc: efef, entre los cuales se reparte, alternando descripción y canción, el encanto melancólico de la copla que sirve de fondo.

Análogo carácter musical se destaca en «Anoche cuando dormía» *(Soledades),* cuyas tres octavillas octosílabas constan idénticamente de dos redondillas, la primera descriptiva y la segunda explicativa; las rimas en toda la composición son alternativamente llanas y agudas, y las tres estrofas empiezan repitiendo los mismos dos primeros versos, los cuales se resumen en una redondilla final como clave del poema.

El romance «Inventario galante» *(Soledades),* se desarrolla como una melodía en que alternan, en secciones iguales de doce versos cada una, las notas cálidas relativas a la vehemente hermana de ojos oscuros y carne morena y los suaves tonos evocativos de la otra hermana, clara y débil como un lucero en el azul lejano.

Se encuentran en los versos de Machado efectos de armonía vocálica, de rima interior, de anáfora, de correlaciones y de otros complementos rítmicos. El más repetido y visible es el de la ligadura de un verso con el siguiente mediante la reiteración de los mismos vocablos y expresiones, base del antiguo «lexaprende», trovadoresco y popular:

> Tus labios besaron mi linfa serena
> y en la clara tarde dijeron tu pena.
> Dijeron tu pena tus labios que ardían;
> la sed que ahora tienen entonces tenían.

(Soledades)

> Perfume de rosas, doblar de campanas;
> doblar de campanas lejanas, llorosas.

(Soledades)

> Caer la blanca nieve sobre la fría tierra,
> sobre la tierra fría la nieve silenciosa.

(Campos)

> Todo pasa y todo queda;
> pero lo nuestro es pasar,
> pasar haciendo caminos,
> caminos para la mar.

(Campos)

De este modo la versificación de Machado resulta a la vez sencilla y compleja, antigua y moderna, clásica y popular. A través de su obra, mientras de una parte fue desnudando sus versos de novedades externas, de otra fue ahondando en la elaboración y refinamiento de lo familiar y tradicional. Es probable que no hubieran sorprendido al autor estos resultados del estudio de su métrica, tan de acuerdo con las enseñanzas de Juan de Mairena, aunque sin duda habría ofendido a su delicadeza este frío análisis de un aspecto de la intimidad de su obra.

No era fácil obtener noticias ni impresiones de Machado sobre sus propios versos. No se prestaba a leerlos ni le gustaba oírlos leídos por otro. Cuando se sentía apremiado por alguna invitación, solía delegar en su hermano Manuel. Su resistencia a leer sus versos y su prevención contra las máquinas parlantes impidieron persuadirle a que inscribiera un disco para el Archivo de la Palabra del Centro de Estudios Históricos. Fueron inútiles las gestiones que se hicieron en Madrid durante varios meses para incorporar a la documentación oral del Centro el testimonio de su voz, que era grave, sonora y varonil, y de su palabra, que era noble, reposada y cordial.

Por fin, en Barcelona, después de la impresión que le produjeron algunos discos del Archivo, especialmente el de Valle Inclán, accedió a hacer su inscripción, y hasta se designaron las poesías que había de leer. Mientras residió en Rocafort trabajaba solitariamente, después que los amigos se retiraban y los familiares dormían. La contemplación de la huerta y de la ciudad de Valencia en la noche silenciosa quedó impresa en «Ya va subiendo la luna / sobre el naranjal», que fue una de las poesías señaladas para la inscripción. Otra fue «El crimen fue en Granada», que Machado leyó un día, con emocionado acento, en ocasión excepcional, ante la multitud congregada en la Plaza de Castelar, de Valencia. Desgraciadamente, la situación en Barcelona al tiempo en que se trató de grabar el disco hizo imposible poder disponer de los materiales necesarios.

JUAN RAMÓN JIMÉNEZ
Y LA LÍRICA TRADICIONAL

Entre los rasgos que es corriente encontrar en las referencias a la poesía de Juan Ramón, figuran el de haber sido elaborada con especial refinamiento, ajeno a toda influencia popular, y el de haber prescindido de la ordinaria versificación regular a partir de la publicación de su *Diario de un poeta recién casado,* 1917. Se puede desde luego anticipar que la impresión que resulta del repaso de sus obras, atendiendo sobre todo al testimonio visible y concreto de su métrica, no apoya la consistencia de ninguno de esos dos puntos. Se advierte por el contrario la invariable adhesión con que el poeta se sirvió durante toda su vida de las formas y recursos de la lírica popular y tradicional.

La producción en verso de Juan Ramón constituye un conjunto de veinticinco libros y tres antologías que comprende un período de medio siglo, desde 1900 a 1949. A través de tan extensa labor, la actitud del autor respecto al verso aparece como uno de los aspectos más representativos del orden y disciplina que observó en la composición y reelaboración de sus poesías. Las citas que se hacen a continuación se refieren a los dos volúmenes de *Primeros libros de poesía* y *Libros de poesía,* a los que se aludirá respectivamente con los números I y II, publicados por M. Aguilar, Madrid, 1959, y al volumen de *Canción,* Aguilar, Madrid, 1961.

Por lo común, todo libro de versos de cualquier poeta

ofrece composiciones en diversos tipos de versos y estrofas. Juan Ramón siguió este ejemplo en sus tres primeros libros: *Ninfeas,* 1900; *Almas de violeta,* 1900, y *Rimas,* 1902, breves colecciones de ensayos juveniles con ecos románticos y marcada influencia modernista, manifiesta especialmente en el uso de múltiples tipos de metros nuevos o poco comunes.

Con radical cambio de criterio pasó pronto al estricto sistema de emplear en cada libro, casi de manera exclusiva, un solo tipo de verso. Del simple octosílabo se sirvió en *Arias tristes,* 1903; *Jardines lejanos,* 1904, y *Pastorales,* compuesto en 1905, aunque no publicado hasta 1911. En el conjunto de más de 200 poemas de estas obras, sólo tres de la primera y dos de la segunda, en decasílabos dactílicos, se apartan de la uniformidad octosilábica de los romances o redondillas del resto de las composiciones.

En *La soledad sonora,* compuesta en 1908 y publicada en 1911, se advierte la transición desde el octosílabo, que ocupa la sección central del libro, al alejandrino, usado en cuartetos en las demás secciones y establecido después sin excepción en los tres libros de *Elegías,* 1908, 1909 y 1910, y en *Melancolía,* 1912.

La sustitución del alejandrino por el endecasílabo se inició en *Poemas trágicos y dolientes,* 1911, se acentuó en *Laberinto,* 1913, y se completó definitivamente en *Sonetos espirituales,* compuestos, sólo en endecasílabos, en 1914 y 1915 y publicados en 1917.

Al fin de este proceso, exprimidos sucesivamente los tres metros más importantes del idioma, el autor se entregó al cultivo del verso libre, de medida fluctuante, sin sujeción a rima ni estrofa, desde la composición del *Diario,* 1917. El período del verso libre, anticipado en algunas composiciones de *Estío,* 1916, abarcó después del *Diario* a *Eternidades,* 1918; *Piedra y cielo,* 1918; *Poesía,* 1923; *Belleza,* 1923; *La estación total,* 1946, y *Animal de fondo,* 1949.

A la simplificación de los metros había acompañado la de las estrofas, reducidas como queda indicado a los tipos del romance y la redondilla en el octosílabo, al cuarteto y terceto en el alejandrino y al cuarteto y soneto en el endecasílabo. Una austera proporción se manifestaba asimismo en la equilibrada brevedad de las composiciones.

Importa ahora tener presente que no todos los libros de versos de Juan Ramón están comprendidos en el indicado proceso. El volumen de *Las hojas verdes,* 1909, y el de *Baladas de primavera,* 1910, por la variedad y carácter de su versificación, están lejos de corresponder a la disciplina métrica de los demás libros anteriores al *Diario,* y de manera análoga las composiciones reunidas en el tomo de *Canción,* 1936, y en la sección de «Canciones de la nueva luz», de *La estación total,* 1946, ofrecen una estructura formal muy diferente de las escuetas series de versos sueltos y amétricos de las demás obras del período posterior a 1917.

Por lo menos en lo que se refiere a la versificación se puede decir que el cambio de actitud representado por el *Diario* no fue tan radical y definitivo como se suele creer. El poeta, en efecto, prescindió del metro alejandrino que antes había cultivado tan intensamente, y del soneto que había usado como forma única en uno de sus libros. Pero en ningún momento, ni aun en el período en que hizo mayor uso del verso libre, dejó de utilizar en un amplio género de composiciones la rima asonante o consonante y los metros regulares de once, nueve y ocho sílabas o de medidas menores.

Cuartetos, tercetos, redondillas y romances en versos

comunes se hallan en el mismo *Diario,* en *Eternidades,* en *Belleza* y sobre todo en *La estación total.* En el *Diario,* las composiciones con rima asonante representan el 38 por ciento; en *Eternidades* descienden al 26 por ciento; en *Belleza* al 18 por ciento y en *Piedra y cielo* al 9 por ciento, pero en *Poesía* vuelven a elevarse al 34 por ciento y en *La estación total* al 48 por ciento. La práctica de la versificación monorrima con asonancia o consonancia uniforme en todos los versos fue aplicada con frecuencia por Juan Ramón antes y después del *Diario.* En realidad, solamente en su último libro, *Animal de fondo,* donde aparece más concentrado en su misticismo estético, se desentendió de todo elemento de regularidad métrica.

Aparte del ejemplo de su propia obra, dejó directas y expresivas referencias respecto a la valoración estimativa del verso en su criterio artístico. Reflejando la emoción de la lectura de un libro de poesía en la suavidad de una tarde de otoño, dijo en *Laberinto* (I, 1.279): «Que el libro ascienda puro como un incienso de oro / en el sol melancólico / y sean melodías de luces y de anhelos, / e indelebles, sus versos». En otra ocasión, en alta mar, tradujo la impresión del momento con imagen inspirada por la métrica: «Sí, somos la verdad, la belleza, la estrofa eterna que perdura cogida con la rima en el centro más bello y entrevisto de una poesía eterna» (*Diario,* II, 276). Recordando un soneto de Dante, imaginaba su arquitectura como la de una fuente que arquea sus surtidores y los vierte en las tazas (*Eternidades,* II, 631). De un pájaro que canta en la ventana dice que «es su trino de sonetillos frescos como un mayo breve» (*Diario,* II, 394). Su adhesión al soneto la exaltó en una composición de esta clase como dedicatoria, «Al soneto, con mi alma», al frente de *Sonetos espirituales.* Recuérdese que en el plan final de sus obras completas adoptó precisamente las formas métricas como base para la clasificación de sus poesías en seis secciones con los títulos de *Romance, Canción, Estancia, Silva, Arte menor* y *Verso desnudo.*

Su fina sensibilidad acústica, que muchas veces fue tortura de su oído, explica por otra parte la frecuencia de sus alusiones a la música, a la voz y a toda clase de sonidos. Bastará la mención de los textos pautados de las sonatas con que trataba de sugerir el ambiente tonal de algunas secciones de sus libros, como se ve en *Jardines lejanos* y *Pastorales,* así como el recuerdo de los «Sentimientos musicales» de una parte de *Laberinto* y de los varios poemas que tienen por tema la música en el libro *Belleza.*

En otros casos el efecto se concentra en la evocación de la voz, como en el epígrafe de «La voz velada» al frente de un capítulo de *Melancolía,* y de «La voz de seda», en otro de *Laberinto.* Una poesía de este mismo libro (I, 1.277), recuerda las voces de una madre y una niña señalándolas como dos guirnaldas de rosas blancas. En otro lugar (I, 1.281), refleja la impresión de otra voz de timbre delgado y agudo, como cristal roto y como puñal de luz. En diversos pasajes, y particularmente en *Canción,* 279, la voz de la amada es objeto de un culto como tal vez no lo haya sido la de ninguna otra mujer en los versos de un poeta.

Desde la publicación de *Arias tristes* y *Jardines lejanos,* sus versos se habían hecho notar por su ritmo suave y matizado. Antonio Machado los ponderó señalando la delicadeza con que las líneas de su ritmo y sus armonías apagadas venían a enriquecer la lírica española con una nueva gama de finas sensaciones. A las exigencias de su oído sumaba la curiosidad e insistencia para obtener de todo recurso métrico la máxima variedad de sus posibilidades. Consiguió poner en las líneas del romance, de la canción y de otras formas de la lírica tradicional la técnica más flexible y delicada.

Reflejo de sus escrúpulos había sido al principio aquel minucioso empleo de la diéresis para asegurar la justa prosodia en palabras como *vïaje, aurëola, sensüal, pöeta,* etc., y lo fueron después, en los escritos de su último período, sus innovaciones ortográficas de *dirijir, yelo, esplicar, esistir, perene,* etc. El rigor con que vigilaba y requería el mayor esmero tipográfico en la impresión de sus libros respondía a la misma exigencia que se observa en la clásica perfección de sus sonetos, en la exacta ponderación de sus poemas alejandrinos y en la armoniosa estructura de sus baladas y canciones.

En la obra poética de Juan Ramón se pueden considerar dos básicas secciones: la de la poesía formal que él solía llamar poesía escrita y la de la lírica de canción. Las composiciones del primer tipo son las que el poeta sometió a su sobria disciplina métrica; en las del segundo aplicó diversos modelos y combinó variedad de recursos dando amplio margen a su propio sentido musical. Rubén Darío había ensayado lays y dezires como los de los viejos cancioneros; Juan Ramón dio preferencia entre los moldes antiguos a los de arraigo más hondo y popular.

Por el mismo tiempo en que, en su poesía escrita, componía en cuartetos alejandrinos sus libros de *Elegías,* 1908-1910, siguió el tradicional modelo del zéjel, a:bbba:a, en «Lluvia de oro» (*Las hojas verdes,* I, 705), en cuatro estrofas como la siguiente:

> Llueve, llueve dulcemente.
>
> El agua lava la hiedra,
> rompe el agua verdinegra;
> el agua lava la piedra,
> y en mi corazón doliente:
>
> Llueve, llueve dulcemente.

Otro ejemplo semejante, en heptasílabos, sin más modificación que la de anteponer a la mudanza monorrima un verso asonantado con el estribillo, como el verso de vuelta, ab:bcccb:ab, es el de «Yo sólo vivo dentro / de la primavera» (*Canción*, 263). Claro es que pudo recoger directamente la idea del zéjel de algún texto antiguo, pero no es improbable que estimularan su atención los comentarios iniciados en aquel tiempo por los arabistas sobre la representación de este tipo de canción mozárabe en el *Cancionero de Aben Guzmán*.

La forma típica del villancico, heredero de la cantiga medieval, con estribillo, mudanza cruzada y versos de enlace y vuelta, aa:bcbc:ca:aa, la siguió puntualmente en «Verde verderol» (*Canción*, 90), con cuatro estrofas de esta especie:

> Verde verderol,
> endulza la puesta del sol.
>
> Palacio de encanto,
> el pinar sombrío
> arrulla con llanto
> la huida del río.
> Allí el nido umbrío
> tiene el verderol:
>
> Verde verderol,
> endulza la puesta del sol.

La mudanza del villancico, sin el peculiar sello monórrimo de la del zéjel, permitía modificaciones de las cuales se sirvió el mismo Juan Ramón en otras ocasiones. Consiste en un terceto alterno, y en un verso de enlace precedido por otro suelto, a:bcb:da:a, en «Llueve sobre el río» (*Canción*, 115).

Al paralelismo de su estructura y a la repetición del estribillo, el cosante añade la modificación progresiva de la imagen central mediante la adición de nuevos complementos que la van modulando a medida que avanza la canción. Debió advertir Juan Ramón la flexible y armoniosa coordinación del cosante y lo adoptó y reelaboró refinadamente en numerosas composiciones, desde *Baladas de primavera* hasta «Canciones de la nueva luz». Abundan especialmente en *Canción,* con ejemplos característicos como los de «La nueva primavera» (24); «Nocturno de Moguer» (132); «Alegría nocturna» (341); «La felicidad» (414), etc. El cosante titulado «Viento de amor», en «Canciones de la nueva luz» (II, 1.207), por su movimiento rítmico y aun por su propio tema, evoca el recuerdo del viejo «Árbol del amor», del almirante don Diego Hurtado de Mendoza, padre del Marqués de Santillana. El de «La estrella venida» (II, 1.201), suscita claras resonancias de Gil Vicente:

En el naranjo está la estrella,
a ver quién puede cogerla.

Pronto, venid con las perlas,
traed las redes de seda.

En el tejado está la estrella,
a ver quién puede cogerla.

¡Oh, qué olor de primavera
su pomo de luz eterna!

En los ojos está la estrella,
a ver quién puede cogerla.

¡Por el aire, por la hierba,
cuidado que no se pierda!

¡En el amor está la estrella!
¡A ver quién puede cogerla!

En la poesía «El agua» (*Canción,* 267), adaptó el modelo de la canción trovadoresca formada en su tipo más corriente por tres redondillas octosílabas, de las que la última coincide en conceptos y rimas con la primera, abab:cdcd:abab. En el mencionado ejemplo de Juan Ramón, la segunda redondilla, centro de la canción, refuerza su contraste con los extremos mediante su asonancia monorrima, abba:cccc:abba. Detalles de correlación y contraste entre las redondillas primera y última y de anáfora en la segunda contribuyen a la armonía del conjunto.

Al puente del solo amor,
piedra ardiente entre altas rocas
(cita eterna, tarde roja)
voy yo con mi corazón.

(Mi novia sola es el agua
que pasa siempre y no engaña,
que pasa siempre y no cambia,
que pasa siempre y no acaba.)

Del puente del solo amor,
piedra ardiente entre altas rocas,
(vuelta eterna, noche loca)
vengo con mi corazón.

Desde antiguo, el orden de tríptico a que esta clase de canción corresponde había ejercido sobre el poeta constante atracción. En *Laberinto,* las poesías formadas por tres cuartetos alejandrinos representan el 65 por ciento del conjunto del libro, y en *Melancolía* ascienden al 71 por ciento. Las secciones tituladas «Ruinas», «Marinas de ensueño» y «Perfume y nostalgia» en *Poemas mágicos y dolientes* están compuestas exclusivamente en poemas trípticos en esa misma clase de cuartetos. Más tarde, en metros menores y más variados, la estructura de tríptico aparece en el 40 por ciento de las «Canciones de la nueva luz».

Por virtud del equilibrio de tal paradigma, que es sin duda el secreto de su atractivo, la canción trovadoresca, reducida con frecuencia a sus simples líneas básicas, sin correspondencia de rimas entre sus extremos y aun a veces en versos sueltos, fue uno de los esquemas más usados por Juan Ramón en su lírica de canción. El orden mental corresponde generalmente a la disposición métrica y en ocasiones constituye el eje de la coordinación, como en los siguientes ejemplos:

«Bajo el sol de la mañana» (*Arias tristes,* I, 323); tres cuartetas octosílabas: 1, campo, río, arboleda; 2, gente, yuntas, camino; 3, la aldea, al fondo, bajo el sol.

«Balada del mar lejano» (*Baladas de primavera,* I, 741); tres cuartetos eneasílabos: 1, aurora, mar de plata; 2, siesta, mar de oro; 3, tarde, mar de rosa.

«Ritmo de ola» (*La estación total,* II, 1.224); tres sextillas pentasílabas: 1, viento de ardor; 2, sangre de olor; 3, fruto aun con flor.

La mayor parte de las *Baladas de primavera* pertenecen al género tradicional de la canción de estribillo. La in-

tervención del estribillo y el variable número de estrofas
de que esta clase de canción puede constar la diferencia
del tipo de la canción trovadoresca. Se distingue asimismo del villancico y del zéjel por carecer de versos de enlace y vuelta y por la libertad con que el estribillo, rimado
o no con las estrofas, puede ir situado en la canción. No
guardan semejanza de metro ni estrofa las baladas de Juan
Ramón con las que Darío compuso, regularmente en décimas, sobre «La sencillez de las rosas perfectas», «Las musas
de carne y hueso», «La bella niña del Brasil», etc. Respecto a la disposición del estribillo, Juan Ramón procedió
ordinariamente de este modo:

1. El estribillo precede a la canción y se repite después
de cada estrofa: «Balada del avión» (I, 758); «de la flor
del romero» (I, 760); «de la flor de la jara» (I, 752).

2. El estribillo figura después de cada estrofa, pero no al
frente de la canción: «Balada de los pesares» (I, 742);
«del almoraduj» (I, 746); «de la luna en el pino» (I, 756).

3. El estribillo sigue a cada estrofa, pero no figura ni al
principio ni al fin del poema: «Balada de la mañana de
la Cruz» (I, 739); «del castillo de la infancia» (I, 778).

Las canciones de estribillo no se hallan sólo en el
libro de *Baladas de primavera,* sino también en varios otros
de los posteriores al *Diario* y especialmente en *Canción* y
La estación total. En muy pocos casos la posición del estribillo se aparta del orden indicado. En uno de ellos, «Regreso» (*Estío,* II, 125), el estribillo aparece al principio y al
fin, pero no después de cada estrofa. En «Recuerdo» (*Piedra
y cielo,* II, 704), se divide por mitades entre el centro de
la canción y el final. Predominan los estribillos de dos o

tres versos, y muchos recuerdan el tono y estilo de los que
se hallan en los cancioneros antiguos:

> Yo no sé decirme
> por qué me retienes;
> yo no sé qué tienes.
>
> (*Canción, 55*)

> Ojos que quieren
> mirar alegres
> y miran tristes.
>
> (*Canción, 103*)

> El amor, un león
> que come corazón.
>
> (*Canción, 137*)

> Por la cima del árbol iré
> y te buscaré.
>
> (*Canción, 398*)

Entre esta serie de recursos, el que aparece practicado
por Juan Ramón con juego más variado en cuanto a su
forma y disposición en el poema es el retornelo, que consiste, como es sabido, en la repetición de una estrofa, ordinariamente la primera, o de parte de ella, al final o en el
curso de la composición. El retornelo se diferencia del estribillo en que éste es simple parte adicional que acompaña
a la estrofa sin ir siempre necesariamente ligado a ella,
mientras que el retornelo es porción inseparable de la estrofa misma, como parte de su propia unidad. El elaborado y múltiple uso que Juan Ramón hizo del retornelo se
aprecia en la siguiente enumeración, que aunque pueda
parecer prolija interesa como demostración del grado de
sutileza a que el poeta llegaba en la técnica de su versificación:

1. Primera estrofa repetida íntegramente al final. Ocurre principalmente en composiciones en redondillas octosílabas de *Jardines lejanos* (I, 424, 508), y de *Pastorales* (I, 676, 678, 686), en los pareados eneasílabos de «Balada de la estrella» (I, 766); en los cuartetos monorrimos de 9-11-7-9, en «Carnaval del campo» (*Canción*, 146), etc.

2. Primera estrofa repetida al final y en los lugares impares de la serie: «Mira, el jardín teje plata» (*Jardines lejanos*, I, 427); «Mira, la flauta está loca» (*Pastorales*, I, 674); «Balada del poeta a caballo» (I, 781). Todos los ejemplos en redondillas.

3. Primera estrofa repetida al final invirtiendo el orden de sus versos: «Viene en la noche de junio», en redondillas (*Jardines lejanos*, I, 391); «Ella respondió llorando», en redondillas (*ibid.*, I, 506); «Columpio», en octosílabos monorrimos (*Estío*, II, 157).

4. Segunda mitad de la estrofa inicial repetida como segunda mitad de la final: «Jardín verde, yo te cuido», en redondillas (*Jardines lejanos*, I, 457); «Balada de la mujer morena y alegre», en cuartetos dodecasílabos (I, 771).

5. Un verso de la primera estrofa se repite en uno u otro orden en las estrofas siguientes: «Mañana de primavera», en quintillas octosílabas (*Jardines lejanos*, I, 386); «Tú me mirarás llorando», redondillas (*ibid.*, I, 478); «Tarde azul y fría», cuartetos endecasílabos (*Las hojas verdes*, I, 717); «Las flores bajo el rayo», cuartetas octosílabas (*La estación total*, II, 1.180).

6. El último verso de cada estrofa se repite como primero de la siguiente, como en el encadenado de la gaya ciencia. Ocurre en las tres primeras estrofas de «Canción intelectual» (*Belleza*, II, 1.048).

7. Un verso de la estrofa se repite dentro de ella misma: el primero como cuarto en las cinco redondillas de la «Balada del poeta a caballo» (I, 781); el segundo

también como cuarto en las cuatro redondillas de «En el viento azul se van» (*Estío*, II, 138).

8. La expresión con que termina el último verso de la primera estrofa se repite como final de las estrofas siguientes: «Balada triste de la mariposa blanca» (I, 780).

9. Una misma palabra se repite periódicamente como final de verso: *blanco,* en los tercetos octosílabos de *Estío* (II, 148); *sol,* en los pareados de «Sentido y elemento» (*La estación total,* II, 1.198); *alma,* en los tercetos eneasílabos de «Es mi alma» (*ibid.,* II, 1.226).

Los años comprendidos entre 1903 y 1911 representan el período del mayor cultivo del romance en la obra de Juan Ramón. La forma organizada en cuartetas octosílabas asonantes aparece en los libros de *Arias tristes, Jardines lejanos, Pastorales* y *La soledad sonora,* compuestos casi sin excepción en romances cuya extensión oscila predominantemente entre 5 y 8 cuartetas. Dejó el poeta en estos libros mucho de lo que habrá de ser considerado entre lo más fino, fresco y delicado de su lírica, aunque luego, injustamente, los llamase «borradores silvestres». Con frecuencia aplicó a los romances elementos musicales usados más ordinariamente en la canción. Su invariable adhesión al romance a lo largo de su labor es una de las manifestaciones de su actitud respecto a la lírica tradicional. Su ejemplo elevó la estimación de esta forma métrica en los círculos de la poesía culta y contribuyó a ganarle partidarios entre poetas más jóvenes.

Ejercitó especialmente en el romance su procedimiento de reelaboración con variedad de modificaciones, aparte del conocido empleo de estribillos, practicado en «Allá vienen las carretas» (*Pastorales,* I, 545); «En la mañana azul suenan» (*ibid.,* I, 611); «Qué blanca viene la luna» (*ibid.,* I, 628). Otros, en metro hexasílabo o decasílabo, también con estribillo, en *Baladas de primavera:* «Cantora, tú cantas» (I, 742); «Pájaro de agua» (I, 750); «La tarde era azul» (I, 773). Con éstos alternan los de retornelo en que la primera cuarteta, total o parcialmente, se repite al final: «Mis lágrimas han caído» (*Arias tristes,* I, 272); «Molino de viento rojo» (*Pastorales,* I, 609); «En la tarde suave y lenta» (*Jardines lejanos,* I, 424).

De vez en cuando alteró la disciplina del romance intercalando una quintilla entre la ordinaria serie de cuartetas. Después de la fecha del *Diario* se repiten esta y otras alteraciones semejantes. En algunos casos la asonancia no se ajusta exactamente a los versos pares (*Belleza, II,* 1.103; *La estación total,* II, 1.213). En otros, cada cuarteta presenta asonancia diferente (*Estío,* II, 132; *La estación total,* II, 1.209). Dos romancillos heptasílabos terminan sus cuartetas en versos quebrados (*Estío,* II, 115 y 184). Otro, hexasílabo, sujeta a la misma asonancia todos sus versos con excepción del primero de cada cuarteta (*Canción,* 383). Otro, también hexasílabo, está formado por sextillas agudas de asonancia independiente (*La estación total,* II, 1.214).

En este modo de reelaboración, una de las modificaciones más frecuentes y de mayor bulto consiste en la composición del romance a base del terceto como unidad de la serie y con variada disposición de la rima: los segundos y terceros versos de los tercetos van comprendidos bajo la misma asonancia, abb-cbb-dbb, en «Siesta de tormenta» (*Estío,* II, 171). La rima sólo enlaza los terceros versos, abc-dec-fgc, en «Yo no sé cómo saltar» (*Estío,* II, 187). Riman primeros y terceros, aba-aca-ada, en «Es mi alma» (*La estación total,* II, 1.226). Los versos se enlazan correlativamente bajo tres asonancias, abc-abc-abc, en «El adolescente» (*Canción,* 19).

Junto a los romances, cultivó Juan Ramón la copla popular en sus varias formas de cuarteta, quintilla asonante, seguidilla ordinaria, seguidilla gitana, «soleá», etc. Aparecen en «Cantares», entre los sonetos y silvas modernistas de *Almas de violeta,* y abundan en «Cancioncillas espirituales» y «Cancioncillas intelectuales» (*Canción,* 173 y 291), y en «Canciones de la nueva luz» (II, 1.186-1.194). Dentro de su breve marco, también estas coplas pasan en manos del poeta por constante remodelación que afecta sobre todo a la combinación de medidas y disposiciones de los versos.

Después de varios años de haberse alejado de las experiencias de nuevos tipos de versos ensayados en *Ninfeas,* un particular metro por el que manifestó decidido interés fue el que se halla en «Aire de bandolín» (*Las hojas verdes,* I, 713), repetido en *Canción,* 54, y en las baladas de la mañana de la Cruz, del almoraduj del monte, de la mujer morena y alegre y del prado con verbena (*Baladas,* I, 739, 746, 771 y 783), casi todas repetidas también, con más o menos modificaciones, en *Canción.* Consiste tal metro en una variedad de dodecasílabo compuesto en que se suman un pentasílabo polirrítmico y un heptasílabo trocaico. Sus apoyos rítmicos fijos son los de las sílabas cuarta y undécima; los de primera, séptima y novena son secundarios y optativos:

ó o o ó o o ó o ó o ó o
Pon en mi boca las rosas de tu boca.

El original experimentador don Sinibaldo de Mas había anticipado la prueba de este verso en una oda de su *Potpourri,* 1845: «Oh, suerte triste la del mortal inerte». Repitieron la iniciativa Unamuno en un breve ejemplo de su *Cancionero:* «Cuentos sin hilo de mi niñez dorada», y Santos Chocano en «Momia incaica», «Momia que duermes tu inamovible sueño», pero fue Juan Ramón, con su habitual perspicacia, quien lo desarrolló y aplicó en sus varias modalidades.

Por su composición métrica y su efecto rítmico ofrece parentesco este verso con el de arte mayor y con el endecasílabo sáfico. Coincide con el sáfico en el pentasílabo inicial, predominantemente dactílico, y en el ritmo trocaico del resto del verso, producido en el sáfico por los apoyos subalternos en las sílabas pares, 6 y 8, y en el dodecasílabo por los de las impares, 7 y 9. La particularidad que distingue a este último, con ventaja para sus efectos expresivos, consiste en admitir, como el de arte mayor, que el primer hemistiquio pueda tener terminación llana, aguda o esdrújula. Las diferencias de terminación se nivelan en el período de enlace entre los dos hemistiquios, a veces por compensación, añadiendo una sílaba al segundo si el primero es agudo, y otras veces por sinalefa si entre los hemistiquios hay encuentro de vocales susceptibles de reducirse a una sola sílaba. Por virtud de estas circunstancias, el verso ofrece cinco variedades que alternan juntamente en las canciones de Juan Ramón, como muestran los siguientes ejemplos de las baladas de la mujer morena y alegre y de la mañana de la Cruz:

Primer hemistiquio

Llano	Sol con estrellas, manzana matutina.
Agudo	Quédate en mí, soy pobre y soy poeta.
Esdrújulo	Carne de música, rosal de sangre loca.
Compensación	Agua de azul, mariposa florecida.
Sinafela	La mariposa está aquí con la ilusión.

Después de las *Baladas de primavera* no volvió Juan Ramón a servirse de este metro ni parece que su ejemplo influyera para que lo adoptara mayor número de poetas, no obstante sus cualidades de suave y flexible armonía. Puede ser que su misma semejanza con los versos sáfico y de arte mayor fuera impedimento para que afirmara su individualidad, aunque es más probable que el obstáculo para su difusión consistiera en la crisis en que cayó la versificación musical después de la exaltación modernista. El mismo Juan Ramón fue abandonando sucesivamente todos los metros de su repertorio de mayor apariencia y extensión hasta excluir a los que excedieran la medida del de nueve sílabas, con excepción del endecasílabo, cuyo empleo mantuvo, aunque relativamente reducido. Entre los tipos de versos que utilizó antes del *Diario,* renunció a los que figuran en la siguiente lista. De varios de ellos sólo se sirvió en sus primeros libros:

1. Decasílabo trocaico: «Novia alegre de la boca roja, / mariposa de carmín en flor» («Balada de los tres besos», I, 748).

2. Decasílabo de 5-5, dactílico: «Álamos, juncias, álamos verdes, / ¡ay, la mañana dulce del Corpus!» («Balada triste de la mañana del Corpus», I, 762).

3. Decasílabo de 5-5, polirrítmico: «¿Quién ha besado tu boca? Mira / que no por eso te quiero menos» («Balada de los tres besos», I, 777).

4. Decasílabo simple dactílico: «Para dar un alivio a mis penas / que me parten la frente y el alma» (*Arias tristes,* I, 264).

5. Endecasílabo dactílico: «Tristes canciones de muertos amores, / auröoladas con lágrimas rojas» (*Almas de violeta,* I, 1.521).

6. Dodecasílabo dactílico: «La tarde está azul, sere-

na y dorada, / el agua y la rosa perfuman la brisa» («Balada triste del avión», I, 758).

7. Dodecasílabo trocaico de 4-4-4: «¡Qué silencio!... ¡qué reposo!... Dulce brisa / mece al sauce y al ciprés sobre las rosas» (*Ninfeas*, I, 1.478).

8. Dodecasílabo de 7-5: «Derramando fragancias cantan las brisas / y a sus besos suspiran los platanares» («Tropical», *Ninfeas*, I, 1.493).

9. Dodecasílabo de 5-7: «Vivan las rosas, las rosas del amor / entre el verdor con sol de la pradera» («Balada de la mañana de la Cruz», I, 739).

10. Dodecasílabo polirrítmico de 6-6: «Permite que viva, permite que muera / como un cielo rosa / de una de esas tardes de la primavera» (*Las hojas verdes*, I, 704).

11. Tridecasílabo dactílico: «Va cayendo la tarde con triste misterio... / Inundados de llanto mis ojos dormidos» («Somnolenta», *Ninfeas*, I, 1.476).

12. Alejandrino trocaico: «Que fría Nochebuena. Del empañado cielo / la nieve cae cuajándose con fúnebre amargura» («Nochebuena», *Almas de violeta*, I, 1.537).

13. Alejandrino dactílico: «Como adoro un sublime ideal azulado / y la vida es muy roja y es muy negra la vida» («Éxtasis», *Ninfeas*, I, 1.474).

14. Alejandrino polirrítmico: «Una luna amarilla alumbra vagamente / el cielo de neblina, verde como un acuario» (*La soledad sonora*, I, 1.008).

15. Hexadecasílabo dactílico: «Me acerqué a aquel tranquilo rincón del jardín donde muero / de tristeza, la brisa soplaba con tenue frescor» («Vaga», *Rimas*, I, 193).

16. Hexadecasílabo trocaico de 8-8: «De mi sangre se nutrieron las estrofas de estos cantos; / son las flores de mi alma que cayeron a los ósculos...» («Ofertorio», *Ninfeas*, I, 1.465).

17. Octodecasílabo de 6-6-6: «A la oliente sombra del rosal de sangre, del rosal florido, / muerta su inocencia, muerta la fragancia de su frente pura» («Marchita», *Ninfeas,* I, 1.498).

18. Polimétrico dactílico de base prosódica trisílaba llana: «Un beso de rosa / subía cantando canciones de amargas cadencias» («La canción de los besos», *Ninfeas,* I, 1.470).

19. Polimétrico dactílico de base prosódica trisílaba aguda: «El espacio se duerme tranquilo; / el silencio y la calma / melancólicos alzan canciones dormidas» («Melancólica», *Ninfeas,* I, 1.503).

20. Polimétrico dactílico de base trisílaba llana y aguda: «La vida es un lago / que se cruza por medio de frágiles barcas» («Marina», *Almas de violeta,* I, 1.534).

21. Polimétrico trocaico de base tetrasílaba: «Una lámpara tranquila y macilenta / arrojaba tenuemente sus suspiros luminosos» («Tétrica», *Ninfeas,* 1.475).

22. Polimétrico mixto de base hexasílaba: «Cortando con lumbre las siluetas largas, largas y espectrales de los negros árboles, / asomó la luna por el alto monte su faz tersa y pálida» («La canción de la carne», *Ninfeas,* 1.484).

Junto con la eliminación de estos metros y con el abandono del soneto, el autor prescindió también del encabalgamiento con división de palabra entre hemistiquios, novedad modernista poco afortunada de la que había hecho abundante uso en sus alejandrinos. Ya en *Elegías puras,* 1908, se registran ejemplos como los siguientes: «Estas violetas in-vernales que te envío» (I, 835); «Perfumarán las ma-dreselvas cuando vuelvas» (I, 841); «Tibieza y paz y mú-sica de la existencia» (I, 846); «Yerra la esencia inex-tinguible de lo eterno» (I, 847). No aplicó esta práctica fuera del alejandrino, ni en el decasílabo de 5-5, ni en el dodecasílabo de 6-6, y sólo rara vez, con intención irónica y con relación a la misma palabra, la empleó entre octosílabos: «Asno blanco, verde y ama-/rillo de parras de otoño» (*Pastorales*, I, 596); «En una torre amari-/lla eres como un punto, luna, / sobre una *i*» (*Las hojas verdes*, I, 718). El cultivo del alejandrino fue abandonado por Juan Ramón y por Antonio Machado, como ya se ha indicado, en la misma fecha. Los últimos libros en que uno y otro emplearon este metro fueron respectivamente *Melancolía* y *Campos de Castilla,* publicados en 1912.

Al prescindir de tan copioso instrumental, la serie de metros regulares conservados por Juan Ramón, al lado de su adopción del verso libre, se redujo prácticamente a los de medidas más breves, entre 8 y 5 sílabas. De los de 11 y 9 hizo escaso uso después de 1917. El cambio parecía significar una radical simplificación; en realidad no representaba sino un nuevo modo en que los efectos de la sonoridad de la rima plena y del amplio ritmo acentual venían a ser sustituidos por los de un sistema más complejo, refinado y personal. La exigencia lírica del poeta buscó compensación en el armonioso refinamiento de las líneas del poema. Concentró el interés constructivo en la unidad de la estrofa. Con frecuencia el poeta utilizó, como se ha visto, antiguos moldes de la lírica tradicional reavivándolos con vibración moderna. La presentación de unos ejemplos será la mejor manera de dar idea de la sutil técnica con que reelaboró y renovó tales recursos.

La composición titulada «Rosa, pompa, risa» (*Canción,* 139) consta de tres quintillas hexasílabas cuyas rimas repiten cuatro de las cinco palabras que terminan los versos. Los primeros y quintos versos reaparecen como retornelos en las tres estrofas. Los segundos y terceros mantienen invariablemente su terminación, pero modifican sus conceptos con encadenamiento paralelístico: sueños-rosas, rosas-pompas, pompas-risas. Los cuartos versos, al contrario, mantienen sus principios y modifican sus finales. La canción entrelaza efectos de cosante, encadenamiento y retornelo sobre estructura de tríptico:

> Con la primavera,
> mis sueños se llenan
> de rosas, lo mismo
> que las escaleras
> orilla del río.
>
> Con la primavera,
> mis rosas se llenan
> de pompas, lo mismo
> que las torrenteras
> orilla del río.
>
> Con la primavera,
> mis pompas se llenan
> de risas, lo mismo
> que las ventoleras
> orilla del río.

En «Ya viene la primavera» (*Canción*, 163), figuran cuatro pareados con asonancias distintas sobre fondo de cosante. Los primeros versos de las cuatro parejas, octosílabos, van enlazados en cadena, empezando cada uno con el mismo vocablo en que termina el correspondiente primero anterior. Los segundos versos, hexasílabos, coinciden en su elemento inicial, pero se diferencian entre sí destacando en sus terminaciones los cuatro nombres correlativos —estrella, agua, rosa, voz—, que constituyen, con el de la primavera, el cuadro de la canción:

Ya viene la primavera,
lo ha dicho la estrella.

La primavera sin mancha,
lo ha dicho la agua.

Sin mancha y viva de gloria,
lo ha dicho la rosa.

De gloria, altura y pasión,
lo ha dicho tu voz.

La poesía «Rosa última» (*Canción,* 419) está formada por dos tercetos hexasílabos paralelos, rimados entre sí por sus últimos versos. Les precede un estribillo de dos versos de 8 y 6 sílabas, que se repite al final en orden inverso, 6 y 8. En el centro, entre los dos tercetos, como punto de equilibrio entre las dos mitades simétricas, aparece el verso más breve del estribillo. La arquitectura de conjunto representa una perfecta unidad en la correspondencia de sus partes: ab-cde-b-fge-ba. La rosa simbólica, situada al principio y al fin de la canción, reaparece en anáfora en los dos tercetos con constante matización de su variable imagen:

—Cógela, coge la rosa.
—Que no, que es el sol.

—La rosa de llama,
la rosa de oro,
la rosa ideal.

—Que no, que es el sol.

—La rosa de gloria,
la rosa de sueño,
la rosa final.

—Que no, que es el sol.
—Cógela, coge la rosa.

Las líneas del zéjel se funden con las del cosante en las dos estrofas octosílabas con estribillo de «El día bello» (*La estación total,* II, 1.203). La serie sucesiva de aurora, mañana, tarde y noche, de la primera estrofa, se repite en orden inverso en la segunda, noche, tarde, mañana, aurora. Se invierte asimismo el orden de los calificativos con que terminan los versos, rosa, celeste, verde, azul — azul, verde, celeste, rosa. En la primera estrofa, la rima del último verso vuelve a la del estribillo; en la segunda, invertida, la vuelta al estribillo va anticipada como primer verso:

> Y en todo desnuda tú.

> He visto la aurora rosa
> y la mañana celeste;
> he visto la tarde verde
> y he visto la noche azul:

> Y en todo desnuda tú.

> Desnuda en la noche azul,
> desnuda en la tarde verde
> y en la mañana celeste;
> desnuda en la aurora rosa:

> Y en todo desnuda tú.

Simetría y alternancia de cuartetos y tercetos, combinación de rimas consonantes y asonantes, repetición de versos en serie invertida, retornelo de unos vocablos y antítesis de otros —*hiel:miel, clamaba:cantaba, luz:som-*

bra, bello:feo—, aparecen combinadas como piezas de mosaico en la poesía titulada «Cuatro», probable referencia enigmática a alguna agridulce experiencia, en *La estación total,* II, 1.206:

> Tres le dieron yel:
> el que iba tras él,
> el que iba con él,
> el que iba ante él.
>
> Clamaba la vida
> con la luz enmedio:
> ¡qué feo es lo bello!
>
> A tres les dio miel:
> al que iba ante él,
> al que iba con él,
> al que iba tras él.
>
> Cantaba la vida
> con la sombra enmedio:
> ¡qué bello es lo feo!

En otra ocasión, un simple verso, en exclamación, condensa el momento poético, como anticipo del tríptico que le sigue. Un breve terceto evoca la dulzura del ambiente. Una quintilla presenta la actitud de amorosa y reflexiva contemplación ante la delicada figura del niño dormido. Termina la canción volviendo en retornelo a la evocación del lugar. Envuelve al conjunto el suave ritmo de la más blanda y musical de las modalidades del heptasílabo. La composición, una de las muchas en que Juan Ramón mostró su simpatía por el tema de los niños, es ejemplo de expresión concisa y armoniosa con los recursos más sencillos. Se titula «Mañana en el jardín» (*Belleza,* II, 988):

El niñito, dormido.

Mientras, cantan los pájaros
y las ramas se mecen,
y el sol grande sonríe.

En la sombra dorada,
—¿un siglo o un instante?—
el niñito dormido,
—fuera aún de la idea
de lo breve o lo eterno—

Mientras, cantan los pájaros,
y las ramas se mecen,
y el sol grande sonríe.

Queda lejos la imagen de Juan Ramón como poeta entregado en sus últimos libros a la abstracción estética y al verso libre. En las *Baladas de primavera,* anteriores al *Diario,* su base métrica fue la estrofa de estribillo en variedad de versos de señalado carácter rítmico. En las «Canciones de la nueva luz», posteriores al *Diario,* los poemas son más breves, su sentido más denso y conciso, los versos más ligeros y las rimas y estribillos menos destacados, pero al mismo tiempo su estructura es de líneas más finas, minuciosas y entrelazadas. Representan una maestría más sutil, una métrica de primor que el poeta, seguramente, practicó como fruto natural de su fina sensibilidad y de su larga experiencia artística.

Su sentimiento rítmico y musical sobrevivió a todo preferible el verso suelto y fluctuante, sin la exigencia de cambio de actitud; en ningún caso se mostró inclinado a prescindir de la canción medida y rimada. Es indudable que para el simbolismo de su poesía ideológica encontró

rimas, acentos y medidas, pero es igualmente cierto que
para la expresión de sus intuiciones líricas y de su intimidad emocional se acogía invariablemente a los recursos
de la palabra rítmicamente organizada. Dentro del esencial
lirismo de toda su poesía, el signo más revelador de su inclinación o actitud en cada poema es, acaso, la forma de
versificación que adoptó para componerlo.

Aun en su poesía pura o trascendental, para la que
daba preferencia a la silva suelta y desnuda, su sentido
musical le llevaba a las combinaciones de fondo armonioso
y rítmico. Entre los 27 poemas de *La estación total* que
preceden a las «Canciones de la nueva luz», 5 se hallan
en metros regulares de once y ocho sílabas, 4 aparte de
éstos llevan rimas asonantes y 2 presentan orden de trípticos con retornelo de sus versos finales (II, 1.146 y 1.160).
Su verso propiamente libre reposa sobre el predominio de
las medidas impares de 11, 9 y 7 sílabas, aptas especialmente para la matización del ritmo mixto. En las
22 composiciones sueltas y fluctuantes del conjunto mencionado, los versos de medida endecasílaba representan el
45 por ciento; los heptasílabos, el 25 por ciento, y los
eneasílabos, el 17 por ciento. Los que se apartan de estas
medidas, por más cortos o más largos, no suman, unidos,
más del 13 por ciento. El verso definido y musical era
parte de su naturaleza; rehuirlo hubiera sido una falta de
espontaneidad, que el poeta no cometió.

Con frecuencia, en sus últimos libros, practicó el recurso de partir los versos, representando en línea aparte
cada fragmento. Tales pasajes de aspecto irregular, amétrico, constan simplemente de versos fragmentados. En
Juan Ramón este recurso no respondía al propósito de producir mera impresión versolibrista sino al objeto de subrayar cada parte separada. La fragmentación impone lec-

tura más lenta y atención más detenida. En la línea relativamente extensa del endecasílabo, las palabras atenúan sus particulares contornos; el destacarlas en líneas separadas no impide que el verso mantenga su unidad rítmica. Entre los ejemplos de Juan Ramón es en efecto el endecasílabo el que con mayor insistencia es sometido a fragmentación. El corte ocurre de ordinario después del apoyo rítmico de la sílaba sexta: «No lo toques ya más / que así es la rosa» (*Piedra y cielo,* II, 695); «Sevilla, ciudad tuya / ciudad mía» (*Diario,* II, 227); «Con mi luz, a mi lado / sin saberlo» (*Eternidades,* II, 566). A veces la división se refuerza con la rima: «Amor y poesía / cada día» (*Eternidades,* II, 549). La división rimada sobre el apoyo de la cuarta sílaba destaca la suave armonía del sáfico en «Ritmo de ola» (*La estación total,* II, 1.224): «Nube diamante / contra sol radiante. / Verdor precioso / contra sol glorioso», etc.

Con menor abundancia la fragmentación suele aparecer también aplicada a versos más breves que el endecasílabo. Señala el orden contrapuesto de los conceptos en «Ni es el sol / el que reina / en la sombra. / Es la sombra / la reina / del sol» («Incendio», *La estación total,* II, 1.217). Una oposición semejante es destacada en «Qué negro está / grande y negro / el día blanco / de nieve» («El pájaro yerto», *La estación total,* II, 1.218), y en «Forjadores / de espadas, / aquí está / la palabra» (*Eternidades,* II, 598).

No deja de ser significativo el amplio espacio que Juan Ramón dedicó a sus canciones en la formación de sus antologías. Es igualmente de notar el hecho de que en el plan de sus obras en verso, el primer volumen que preparó y publicó fue precisamente el de *Canción,* aunque no fuera el primero en la serie proyectada. Había expresado su deseo de traducir en canciones todos los momentos, luces y sombras, de su vida: «Canción corta, canción corta, / muchas, muchas, / como estrellas en el cielo, / como arenas en la playa» (*Piedra y cielo,* II, 782), aunque se lamentara de que cada canción no fuera sino un fallido intento de captura de la leve mariposa de luz que eternamente escapa sin dejar en la mano más que la forma de su huida (*ibid.,* II, 777).

No parecerá vano mencionar aquí el recuerdo de una noche de apacible paseo por las alturas de Morningside, en Nueva York, 1939, en que el autor de este artículo oyó de labios del poeta, como íntima reflexión, que a su juicio lo más apreciable de su obra y a lo que suponía un porvenir más duradero eran sus canciones. Por entonces se ocupaba en la composición de los poemas que habían de representar el contraste más notorio entre su poesía escrita y su lírica de canción en el libro *La estación total con las Canciones de la nueva luz,* 1946: de una parte las austeras silvas en que condensaba su idealismo estético, y de otra las finas canciones en que reflejaba el caudal sensitivo de su rica vida interior.

MÉTRICA Y RITMO DE GABRIELA MISTRAL

En su primer libro, *Desolación,* Nueva York, 1922, fue donde Gabriela Mistral hizo uso de una versificación más variada. La escala de sus metros en este libro recorrió numerosos grados, desde el de tres sílabas al de catorce. Se sirvió asimismo de diversos tipos de estrofas, entre los cuales concedió especial representación a sonetos, cuartetos y romances. Para las poesías de *Ternura,* Madrid, 1926, dedicadas en gran parte a temas infantiles, dio preferencia a sencillas formas asonantadas en metros cortos y ligeros. Los pocos ejemplos que figuran en metros mayores corresponden a poesías traídas de *Desolación.* La versificación de *Tala,* Buenos Aires, 1938, revela un claro propósito de austeridad formal: la rima se reduce a la simple asonancia, con escasas excepciones, y los metros regulares se concentran en sus medidas más comunes entre seis y once sílabas; algunas poesías prescinden de la rima y admiten la mezcla fluctuante de metros distintos. Esta actitud de simplificación, coincidente con el postmodernismo, se acentúa en *Lagar,* Santiago de Chile, 1954, donde, con excepción de dos sonetos y unos cuartetos tardíos, las poesías se reparten entre las formas asonantes o sueltas en metros de siete a once sílabas y las series rimadas o libres en versos fluctuantes.

A lo largo de los cuatro libros se mantiene el fondo métrico constituido por los versos españoles de tradición

más antigua y permanente —octosílabo, heptasílabo, hexasílabo y endecasílabo—, y por la práctica, no menos arrai-
gada y española, de la rima asonante. La influencia de la
versificación modernista, representada por los metros alejandrino, dodecasílabo, endecasílabo dactílico y eneasílabo,
se manifiesta abundantemente en *Desolación,* se reduce a
contados casos en *Ternura* y desaparece en *Tala* y *Lagar.*
A estos elementos se suman la adaptación de modelos populares en coplas, seguidillas y canciones de estribillos,
contenidas principalmente en los primeros libros, y los
variados recursos complementarios, de delicada y sutil
naturaleza, con que, por intuición o propósito, aparece
subrayada en numerosas ocasiones la armonía de los versos.

Por otra parte, se hallan de vez en cuando en estos
mismos libros ciertas anomalías de rima, acentuación y
medida que no cabe atribuir a inhabilidad o descuido en
escritora de tanta experiencia. Es más probable que G. M.
tuviera sobre estas cuestiones su propia estimación de valores y construyera sus versos con el mismo sentido de
independencia y sinceridad que puso en toda su obra. Por
lo pronto, la simple enunciación de los elementos que se
aprecian a primera vista en el repaso de sus poesías da
idea de que la atención que dedicó a estas materias fue
mayor de lo que se suele creer.

METROS

Eneasílabo. — El metro que G. M. empleó con más
frecuencia fue el de nueve sílabas. Había alcanzado este
metro amplia adhesión en el modernismo, especialmente
entre los poetas hispanoamericanos. Se advierte que G. M.
le dedicó una elaboración preferente y atenta. Acaso hubo

alguna relación para esta preferencia entre las condiciones rítmicas del eneasílabo y el modo de expresión personal de la autora, en cuya habla se percibía cierto dejo o melodía de movimiento semejante al de tal metro, según observó persona que tuvo con G. M. trato tan próximo como Margot Arce, autora de *Gabriela Mistral: Persona y poesía,* San Juan, Puerto Rico, 1958, págs. 55, 64 y 86. La misma G. M. parece haber aludido a ese particular fondo rítmico en el pasaje de «Cosas» (*Tala,* 96), en que, en eneasílabos precisamente, escribió:

> Un río suena siempre cerca.
> Ha cuarenta años que lo siento.
> Es canturía de mi sangre
> o bien un ritmo que me dieron.

Pertenece este pasaje a la variedad trocaica del eneasílabo, con apoyos rítmicos en las sílabas cuarta y octava. Se habían servido de esta variedad Rubén Darío y otros poetas. El blando efecto melódico con que G. M. lo compuso se observa en «El himno cotidiano», «Himno al árbol» y en varias otras poesías.

De distinto carácter es la modalidad dactílica del mismo eneasílabo, acentuada en segunda, quinta y octava. La regularidad rítmica de sus cláusulas y períodos, de destacado movimiento, se acomoda con singular facilidad al compás de la danza. El modernismo utilizó esta clase de eneasílabo con escasa frecuencia. Por su parte, G. M. lo aplicó con mayor extensión y lo elevó en estimación y popularidad con algunas de sus famosas rondas:

> Danzamos en tierra chilena,
> más suave que rosas y miel;
> la tierra que amasa los hombres
> de labios y pecho sin hiel.

Rara vez se han ensayado separadamente las variedades mixtas del eneasílabo. Varios indicios muestran que G. M. tuvo clara percepción de su individualidad. La modalidad de apoyos rítmicos en segunda, sexta y octava se distingue por su giro tenue y ligero. Fue tratada por don Gumersindo Laberde y elogiada por Menéndez y Pelayo. El molde de «pintada mariposa breve» lo empleó G. M. para introducir su «Plegaria por el nido» (*Desolación,* 66):

> Florece en su plumilla el trino,
> ensaya en su almohada el vuelo.

Las formas mixtas más corrientes son las constituidas por períodos de cláusulas trocaica y dactílica o dactílica y trocaica. Por lo común, estas variantes, de dúctil movimiento, sólo se han practicado en compañía de las demás formas. Ejemplo excepcional de ejecución definida de tales tipos mixtos es el elaborado por G. M. en «A la Virgen de la Colina» (*Desolación,* 30):

> Por las noches lava el rocío
> tus mejillas como una flor.
> ¡Si una noche este pecho mío
> me quisiera lavar tu amor!

En realidad, el eneasílabo polirrítmico a la francesa, con indistinta mezcla de todas sus variantes, que fue el más corriente en otros poetas, sólo ocurre entre las poesías de G. M. en «Futuro» (*Desolación,* 28); «El pino de piñas» (*Ternura,* 177); «Paraíso» (*Tala,* 36), y en pocas más. La práctica ordinaria de G. M. en esta clase de eneasílabo mezclado consistió en combinar únicamente las modalidades trocaicas y mixtas, prescindiendo de la dactílica, que es en efecto la de movimiento menos flexible. La ausencia de esta variedad se observa en «El espino» (*Desolación,* 155); «El fantasma» (*Tala,* 50); «Sol del Trópico» (*Tala,* 67), etc. Aun en aquellas composiciones en que tal variedad no fue enteramente eludida, recibió una proporción mínima. En cambio, la forma trocaica, además del cultivo independiente que G. M. le dedicó, interviene en la composición del tipo polirrítmico en mayor proporción que las mixtas. Dan idea aproximada de esta relación los cinco trocaicos y tres mixtos combinados en el siguiente pasaje de «Cordillera» (*Tala,* 72):

> Donde son valles, son dulzuras;
> donde repechas, das el ansia;
> donde azurea el altiplano,
> es la anchura de la alabanza.
> Extendida como una amante
> y en los soles reverberada,
> punzas al indio y al venado
> con el jengibre y con la salvia.

Una particular experiencia de G. M. con respecto a este metro consistió en dividirlo en dos porciones, de 4-5 ó 5-4, presentándolo en romancillos de breve paso fluctuante. La división opera sobre las variedades trocaica y mixtas, con exclusión de la dactílica. El verso suena con entrecortada ligereza sobre la cadencia del eneasílabo que sirve de fondo. Se inicia esta división con «La madre-niña» y «La cajita de Olinalá» (*Ternura),* y se repite en «La gracia» (*Tala),* y en «Duerme, duerme, niño cristiano» (*Lagar).* El siguiente ejemplo presenta un pasaje de «La gracia»:

Pareció lirio
o pez-espada.
Subió los aires
hondeada,
de cielo abierto
devorada,
y en un momento
fue nonada.
Quedé temblando
en la quebrada.
Albricia mía
arrebatada.

La conciencia del eneasílabo se hace presente en la sinalefa entre versos, que ocurre en este mismo ejemplo, y
en la compensación o encabalgamiento que se produce en
otro pasaje: «duermen a sá-bana pegada». La división pone
de relieve los elementos componentes de este metro y significa probablemente el punto de partida de otras experiencias de G. M., las cuales a simple vista pueden parecer
irregularidades o anomalías. Una de ellas es la intercalación
ocasional del decasílabo compuesto de 5-5 entre las variedades del eneasílabo. Tal intercalación, no practicada en
Desolación, empezó a manifestarse en *Ternura* y se amplió
en los libros posteriores. La mayor parte de las composiciones eneasílabas de *Tala* incluyen algunos versos de 5-5. En
«Cordillera» representan un 5 por ciento y en «Sol del
Trópico» se elevan al 9 por ciento. Es frecuente que figuren
en fin de estrofa, como en este cuarteto de «El fantasma»
(*Tala,* 50):

A menos que él también olvide
y que tampoco entienda y vea
mi marcha de alga lamentable
que se retuerce contra la puerta.

Otra experiencia consistió en apoyar el elemento tetrasílabo de la división tomándolo como base para la construcción e intercalación del octosílabo. Después de haber practicado en numerosas poesías el eneasílabo uniforme, la autora se inclinó con preferencia a mezclarlo con el octosílabo y con el 5-5. El mencionado romance de «Cordillera», aparte de los de 5-5, da principio con un octosílabo: «Cordillera de los Andes». En «La desvelada» (*Lagar*, 65), junto a la mayoría eneasílaba, la intervención de los octosílabos y los de 5-5 representa casi un tercio del conjunto. La mezcla se acentúa en varios romances de *Lagar*, cuya versificación fluctuante unas veces da predominio al de nueve, como en «Una piadosa», y otras al de ocho, como en «La abandonada».

Octosílabo. —Con la introducción del eneasílabo, el octosílabo había experimentado visible descenso en su tradicional dominio. Apoyada, si duda, por su directo contacto con la lírica popular, G. M. hizo uso del octosílabo durante toda su producción poética en mayor proporción que la que el modernismo le había dedicado. Es, después del eneasílabo, el metro más frecuente en sus poesías. Le imprimió un sello lírico especial elevando considerablemente en la composición polirrítmica del ordinario octosílabo la representación de la modalidad trocaica, la cual en el conjunto de varias poesías resulta con un promedio del 45 por ciento, mientras que la dactílica no alcanza al 20 por ciento y cada una de las mixtas aparece aproximadamente a este mismo nivel. En sus dos metros más familiares, eneasílabo y octosílabo, la autora dio marcada preferencia a la nota equilibrada y serena de las modalidades trocaicas.

Diferencias de expresión en relación con el tema y el temple emocional del poema hacen variar más o menos en cada caso particular las proporciones indicadas. La variante trocaica se eleva sobre su línea ordinaria en el acentuado lirismo de «Plantando el árbol» (*Desolación,* 61). En situaciones de honda y turbada emoción, las variedades dactílica y mixtas acusan su papel a costa de la trocaica, como se observa en «Dios lo quiere» (*Desolación,* 106). El siguiente ejemplo de «El encuentro» (*Desolación,* 97), en que figuran cuatro versos trocaicos, tres mixtos y un dactílico, da idea del carácter general del octosílabo polirrítmico en las poesías de G. M.:

> Llevaba un canto ligero
> en la boca descuidada,
> y al mirarme se le ha vuelto
> hondo el canto que entonaba.
> Miré la senda, la hallé
> extraña y como soñada.
> Y en el alba de diamante
> tuve mi cara con lágrimas.

No es casual el papel encomendado al tipo dactílico para cerrar una escena como la que aquí se describe. Efectos semejantes se repiten en otros pasajes y concuerdan con la función que la variedad dactílica suele desempeñar en el tratamiento de otros metros polirrítmicos.

La única de las modalidades del octosílabo utilizada por G. M. bajo forma exclusiva y uniforme, en poesías concebidas probablemente con propósito de facilitar su acomodación al canto, fue la trocaica. En su mayor parte son canciones de corro o cuna, como «Los que no danzan», «Apegado a mí», y «Canción amarga» (*Desolación,* 90, 187); «Ronda de la ceiba ecuatoriana» (*Ternura,* 75); «Tamborito panameño» (*Tala,* 85), y «Ronda del fuego» (*Lagar,* 160). Puede decirse que G. M. dedicó al cultivo del suave efecto de este tipo de octosílabo mayor y más asidua atención que ningún otro poeta moderno. Con frecuencia, en las composiciones de esta especie, la autora añadió a la armonía del metro la cadencia de algún estribillo, como muestra la repetición de «Yo no tengo soledad» al fin de cada estrofa en la canción que lleva ese mismo título (*Desolación*, 186):

> Es la noche desamparo
> de las sierras hasta el mar;
> pero yo, la que te mece,
> yo no tengo soledad.

Las variedades dactílica y mixtas del octosílabo no han sido objeto del cultivo independiente que las respectivas formas eneasílabas, y en especial la dactílica, han recibido. La atención experimentadora demostrada por G. M. con respecto al eneasílabo no la llevó a someter al octosílabo a ensayos análogos, no obstante la coincidencia de ambos metros en la estructura de sus períodos rítmicos. El hecho puede significar que mientras el octosílabo polirrítmico, integrado por sus varias modalidades, es un metro intensamente elaborado y establecido desde antiguo en la lengua española, el eneasílabo, de procedencia francesa, como es sabido, no ha logrado hasta ahora adquirir carta de naturaleza con definida y regular fisonomía, lo cual le hace prestarse a una discriminación de variedades que el octosílabo no parece admitir. En su propio campo francés, el eneasílabo no pasa por la diferenciación de variedades que presenta en español.

Endecasílabo. — Otro metro en el que la atención de G. M. consideró distintos aspectos fue el endecasílabo. La forma ordinaria de este verso, compuesta por la actuación conjunta de sus modalidades enfática, heroica, melódica y sáfica, es la que utilizó en «Al pueblo hebreo», «Viernes

Santo», «El suplicio», etc. Hizo predominar en general la nota lenta de la modalidad sáfica, en concordancia con el papel desempeñado por la variante trocaica en el octosílabo y eneasílabo polirrítmicos. El promedio de la participación del tipo sáfico en el endecasílabo de G. M. se eleva al 55 por ciento. Las variedades melódica y heroica, en proporciones semejantes entre sí, quedan alrededor del 20 por ciento. La enfática, con apoyos en primera, sexta y décima suele reducirse al 5 por ciento, aparte de casos especiales, como el de «Credo» (*Desolación, 35*), donde la repetición de «Creo en mi corazón» al principio de cada estrofa hace subir la representación de este tipo de endecasílabo más de lo corriente. Cabe señalar como rasgo peculiar del endecasílabo polirrítmico de G. M. el reforzado predominio de la variedad sáfica, mayor en sus poesías que en las de otros autores. El siguiente ejemplo, de «La montaña de noche» (*Desolación, 161*), con cuatro sáficos, dos melódicos, un heroico y un enfático, refleja el modo ordinario con que la autora combinó las modalidades de este metro:

> Semeja este fragor de cataratas
> un incansable galopar de potros
> por la montaña, y otro fragor sube
> de los medrosos pechos de nosotros.
> Dicen que los pinares en la noche
> dejan su éxtasis negro, y a una extraña
> sigilosa señal, su muchedumbre
> se mueve, tarda, sobre la montaña.

Otros escritores contemporáneos habían experimentado el endecasílabo sáfico en su clásico marco de la estrofa sáfico-adónica. Un intento de cultivo independiente de este metro de parte de G. M. puede verse en «Raza judía», donde seis de los ocho cuartetos de la composición se ajustan al

tipo sáfico. La ocasión en que lo empleó de manera definitiva, escogiendo la nobleza de su ritmo para la dignidad del
acto, se la proporcionó el «Himno a las escuelas Gabriela
Mistral» (*Ternura,* 179). El ritmo se mantiene firmemente
en los siete sonoros y graves cuartetos, con el primer apoyo
en la cuarta sílaba y el interior en la sexta u octava de cada
verso. La armonía de la primera estrofa da idea del conjunto de la composición:

> ¡Oh, Creador, bajo tu luz cantamos
> porque otra vez nos vuelves la esperanza!
> Como los surcos de la tierra alzamos
> la exhalación de nuestras alabanzas.

El endecasílabo dactílico, de escasos precedentes en la
poesía culta como verso independiente, fue adoptado con
interés por varios poetas modernistas después del ejemplo
de «Pórtico» de Rubén Darío. Le prestó amplia adhesión
G. M. en los sonetos de «Ruth» y en los cuartetos de «Palabras serenas» y de la segunda mitad de «El ángel guardián» (*Desolación,* 14, 24 y 78), y más tarde en la segunda
parte de «Ausencia» y en el romance del «Recado para las
Antillas» (*Tala,* 105 y 137). En su construcción utilizó indistintamente la acentuación plena en las sílabas primera,
cuarta, séptima y décima, y la atenuada, en cuarta, séptima y décima. En muy pocos casos omitió la base prosódica
para el necesario apoyo en la sílaba séptima. De su clara
ejecución es ejemplo el siguiente cuarteto de «Palabras
serenas»:

> Ya en la mitad de mis días espigo
> esta verdad con frescura de flor:
> La vida es oro y dulzura de trigo;
> es breve el odio e inmenso el amor.

En este tiempo, al endecasílabo dactílico no sólo se le cultivó separadamente sino que se le dio entrada en la composición del endecasílabo común junto a las demás modalidades de este metro, contra la práctica tradicional que había venido proscribiendo tal intervención de la forma dactílica desde el Siglo de Oro. Al restablecer el antiguo uso de los primeros adaptadores españoles del metro italiano, los poetas modernistas que abrazaron esta práctica la ejecutaron en realidad en limitados casos y sin visible propósito. En las poesías de G. M., por el contrario, el hecho se desarrolló con mayor extensión y en general con determinada función expresiva. No se advierte tal intercalación en ninguna de las poesías endecasílabas de la primera mitad de *Desolación*. Los primeros casos se notan en «El amor que calla» (101). Después se repiten en el mismo libro en «Éxtasis», «Íntima», «Vergüenza», etc. Se hacen más frecuentes en «La fuga» y en «Nocturno del Descendimiento» (*Tala*) y se multiplican en «Caída de Europa», «Una palabra», «La ansiosa» y otras poesías de *Lagar*. En «Una palabra» la proporción de dactílicos representa el 25 por ciento.

Una vez adoptada la libertad de la intercalación, G. M. debió ser llevada por su propia sensibilidad a utilizarla como recurso de expresión, apoyándose al mismo tiempo en la despreocupación de preceptos formales que se fue produciendo en el desarrollo de su producción poética. Los dos dactílicos de «Éxtasis» corresponden a expresiones cargadas de vehemencia; el último termina la tensión creciente del poema con exclamación fuertemente emocional:

> Recíbeme, soy pura,
> ¡tan plena voy como tierra inundada!

En el breve espacio de los doce versos de «El amor que calla», los tres dactílicos intercalados coinciden asimismo con conceptos exaltados. La turbación del ánimo se refleja en los precipitados movimientos del ritmo. El efecto dactílico realza la violencia de la terminación:

> Todo por mi callar atribulado
> ¡que es más atroz que el entrar en la muerte!

Alejandrino. — En el período representado por *Desolación,* la autora cultivó el alejandrino más que el endecasílabo. Se sirvió del alejandrino en varias de las composiciones de ese libro más íntimamente relacionadas con sus preocupaciones y experiencias: «La maestra rural», «Los sonetos de la muerte», «El ruego», «Poema del hijo». Poco después de la publicación de *Desolación,* el verso que había disfrutado de tan generosa acogida de parte del modernismo empezó a descender de la actualidad poética. No vuelve a aparecer entre las composiciones posteriores de G. M., aparte de su mezclada participación en el «Recado a Lolita Arriaga» y en algunas otras poesías de versificación fluctuante.

El alejandrino de G. M. se ajusta al ordinario tipo polirrítmico, de hemistiquios mezclados, preferido por el modernismo, a diferencia de la forma regularmente trocaica que había sido la más usada por los poetas románticos. Cierto es que, por razón de herencia o por natural inclinación de la lengua, la libertad con que el modernismo combinó los varios tipos de hemistiquios de este verso no impidió que continuara predominando la modalidad trocaica, con apoyos en las sílabas pares de cada mitad. En las poesías alejandrinas de G. M. esta modalidad representa un promedio de un 30 por ciento. Le siguen el tipo trocaico-dactílico con el 20 por ciento, el dactílico-trocaico con el 14 por ciento, y el dactílico-dactílico con el 12 por ciento. Las combinaciones de hemistiquios mixtos figuran en proporciones menores. Es clara la inclinación de la autora hacia los tipos de ritmo más definido; en el «Poema del hijo» hay completas estrofas uniformemente trocaicas. El primer cuarteto de «El ruego» reúne las combinaciones más usadas (*Desolución*, 135):

> Señor, tú sabes cómo, con encendido brío,
> por los seres extraños mi palabra te invoca.
> Vengo ahora a pedirte por uno que era mío,
> mi vaso de frescura, el panal de mi boca.

De ordinario, G. M. hizo poco empleo del encabalgamiento entre los hemistiquios de este verso, fuera de los casos corrientes en que el hecho afecta a elementos gramaticales de relativo relieve prosódico. Rara vez dio lugar a que el apoyo final del primer hemistiquio cayera sobre palabra inacentuada o a que el vocablo situado en ese punto tuviera que repartirse, por razón de medida y ritmo, entre las dos mitades del verso. En este sentido, la poesía «In memoriam» (*Desolación*, 26), por la muerte de Amado Nervo, constituye una sorprendente excepción. Contiene en sus siete estrofas varios casos de encabalgamiento con partículas débiles y con división de palabras, además de versos de estructura ternaria, ajenos al usual estilo de G. M. Cabe pensar que la autora en esta ocasión, tratando de acentuar la devoción de su ofrenda, se esforzara en aplicar a sus versos recursos que fueron familiares al poeta mexicano. Después de la repetida presencia de los elementos indicados, el poema termina con un verso regular, otro ternario y otro con encabalgamiento partido:

A la sombra de Dios grita lo que supiste:
que somos huérfanos, que vamos solos, que tú nos viste,
¡que toda carne con angustia pide morir!

En «Amo amor», prestó G. M. su contribución al tipo
de alejandrino constituido por el tratamiento independiente y uniforme de la modalidad acentuada en las sílabas tercera y sexta de cada hemistiquito, tipo ensayado por varios
poetas después del famoso ejemplo de la *Sonatina* de Darío. Se ha dado a este verso el nombre de alejandrino anapéstico atendiendo a la disposición formal de las dos sílabas débiles que preceden a cada una de las acentuadas, y
se le ha denominado alejandrino dactílico considerando el
efecto de su período rítmico, compuesto por la sílaba que
recibe el primer apoyo en cada hemistiquio y por las dos
siguientes. El alejandrino de «Amo amor» ofrece además
la particularidad de empezar con acento prosódico la mayor parte de los hemistiquios:

Anda libre en el surco, bate el ala en el viento,
late vivo en el sol y se prende al pinar.
No te vale olvidarle como al mal pensamiento:
¡le tendrás que escuchar!

Dodecasílabo. — Como metro regular, formado por
dos hemistiquios, 6-6, el dodecasílabo fue utilizado por G.
M. en seis sonetos, tres en «Al oído del Cristo» y otros tres
en «La sombra inquieta», y en los cuatro cuartetos de
«Echa la simiente», todos en *Desolación*. La autora prescindió de este metro, como del alejandrino, en sus obras
posteriores, aparte de hacerle intervenir con otros versos
en composiciones fluctuantes y especialmente en la jugarreta de «La manca» (*Ternura*, 108). El tipo utilizado en los
casos indicados es el polirrítmico, formado por la combina-

ción de hemistiquios trocaicos y dactílicos. Se comprueba también en esta ocasión la inclinación predominante de G. M. hacia el ritmo trocaico. Sus dodecasílabos más frecuentes son los formados con apoyos dominantes en las sílabas impares de cada hemistiquio. En conjunto representan el 40 por ciento, mientras que los dactílicos, acentuados en segunda y quinta, no pasan del 14 por ciento. El resto se reparte entre los versos mixtos en que figura un hemistiquio de cada clase, entre los cuales el más frecuente es el trocaico-dactílico, 30 por ciento. El siguiente cuarteto de «La sombra inquieta», con los dos primeros versos trocaico-dactílicos, el tercero trocaico y el cuarto dactílico, refleja el movible ritmo que G. M. imprimió a este metro:

> ¡Cuánto río y fuente de cuenca colmada,
> cuánta generosa y fresca merced
> de aguas para nuestra boca socarrada!
> ¡Y el alma, la huérfana, muriendo de sed!

Una original forma de dodecasílabo es la de «Canto que amabas» (*Lagar,* 123). Cada verso resulta de la suma de un octosílabo y un tetrasílabo. No corresponde al tipo del dodecasílabo trocaico de composición ternaria, 4-4-4, que otros poetas habían cultivado y que entra con frecuencia en composiciones populares como los corridos mexicanos. En la poesía citada el elemento octosilábico es polirrítmico, como en el antiguo y único ejemplo de esta clase de verso registrado por Nebrija (*Gramática,* II, 8): «Pues tantos son los que siguen la pasión». El efecto rítmico debió ser familiar en la poesía antigua por la frecuente asociación del octasílabo con su pie quebrado. La mayor parte de los 18 versos de «Canto que amabas» tienen terminación monorrima, formada en varios casos por repetición de las mismas palabras. Sólo cuatro versos, tres de ellos al final, son sueltos. Se apartan de la medida dominante un eneasílabo y un endecasílabo. Parece una composición destinada al canto, pero por su forma y estilo no tiene ninguna semejanza con las demás poesías a que G. M. dio carácter de canción. Principia de este modo:

> Yo canto lo que tú amas, vida mía,
> por si te acercas y escuchas, vida mía,
> por si te acuerdas del mundo que viviste;
> al atardecer yo canto, sombra mía.

Decasílabo. — Eligió la autora el decasílabo dactílico, con apoyos regulares en las sílabas tercera, sexta y novena, para realzar el tono patético del «Nocturno» del Padre Nuestro, en *Desolación,* y repitió este mismo metro en los «Nocturnos» de la Consumación, de la Derrota y de los Tejedores Viejos, en *Tala.* Es de notar que para el de José Asunción Silva, con la evocación de la emponzoñada noche de su muerte, no empleó el firme ritmo dactílico sino el movimiento más impreciso y mezclado del eneasílabo polirrítmico, así como en el del «Descendimiento», de honda y dolorosa unción, tampoco aplicó la clara línea dactílica sino el grave compás de las variedades sáfica y melódica del endecasílabo. En el decasílabo dactílico de los «Nocturnos», la exacta correspondencia de acentos prosódicos y apoyos rítmicos, sin intervención de otros acentos ociosos, destaca la seguridad y limpieza del ritmo, como se observa en el principio de «Los Tejedores Viejos»:

> Se acabaron los días divinos
> de la danza delante del mar,
> y pasaron las siestas del viento
> con aromas de polen y sal,
> y las otras en trigos dormidas
> con nidal de paloma torcaz.

El decasílabo compuesto de 5-5, no obstante la frecuencia de su intercalación en las poesías eneasílabas de G. M., sólo recibió cultivo propio, con mezcla de hemistiquios dactílicos y trocaicos, en la primera mitad de «Lápida filial» (*Tala*, 13):

> Amados pechos que me nutrieron
> con una leche más que otra viva.

Metros menores. — Entre los metros breves, G. M. se sirvió abundantemente del hexasílabo y del heptasílabo, a los cuales supo imprimir ligereza y flexibilidad, aplicándolos especialmente a temas líricos de suave temple emocional. Disminuyó su representación entre las composiciones de *Lagar,* al ganar mayor espacio las reflexiones de la autora sobre más densas y graves experiencias. Tanto al verso de seis sílabas como al de siete los utilizó en su ordinaria forma polirrítmica. El hexasílabo presenta las mismas características con que aparece como hemistiquio del dodecasílabo y el heptasílabo por su parte las mismas que combina en la composición del alejandrino. En uno y otro desempeñan papel predominante las modalidades trocaicas. A veces, en el espontáneo curso del ritmo, se aprecian especiales efectos de armonía en que los tipos trocaicos y dactílicos alternan regularmente; otras veces, la primera mitad de la estrofa es de un tipo y la segunda de otro; en otros casos, una estrofa uniformemente trocaica va seguida por otra dactílica igualmente uniforme. Varios de estos contrastes, finamente asociados a las incidencias del asunto, se observan en el fresco y juvenil movimiento de los hexasílabos de «Doña Primavera» (*Desolación,* 68).

Sólo en el romancillo de «Duerme, duerme, niño cristiano» (*Lagar,* 155), aparece tratado el pentasílabo de manera independiente, con accidental compañía del tetrasílabo. Desempeña papel principal, al lado del endecasílabo, en los sextetos agudos de «Hablando al Padre» (*Desolación*, 75). En general, de este breve verso, así como de los de cuatro y tres sílabas, no hizo uso G. M. sino como de elementos auxiliares, en combinaciones con metros extensos. Cuatro de las estrofillas irregulares de «La medianoche» (*Tala*, 34) repiten como primer verso el bisílabo «Oigo».

POLIMETRÍA

La combinación de versos de distinta medida en la misma composición se halla practicada de ordinario en *Desolación* con arreglo a los usuales tipos concordantes de 11 y 7 sílabas, de 11 y 5, de 8 y 4, de 7 y 5, de 12 y 6 y de 14 y 7. Otras combinaciones menos corrientes son las de versos de 7 y 3 sílabas de «Piececitos», la de 5 y 10 de «Hablando al Padre» y la de 6 y 9 en «Jesús». La disposición mostrada por G. M. en la desigual división del eneasílabo en porciones de 5-4 y 4-5 y en la intercalación de versos de 5-5 entre los eneasílabos fue ensanchando su acción hasta convertirse en lo que puede considerarse como rasgo más característico de su versificación.

La mezcla de metros de cinco, seis y siete sílabas en series asonantadas, con aire de seguidillas, aunque con mayor soltura y libertad, la practicó G. M. en varias poesías infantiles, entre las que figuran «Con tal que duermas», «La nuez vana» y «Que no crezca», de *Ternura*, y «La huella» y «Ronda de los aromas», de *Lagar*. Con análoga libertad alternan los versos de ocho, nueve, diez, once y doce sílabas en las jugarretas de «Ocho perritos», «La manca», «La pajita» y «La rata», de *Ternura*.

Alcanza mayor amplitud la mezcla de metros en composiciones de *Tala* como «La copa», donde sobre el fondo endecasílabo aparecen diseminados versos de todas las medidas entre siete y catorce sílabas, o como «Pan», formada por eneasílabos y decasílabos de 5-5 compaginados con endecasílabos y decasílabos dactílicos. Las composiciones de *Tala* en que la polimetría alcanza límites más extensos son «Confesión» y «Recado de nacimiento», en versos sueltos oscilantes entre cuatro y catorce sílabas, con predominio de los de once. Varias poesías de *Lagar* de fondo fluctuante entre octosílabos y eneasílabos, ensanchan su oscilación hasta el endecasílabo y el dodecasílabo, como se ve en «La granjera», «Luto» y «Una mujer».

El material empleado en este género de composiciones consiste en versos de definida identificación métrica. En la sucesión de los versos cambia la medida, pero se mantiene el compás básico bajo el cual se organizan y equilibran cláusulas y períodos. Además de la permanencia del ritmo, la autora hace presente de ordinario la asonancia con preferencia a la omisión de la rima y agrupa los versos en series de cuatro, seis, ocho o diez unidades con preferencia a la serie indefinida. La citada «Confesión», de *Tala*, contiene entre sus 48 versos mezclados una mayoría de 37 que son corrientes endecasílabos, alejandrinos y heptasílabos, 4 son versos cortos de cuatro y seis sílabas, y los 7 restantes de aspecto menos usual son unidades de doce y trece sílabas que se descomponen en hemistiquios cuya extensión coincide con la dimensión dominante entre los apoyos rítmicos que marcan el lento y grave compás del poema.

Los largos metros modernistas de cláusulas repetidas no tentaron a G. M. Tampoco las vagas unidades surrealistas de variable longitud e impreciso ritmo. Adoptó una polimetría rítmica más moderada que la silva de metros distintos, extensamente cultivada por modernistas y postmodernistas. En su particular sistema debió ver un instrumento convenientemente flexible para sus exigencias de expresión, a cambio de lo cual renunció a la rica variedad y armonía logradas con las combinaciones regulares de metros, rimas y estrofas de *Desolación*. Pero el cambio no significaba una reacción contra la regularidad sino más bien la adopción de una disciplina más estricta. A pesar de su aparente soltura, las composiciones polimétricas de *Tala* y *Lagar* no dan precisamente impresión de libertad sino de esforzado propósito de precisión alrededor de una inquieta línea cuyo nivel no se acaba de fijar.

Resultado de esta actitud había sido el cultivo particular de las modalidades individualizadas del octosílabo, eneasílabo y endecasílabo que figuran en sus composiciones en proporción relativamente mayor que en las de otros poetas. Se comprende que la experiencia de las posibilidades rítmicas que encierra cada unidad métrica abriera el camino para la organización conjunta de unidades afines y combinables, no en la medida de ejemplos ajenos sino dentro del marco que dictaría a la aurora su propio sentido. Con la adopción de este criterio, lo que en *Desolación* había sido claridad y diferenciación de tipos rítmicos terminó en *Lagar* en un intenso y vacilante tanteo de notas variables y mezcladas.

En la ejecución de los metros polirrítmicos, la primera actitud de G. M. había destacado la variedad trocaica sobre la dactílica y las mixtas, aparte de la preferencia por el sáfico en el caso del endecasílabo. El equilibrio del movimiento trocaico y la gravedad del sáfico son rasgos destacados, como se ha visto, en el conjunto de *Desolación*. La modalidad dactílica, excluida con frecuencia del eneasílabo polirrítmico y limitadamente representada en los demás metros de esa especie, pero cultivada en forma independiente por G. M. en numerosas ocasiones, no sólo entró a figurar libremente en la polimetría de la autora sino que en ciertos casos se convirtió en elemento predominante. Los decasílabos y endecasílabos dactílicos intervienen refrenadamente en el maternal y persuasivo monólogo de «Confesión», pero se elevan hasta alrededor de un 40 por ciento en «Nacimiento» y «Pan», y más aún en el «Recado a Rafaela Ortega» y en el cuento de «La madre Granada». La abundante presencia del ritmo dactílico, con su apremiante acento, es el rasgo que imprime mayor diferencia al vaivén polimétrico de estos poemas respecto a la versificación de los del período de *Desolación*.

ESTROFAS

Soneto. — Figuran en *Desolación* diecisiete sonetos estrictamente modernistas, por sus metros de catorce, doce y nueve sílabas y por las rimas cruzadas y distintas de sus cuartetos. Estuvo ausente este género de composición en *Ternura* y *Tala*. Al reaparecer brevemente en *Lagar* adoptó la forma clásica de metro endecasílabo y cuartetos de rimas abrazadas, a las que sólo faltó la condición de ser iguales en los dos cuartetos. La mayor parte de los sonetos se dan en grupos en forma de trípticos. Cumplen esta disposición los tres sonetos dodecasílabos de «Al oído del Cristo» y de «La sombra inquieta»; los de «Ruth», en endecasílabos dactílicos, y los alejandrinos de «Sonetos de la muerte». El tríptico aparece incompleto en el grupo alejandrino de «La encina», donde el tercer soneto quedó sin los cuartetos, y en los «Sonetos de la poda», en endecasílabos, en que los cuartetos del primero parece que invadieron el lugar de los tercetos.

Cuarteto. — Hizo G. M. abundante aplicación del cuarteto en versos plenos de nueve, once y catorce sílabas, con rimas consonantes llanas y cruzadas, ABAB. Es eneasílabo, por ejemplo, en «Himno al árbol», alejandrino en «Poema del hijo» y endecasílabo en «Himno a las escuelas Gabriela Mistral». Análogo modelo, con rima consonante en los pares, pero con los impares sueltos, ABCB, aparece en endecasílabos en «La montaña de noche».

El tipo cruzado, con rimas consonantes llanas en los impares y agudas en los pares, AÉAÉ, se halla en endecasílabos en «Palabras serenas», en alejandrinos en «La maestra rural» y en eneasílabos en «Futuro». Aunque de ordinario cada tipo se mantiene con regularidad desde el principio al fin de la composición, se aparta de esta norma la poesía «A la Virgen de la Colina», en eneasílabos, la cual empieza con cuartetos llanos y cambia a los agudos desde la tercera estrofa.

El cuarteto consonante de versos pares quebrados con rimas agudas, AéAé, aparece en alejandrinos y heptasílabos en «Nubes blancas». Se da el mismo tipo con los impares sueltos, AéBé, en «Mientras baja la nieve», y con rima llana en los quebrados, AbCb, en endecasílabos y heptasílabos o eneasílabos, en «A Noel».

Del cuarteto de rimas llenas abrazadas, ABBA, menos frecuente en G. M. que el cruzado, son ejemplos, en alejandrinos, la poesía titulada «Desolación», en Paisajes de la Patagonia, y en eneasílabos, «El pino de piñas».

Cuarteta. — Empleó en pocos casos la común redondilla octosílaba de rimas cruzadas, abab. Sólo se registra en breves ejemplos como el de «Plantando el árbol» y «Encantamiento».

La popular cuarteta de pares asonantes e impares sueltos, abcb, se halla en hexasílabos en «A las nubes» y «Pi-

316 LOS POETAS EN SUS VERSOS

nares», y en octosílabos en la segunda de las dos poesías de *Desolación* que llevan el título de «Coplas». La primera de estas composiciones consta de cuartetas y quintillas con variable disposición de versos de siete, nueve y diez sílabas.

De la cuarteta octosílaba asonante, con final quebrado tetrasílabo o trisílabo, abc*b* son ejemplos «Promesa a las estrellas», «La lluvia lenta» y «El aire».

Con frecuencia utilizó la cuarteta mixta que tiene de redondilla la consonancia en los pares y de copla popular la falta de rima en los impares. Se halla en octosílabos en «La espera inútil» y «Canción del maizal», y en hexasílabos en «Doña Primavera», «Corderito», etc.

De propia iniciativa parece la cuarteta octosílaba de «Mi canción» (*Ternura*, 56), con primer verso suelto, segundo y tercero consonantes, y cuarto formado por la expresión «¡Cántenme!» repetida al final de cada una de las seis estrofas.

Quintilla. — No se sirvió de la quintilla bajo ninguno de sus ordinarios tipos, pero la utilizó, en cambio, según el esquema abcac, dejando suelto el segundo verso, en la composición en hexasílabos «Canto del justo» (*Desolación*, 20). Otro ensayo semejante, también en hexasílabos, es el de «El corro luminoso» (*Desolación*, 48), en el que los versos tercero y quinto llevan consonancia aguda quedando sueltos los demás, abécé.

Sexteto. — La imagen del antiguo sexteto-lira, de seis versos endecasílabos y heptasílabos con pareado final, aba-BCc, sirve de molde a cuatro estrofas de «El ángel guardián».

El sexteto de semiestrofas simétricas, en pentasílabos y endecasílabos, con rimas agudas en todos los versos, ááÉ:óóÉ, se repite en las diez estrofas de «Hablando al Padre» (*Desolación*, 75). La disposición de versos y rimas hace recordar la forma métrica de algunos discores de los antiguos cancioneros.

La sencilla estructura del sexteto de versos alternos, sueltos y asonantes ababab, sirvió en la composición en hexasílabos titulada «Balada» (*Desolación,* 112), subrayada en su efecto rítmico por el paralelismo de la exclamación que ocupa los dos últimos versos de cada estrofa.

En «Encargos» (*Ternura,* 91), el mismo tipo de sexteto, en eneasílabos, está construido con rimas consonantes en los pares, las cuales a su vez resultan análogas entre sí y se armonizan y alternan en el conjunto de la composición.

Terceto. — Aunque empleó el terceto en pocas ocasiones, aparte de su intervención en los sonetos, lo hizo figurar bajo varias formas; en endecasílabos y heptasílabos, ABB y ABa, en «Ceras eternas» y «Volverlo a ver» (*Desolación,* 129 y 131); en eneasílabos sueltos, en «Paraíso» (*Tala,* 36), y en endecasílabos y heptasílabos, abB, en «Gotas de hiel» (*Antología,* Santiago, 1940, pág. 96).

Romance. — La mayor parte de las poesías de G. M. posteriores a *Desolación* fueron compuestas en forma de romances. Los romances incluidos en *Desolación* representan el 20 por ciento del conjunto de la obra; en los libros siguientes se elevan a un promedio del 90 por ciento. Por las circunstancias de su métrica se reparten en varios grupos:

1.   Romances de tipo común, en metro uniforme con los impares sueltos, asonancia corrida en los pares y agrupación de los versos en cuartetos. Ejemplos: «Locas letanías», octosílabo; «El maíz», heptasílabo; «Poeta», hexasílabo; «Todas íbamos a ser reinas», eneasílabo; «Nocturno de los tejedores viejos», decasílabo dactílico; «La fuga», endecasílabo.

2.   Metro uniforme con impares sueltos, rima conso-

nante corrida en los pares y agrupación en cuartetos. Ejemplos: «Tierra chilena», eneasílabo dactílico; «Ronda cubana», octosílabo; «Noel indio», heptasílabo.

3. Metro uniforme y asonancia corrida en los pares, con los versos agrupados en sextetos. Ejemplos: «Nocturno de la Consumación», decasílabo dactílico; «Amapola de California», octosílabo; «Devuelto», heptasílabos y pentasílabos.

4. Metro uniforme con cambios de asonancia. Ejemplos: «Bendiciones», octosílabo, asonancia *í-o* en una parte, *i-a* en otra. «Madre mía», octosílabo, al principio *é-a,* después *á-a,* de nuevo *é-a* y al final otra vez *á-á.* «A Joselín Robles», eneasílabo, asonancia variable en períodos de distinta extensión.

5. Metro de seguidilla con alternancia regular de heptasílabos y pentasílabos y asonancia o consonancia corrida en los segundos. Ejemplos: «Mar Caribe», «Viejo León», «Niño chiquito».

6. Metro variable entre cinco, seis y siete sílabas, con asonancia corrida en los pares. Ejemplos: «La nuez vana», «Con tal que duermas», «Ronda de los aromas».

7. Romancillos en versos de cuatro y cinco sílabas (eneasílabos divididos). Ejemplos: «La madre-niña», «La cajita de Olinalá», «Duerme, duerme, niño cristiano».

8. Romances con estribillos dispuestos de varios modos. Ejemplos: «Tamborito panameño», «Ronda de la ceiba ecuatoriana», «El encuentro», «Apegado a mí».

9. Romances con estribillo reducido a una sola palabra que se repite al final del último verso de cada estrofa. Ejemplos: «La margarita», «Canción de la sangre».

10. Serie variable de endecasílabos y heptasílabos combinados libremente a modo de silva, pero con asonancia en los pares, como romance. Ejemplos: «Éxtasis», «Árbol

muerto», «La rosa», «Amanecer». El único ejemplo de silva aconsonantada, «La memoria divina», va ligada al plano popular por el estribillo que se repite al final de cada sección.

Versos sueltos. — Las composiciones en versos no rimados sólo figuran en *Tala* y *Lagar*. Las de *Tala* están representadas por las poesías epistolares de los «Recados», aparte de «La copa» y «Confesión», y constan todas de versos polimétricos. Las de *Lagar* son más numerosas, se refieren a diversos temas y están compuestas en endecasílabos uniformes, como «Caída de Europa»; otras en octosílabos, como «El reparto», y las menos en versos mezclados, como «Campeón finlandés».

En el tratamiento de la estrofa, como en el de los metros, G. M. se sirvió de los tipos básicos más corrientes, pero multiplicó sus efectos con numerosas modificaciones, sometiendo cada molde a estrecha elaboración para aprovechar todas sus facetas y aptitudes. No da la impresión de haber puesto preocupación ni esfuerzo en la busca de tales efectos. El estímulo lo recibiría de la exigencia de su propia sensibilidad, y la ejecución debió serle facilitada por su fina percepción del ritmo de la lengua.

ARMONÍA

Con construcción más o menos compleja, la estrofa mantiene su papel en las obras de la mayor parte de los poetas modernos. Por lo general, las estrofas de una composición forman una simple serie de unidades sin más vínculo métrico que la coincidencia de su forma .Es poco frecuente que, en su especial agrupación o en la disposición de sus variedades, respondan a un determinado orden en relación con la estructura del poema. Contribuyen a la cabal armonía la organización de los versos en la estrofa y la de las estrofas en la composición. Es de notar la variedad de combinaciones con que G. M. atendió a la coordinación de estos elementos.

Los cuartetos dodecasílabos, con final hexasílabo, de «Echa la simiente» (*Desolación*, 70), ofrecen la particularidad de distinguir con rima aguda los versos impares en lugar de los pares, ÁBÁb, y de mantener tanto la rima aguda como la llama en las cuatro estrofas, cuyo final hexasílabo repite además como estribillo la frase del título.

En la ronda «Jesús» (*Desolación*, 92), la disposición alterna de cuartetas heptasílabas y pareados eneasílabos y el contraste entre las rimas llanas de las primeras y las agudas de los segundos sugiere claramente los dos tiempos del orden melódico con que el poema debió ser concebido.

Modelo de construcción armoniosa entre sus elementos métricos y semánticos es «Amo amor» (*Desolación*, 99), donde el breve cuadro, condensado en cada estrofa, de atracción imperiosa, resistencia frustrada y fatal sumisión, se repite con simétrica correspondencia en la sucesión de los cuarteros.

El romancillo irónico «Viejo León» (*Tala*, 106), en heptasílabos y pentasílabos con compás de seguidilla, hace percibir el juego de sus rimas agudas como dos notas alternas, oscura y clara, la primera correspondiente a los impares heptasílabos, los más largos relativamente, y la segunda a los breves pares.

El orden de las rimas produce un efecto de doble nivel en «Canción de pescadoras» (*Ternura*, 51), y en «Encargos» (*Ternura*, 91). En ambos casos, sobre las consonancias que particularizan la unidad de cada estrofa, actúa una común asonancia que las enlaza a todas entre sí.

Fue desde luego en sus canciones de cuna donde G. M. realizó sus más finas experiencias de cadencia musical, valiéndose, sin embargo, de los elementos más claros y sencillos: octosílabos, asonancias, paralelismos y estribillos. Es el carácter de sus imágenes y su adecuada acomodación lo que balancea suavemente la melodía de «Meciendo» (*Desolación*, 187), y se recoge con movimiento arrullador en «Miedo» (*Antología*, 190).

Su percepción del verso se fundaba naturalmente en la imagen oral de la palabra, y es en realidad valioso como sello de su espontaneidad el hecho de que en su caso, como en el de Rubén Darío, las rimas de sus versos reflejan a veces subrepticiamente rasgos de su habla como el seseo y el yeísmo, y como la supresión o «evaporación» de la *s* final, a lo cual se refirió la autora en *Tala* comentando el uso de «albricia» por «albricias». En otra referencia a la intimidad de su labor aludió a la afluencia con que, una vez entrada en materia, le acudía la rima «como lluvia cerrada», a lo cual cabe atribuir tanto las rimas interiores que la autora mencionó como las duplicadas en algunas poesías y las acumuladas en pasajes de algunos romances como «Dios lo quiere» (*Desolación*, 107), y «Palmas de Cuba», (*Lagar*, 105).

Aunque en sus últimos libros redujera la práctica de la estrofa con rima cabal, su actitud no llegó en ningún momento a adoptar la composición del poema como libre serie de versos sin orden definido. Dentro de la aplicación de la asonancia, sus romances, rondas, noturnos y algunos de sus recados se desarrollan regularmente en grupos uniformes de cuatro o seis versos. Sus silvas de endecasílabos y heptasílabos se ajustan a esta misma división u oscilan alrededor de ella. Poemas asonantes de mayor extensión, como «Sol del Trópico», «Cordillera» y «Maíz» en *Tala,* se reparten en secciones en que predominan las de diez, doce y catorce versos. Las composiciones en versos sueltos se acomodan asimismo a la medida más corriente del cuarteto, como en «Recado a Lolita Arriaga», o hacen alternar grupos poco más extensos sobre la base del de cuatro, como en «Confesión» y «Recado de nacimiento». Tanto en la división del poema en grupos de diferente extensión como en la mezcla de versos de distinta medida, la autora actuaba constantemente entre límites de equilibrada proporción.

Varios recursos complementarios, repetidos especialmente en *Tala* y *Lagar,* parecen responder al propósito de suplir la ausencia de las estrofas orgánicas o de rima completa. Aunque algún precedente de esta especie se registra también en *Desolación* y *Ternura,* el hecho no adquirió notorio relieve hasta el período en que G. M. mostró mayor abstención respecto a aquel tipo de estrofa.

En primer lugar, el principio de la composición suele ser subrayado mediante la enunciación del tema en metro diferente del usado en el texto. «Plegaria por el nido» (*Desolación,* 66), en cuartetos eneasílabos, empieza por un pareado endecasílabo. De modo semejante, «Lápida filial» (*Tala,* 13), en decasílabos de 5-5 y eneasílabos, empieza con dos decasílabos dactílicos. El romancillo hexasílabo «Cascada en sequedal» (*Tala,* 60) inicia su primera cuarteta con dos octosílabos.

En otros casos la diferenciación de metro marca el principio aunque no enuncie el tema. «El himno cotidiano» (*Desolación,* 53), en eneasílabos, empieza por un heptasílabo. El romance endecasílabo «La fuga» (*Tala,* 11) se inicia con un heptasílabo. «Cordillera» (*Tala,* 72), en eneasílabos, principia por un octosílabo. La composición «Caída de Europa» (*Lagar,* 19), en endecasílabos sueltos, da principio con un eneasílabo. El procedimiento se repite en otras varias poesías de *Lagar:* «Lámpara de catedral» (138); «Procesión india» (147); «Emigrada judía» (170), etcétera.

En segundo lugar, varias composiciones, sin contar las que llevan estribillos, destacan la terminación por medio de algún contraste métrico. El recurso más corriente consiste en introducir alguna modificación en la última estrofa o en terminarla con algún verso diferente del usado en el texto. En «La obsesión» (*Desolación,* 125), la serie regular de cuartetas heptasílabas termina con un terceto, AbA, en versos de 11-7-11. Los cuartetos en endecasílabos y heptasílabos de «Los huesos de los muertos» (*Desolación,* 146) concluyen con un alejandrino. El romance eneasílabo «Animales» (*Ternura,* 123) acaba con dos decasílabos de 5-5. El «Nocturno de la Consumación» (*Tala,* 13), romance decasílabo en estrofas de seis versos, se cierra con una de ocho. El «Nocturno de José Asunción» (*Tala,* 21), en cuartetos eneasílabos, termina con dos versos. En «Ocho perritos» (*Lagar,* 36), romance en eneasílabos y decasílabos mezclados, la terminación la forman dos endecasílabos dactílicos. «Noche de San Juan» (*Lagar,* 51), romance octosílabo ordinario, termina con un endecasílabo dactílico.

Un tercer elemento, más sensible e intuitivo, en relación con la estructura del poema, consiste en el modo de producirse la fluctuación de los versos en las composiciones polimétricas. La alternancia de metros de ocho, nueve y diez sílabas se reparte de manera uniforme en «Pan» (*Tala,* 55), y «Los dos» (*Lagar,* 49). El reparto cambia de nivel en «Recado a Lolita Arriaga» (*Tala,* 135), donde los alejandrinos que alternan con los endecasílabos se acumulan principalmente en los cuartetos centrales.

Con más frecuencia la fluctuación del verso se desarrolla en dirección ascendente, con movimiento paralelo al de la tensión emocional. En el romance «Carro del cielo» (*Ternura*, 133), los octosílabos predominan sobre los eneasílabos en los primeros cuartetos, pero el predominio pasa a los eneasílabos en la segunda mitad de la serie. Del mismo modo, en «Encargo a Blanca» (*Lagar*, 15), el octosílabo es preponderante en los dos primeros grupos, el eneasílabo en el tercero y el decasílabo en el cuarto. En la polimetría de «Ocho perritos» (*Lagar*, 36), oscilante entre ocho y once sílabas, los versos más extensos se acumulan en la estrofa final.

El movimiento opuesto, con descenso, aunque menos frecuente, se observa en los cuartetos del romance «Vieja» (*Tala*, 122), en el que los alejandrinos se mezclan con los endecasílabos en las primeras seis estrofas y desaparecen en las cinco siguientes. En «Herramientas» (*Lagar*, 127), las primeras estrofas constan de eneasílabos y decasílabos a las cuales reemplaza el octosílabo en el resto de la composición, hasta que dos versos de nueve y diez sílabas destacan el final. Ningún motivo hay para pensar que estos sutiles movimientos y transiciones en la estructura de los poemas se produjera por mero y arbitrario azar. No es difícil advertir en algunas ocasiones la correspondencia entre tales cambios y el proceso semántico o emocional de los respectivos pasajes. Pero el análisis de tal correspondencia necesitaría ser objeto de un estudio especial.

RESUMEN

Una mirada de conjunto sobre las observaciones que preceden pone de relieve que la elaboración del verso fue para G. M. una cuestión de permanente interés. En su época de versificación regular, corespondiente a *Desolación* y *Ternura,* no se limitó a utilizar metros y estrofas en sus formas comúnmente establecidas, sino que, con esmerada atención, se aplicó a distinguir las modalidades implícitas en esas mismas formas, con lo que construyó un cuadro métrico de amplia y rica variedad.

Al desligarse en gran parte en *Tala* y *Lagar* de la disciplina del metro uniforme y de la estrofa aconsonantada, dotó a sus poesías de una forma flexible y cambiante, a base de una ponderada fluctuación del metro en la estrofa y de la estrofa en el poema. Bajo la guía de su sentido musical, se ejercitó, de este modo, en un original orden métrico de finas líneas y eficaces efectos, aunque la autora misma no nos haya dejado una explicación definida de su propósito.

La atenta curiosidad que tal sistema supone la había probado previamente G. M. en las experiencias de sus eneasílabos divididos, dodecasílabos de 8-4, intercalación de versos de 5-5 entre los eneasílabos, consonancia en coplas y romances, quintillas en versos rimados y sueltos, sextetos de uniformes y simétricas rimas agudas, silvas con estribillo, poesías con doble nivel de consonancia y asonancia, etc.

Ni estos hechos se producirían por azar ni la autora se ejercitaría en ellos por simple pretensión de virtuosismo o lucimiento. Rehuyó precisamente los efectos métricos de apariencia llamativa. Trató de buscar aspectos nuevos en formas corrientes y gastadas y procuró desentrañar recursos secretos y poner en juego combinaciones de delicada armonía.

Bajo apariencia de improvisación y descuido, cultivó una métrica refinadamente elaborada. Atendió a la virtud musical del verso más que a su pulimento académico. Dejó abundantes detalles de aparente indisciplina para sorpresa del lector preceptista.

En el fondo de sus versos domina de manera general una nota de honda resonancia, lo mismo en la dulzura de sus poesías infantiles que en la gravedad de sus invocaciones religiosas o en la fervorosa evocación de las montañas y valles de su tierra.

Ha sido repetidamente notada la intensa energía de imágenes y conceptos con que vertió en sus composiciones la íntima tragedia de su vida. El equilibrio de su métrica refrenó esa turbulenta corriente. En su verso, nada alteró en ningún momento la dignidad de su compás.

PROSA Y VERSO DE ALFONSO REYES

Es rasgo característico del estilo de Alfonso Reyes la ágil y obediente flexibilidad con que las palabras responden a los giros del pensamiento e intenciones del autor. De día en día el notable escritor mexicano fue depurando esa claridad de expresión, rica de reflejos y matices, en que llegó a ser reconocido maestro. Corresponde a la mejor tradición del idioma la fina combinación de serenidad e inquietud, de equilibrio y movimiento que Reyes supo poner en sus escritos.

En su mismo modo de hablar Reyes empleaba inflexiones altas, de trazo breve y variado, las cuales contrastaban con la línea moderada, o más bien baja, que representaba el nivel ordinario de su voz. La proporción y medida en los elementos de la articulación y del acento mostraba en el lenguaje de Reyes los efectos de hábitos prosódicos que, sin ocultar su sello mexicano, correspondían claramente a la corriente esencial del bien decir español, un bien decir que Reyes llevaba ya de su tierra antes de su residencia en Madrid y de sus viajes y experiencias por los pueblos de Castilla.

Merece franca alabanza el ejemplo de este gran captador de orientaciones que acertó a caminar por los terrenos más diversos sorteando con tino los riesgos de la erudición enfadosa, del ademán afectado o de la acrobacia verbal. La nota de ponderación que dominaba en el habla de Reyes es también firme base de su forma literaria, lo mismo en los agudos *Cartones de Madrid* que en el amplio y grave fondo de la *Visión de Anáhuac*.

Sobre ese consistente eje hacía girar los ritmos más variados. Si hay algo de lo cual la palabra hablada y escrita de Reyes estaba enteramente libre es la monotonía. Se percibe en su lenguaje, no el artificio simbolista de una acústica más o menos convencional, sino la auténtica actuación del oído sensible a la expresividad inmanente del sonido. Reyes, que compuso siempre versos y ensayó en ellos numerosas formas métricas, evocó con frecuencia las impresiones más íntimas mediante imágenes sonoras, como cuando en *Huellas* recuerda la tonada de la sierva y las jugosas reuniones en que, según dijo, se oía la música de los pensamientos.

No descuidaba Reyes el lenguaje ni en los momentos en que gustaba de dar a su expresión mayor soltura y libertad. Consagró gran parte de su esfuerzo al estudio de la literatura española y a conocer el desarrollo del idioma desde sus fuentes más antiguas. No es otro el secreto de que el estilo de este autor asiente sobre fondo tan seguro su vigilante modernidad. La palabra no entrega enteramente su virtud sino a quien conoce y siente su pasado.

El horizonte internacional de la obra de Reyes no altera las cualidades hispánicas de su estilo, así como su dominio de la lengua literaria tampoco es obstáculo para que se trasluzca en sus escritos el aire o acento de su tierra nativa. El mexicanismo de Reyes consiste visiblemente, como el de su compatriota Alarcón, en el cultivo y selección de maneras tradicionales que adquieren más acendradamente carácter español a medida que depuran su temple mexicano.

Como poeta, mostró Reyes especial interés y atención

a las cuestiones relativas al verso. La métrica de las composiciones reunidas en el volumen de su obra poética abarca un amplio horizonte de versos y estrofas. Al lado de las formas tradicionales y corrientes, ofrece numerosas combinaciones de nuevos y variados efectos. El repaso de las particularidades de estas formas evoca un íntimo aspecto del querido amigo y admirado escritor.

Reyes no perteneció a la escuela modernista ni por generación ni por estética, pero coincidió en el fondo con la actitud de tal escuela en lo que se refiere a la estimación y culto del verso. Su veleidad, que él lealmente declaraba, en cuanto a asuntos y estilos, no le apartó de esta devoción en ninguna parte de su vida: «Seréis, versos, mis últimas locuras», decía al principio de uno de sus sonetos.

Reaccionó resueltamente contra las construcciones rítmicas de ampulosa y resonante construcción. Su inclinación lo llevó a aplicarse con preferencia a efectos más delicados y secretos de la palabra versificada. Sus ejercicios y experiencias fueron resultado de observación aguda y reflexiva y de refinada sensibilidad. No se conformó con adoptar el verso como instrumento consabido, sino que procuró desentrañar su naturaleza y dominar su técnica.

Nota significativa es el acierto con que utilizó la modalidad del metro eneasílabo predominante en la suave armonía del romance de *Las hijas del Rey de Amor,* de 1909: «En la más diminuta isla / donde nadie la descubrió». No es improbable que en la ejecución independiente de esta modalidad, disgregándola del cuerpo polirrítmico y heterogéneo del eneasílabo común, recordara Reyes el breve y vago precedente que Iriarte dejó en una de sus fábulas. Fue en todo caso en manos de Reyes donde tal especie de eneasílabo, acentuado uniformemente en las sílabas tercera, sexta y octava, adquirió clara y definida fisonomía. Gabriela Mistral la adoptó más tarde en *La Virgen de la Colina.*

Testimonio de análoga precisión analítica es el que Reyes ofreció en la primera parte del poema *En la tumba de Juárez,* de 1908, compuesta en metro de hemistiquios octosílabos de ritmo dactílico, con acentos en primera, cuarta y séptima: «Manes del héroe cantado, sombra solemne y austera». Sabido es que al lado del octosílabo ordinario, de estructura polirrítmica como la mayor parte de los metros corrientes, la poesía había desarrollado con independencia la modalidad trocaica de este verso, acentuada en tercera y séptima y aplicada principalmente en los cantables líricos del teatro. No ha sido aprovechado en su apropiado papel independiente esta otra modalidad dactílica, de noble dignidad de hexámetro, cuyo valor utilizó Reyes tan adecuadamente en el elevado tono de su oda.

Otro producto de su experimentadora curiosidad es el dodecasílabo compuesto de 5-7, trasunto inverso del de seguidilla, intercalado en algunos pasajes de su *Ifigenia cruel:* «Cuando en las tardes dejáis correr la rueca / y cantáis solas a fuerza de fatiga». Advirtió el autor que había hecho figurar este verso con plena conciencia, pero no explicó la razón de no haber sostenido más ampliamente el ensayo, aunque tal metro no deja de poseer en realidad apreciable calidad rítmica.

El repertorio de metros y estrofas de la versificación de Reyes compone un policromo cuadro de variadas formas entre las que figuran las que su sentido poético debió considerar más adecuadas en cada caso para la grave reflexión filosófica, para la serena contemplación lírica, para el suave comentario humorista y para los otros muchos temas que estimularon su ingenio. Se ajustó en general a los moldes tradicionales en sonetos, cuartetos, décimas, redondillas, quintillas y romances, pero retocó con frecuencia estas estrofas con modificaciones ocasionales, y prescindió de ellas en numerosas ocasiones sustituyéndolas por la abierta serie del verso suelto o por el libre grupo fónico-sintáctico de equilibrada ondulación.

De una parte construyó en densos cuartetos de hexámetros el evocador fondo de leyenda de *La hora de Anáhuac,* y de otra dibujó con viva línea de ágiles giros la fina ironía descriptiva de *El mal confitero.* Dio perfecto y repetido ejemplo de la erudita estrofa alcaica en su *Oda nocturna antigua.* Ofreció un impecable modelo de la glosa clásica en las cuatro décimas sobre pie de redondilla de *Glosa de mi tierra.* Combinó la quintilla y la redondilla, enlazadas por retornelo, con arte de cancionero antiguo, en *Las quejas* del resentido Coridón. Al lado de la seguidilla simple de 7-5-7-5 y de la prolongada con el complemento de 5-7-5, se sirvió de la variedad más corriente en el Siglo de Oro, con el oscilante vaivén de las breves coplillas de *El abuelo.*

Se recreó en ejercicios de esparcimiento, que eran a la vez pruebas de refinada maestría, en sus décimas con acrósticos y en las de cabo roto; en el rondel de *Los pozos de Nieve;* en el soneto dialogado de *Celeste Adelaida;* en el de la *Rima imposible;* en el de la *Aliteración* y en los de la sección de *Prosodia,* compuestos con el estricto principio de eludir la sinalefa; en los decasílabos de hemistiquios agudos de *Viñas paganas;* en el comentario fonético-lírico de la evolución de *Jaime. — Aime. — Ay me,* en la coordinación rítmica de los nombres de las calles de Buenos Aires, etc.

En la selección de su extensa cultura y de su gusto personal juntaba lo antiguo y lo moderno, lo culto y lo popular, lo grave y lo ligero, lo mexicano, lo español y lo universal. De aquí resulta la dificultad notada por la crítica literaria para encasillar a Reyes en un determinado período o escuela. Muestra característica de sus composiciones sintéticas es la *Cantata en la tumba de García Lorca,* donde la estructura del poema corresponde a la lírica del siglo XVIII, las alusiones recuerdan al teatro clásico, la inquietud de la métrica refleja la emoción presente y el simbolismo de los personajes corresponde a la eterna tragedia del dolor humano.

La permanente discusión sobre la naturaleza del verso, la reacción contra el preceptismo tradicional y las diversas tentativas y tendencias del versolibrismo fueron resumidas por Reyes en el diálogo de *Las burlas veras* publicado en la *Revista de Revistas,* México, 8 de mayo de 1955. Las voces de sus anónimos e ilustrados conversadores, con sus referencias a diversas teorías y sugestiones, no lograron conducir a Reyes a una conclusión concreta y definida. Lo que en definitiva dedujo vino a ser que ni la regularidad o irregularidad de la medida silábica, ni el efecto de la rima, ni los ecos, acordes, correlaciones, progresiones o paralelismos bastan para descifrar la sustancia del verso.

Poco después, insistiendo en el mismo asunto, en carta del 20 de marzo de 1956, me comunicaba Reyes su impresión de que la equivalencia métrica de la terminación del verso o del hemistiquio en vocablo llano, agudo o esdrújulo pudiera ser considerada como residuo de la cantidad antigua. Su intuición le llevaba certeramente a la identificación de la cláusula rítmica del verso con el tiempo del compás musical. Fue en su generación uno de los poetas que más trataron de penetrar en la naturaleza, mecanismo y recursos de la palabra organizada bajo la secreta virtud del ritmo y la armonía.

Recordando a Paul Valéry que había dicho que en los versos, todo lo que es necesario decir casi es imposible decirlo bien, declaró Reyes con relación a su *Ifigenia:* «Opté por estrangular dentro de mí propio al discípulo del Modernismo. Suprimí todo lo cantarino y lo melodioso; resequé mis frases y despulí la piedra». De todo era capaz su excepcional habilidad, pero podemos estar seguros de que el comentador de Góngora y admirador de Mallarmé repasaría con deleite en su recuerdo versos que han servido para decir y grabar en la memoria tantas bellas cosas, no superadas ni mejor traducidas por la más fina prosa.

LA INSCRIPCIÓN DE «EL CONTEMPLADO» DE PEDRO SALINAS

En el disco de *El Contemplado* grabado por Salinas para la Biblioteca del Congreso de Washington y editado por el Instituto de Cultura Puertorriqueña, he oído con emoción al amigo desaparecido como si estuviera presente. Como es corriente en esta clase de inscripciones, la voz produce al principio cierta extrañeza, pero a los pocos momentos se le reconoce con claridad. La audición me ha sugerido las siguientes notas.

La voz de Salinas era cordial y acogedora. Aunque su línea tónica era algo superior al nivel medio, poseía un acento interior de efecto cálido y varonil. En su modo corriente y natural, Salinas hablaba con ritmo moderado, más propenso a la rapidez que a la lentitud. En todo caso, excede a lo que era su ordinario compás la precipitada elocución que se advierte en su lectura de la variación VII. Debió ser producida por algún apremio de la técnica de la inscripción.

Salinas hablaba con clara y flexible sencillez en el buen castellano de la clase culta de Madrid donde el poeta había nacido. En ocasiones, cuando la anécdota lo requería, dejaba aflorar con gusto su substrato madrileño. En su conversación, como en sus versos, sabía dar a las palabras viveza contenida y emoción sin exaltación. Dominaba sobre todo los resortes de una entonación finamente cultivada. En algunos pasajes de la lectura de *El Contemplado*, las inflexiones de la voz adquieren una luminosa resonancia lograda sin esfuerzo ni artificio. Había generalmente en el fondo del habla de Salinas una insinuante llamada de juvenil ilusión.

Dos modalidades tónicas se perciben en la inscripción del poema. Una, de acento especialmente lírico con notas tensas y claras, corresponde a la primera mitad, cuando el mismo poeta concibe el sentido de su absorto mirar como breve momento en la humana eternidad de la contemplación. Otra, al final, más grave y reflexiva.

La diferencia indicada se refleja también en la versificación del poema, hecho significativo si se tiene en cuenta el escaso papel que Salinas había concedido a los efectos de la métrica en sus obras anteriores. Desde su primer libro, *Presagios,* 1923, se adhirió a la corriente simplificadora que reacionó contra el virtuosismo de la versificación modernista. El único tributo prestado en tal libro a la antigua preceptiva consiste en tres sonetos de perfecto tipo clásico. Desde *Presagios* a *Razón de amor,* 1936, la versificación de Salinas, a través de *Fábula y signo,* 1931, y *La voz a ti debida,* 1934, se redujo a la simple serie suelta o vagamente asonantada en cortos versos de ocho, siete o seis sílabas, con auxiliares menores, y menos frecuentemente en endecasílabos y heptasílabos.

Con todo esto, la actitud de Salinas frente a la métrica tradicional sólo fue realmente decidida en lo que concierne a la estrofa. Prescindió de sonetos, décimas, sextetos, cuartetos, redondillas, etc., pero no se entregó en ningún momento a la plena irregularidad del verso libre ni llegó a desentenderse enteramente de la rima. Concentró su ejercicio en los tres breves metros de viejo prestigio, antes señalados, a los cuales convirtió, dentro de sus respectivas medidas, en ágiles instrumentos de su expresión poética, y se mantuvo constantemente fiel a la rima asonante, aunque en general la tratara con incondicional y suelta fluctuación.

El poema del mar de Puerto Rico era una novedad en la poesía de Salinas. Su centro de inspiración en esta obra vino a situarse en un horizonte distinto del sutil e inagotable análisis del tema del amor al que el poeta había dedicado hasta entonces la mayor parte de sus composiciones. Era natural que tal cambio afectara de algún modo a la forma de *El Contemplado*. En efecto, llama la atención en primer lugar que en varias secciones de este poema, el autor, volviendo a la tradición de la estrofa, concierta ordenadamente los versos con relación a la medida y a la rima.

Cinco de las más extensas partes o variaciones de *El Contemplado* están compuestas en endecasílabos y heptasílabos alternos con uniforme asonancia en los segundos, forma frecuentemente utilizada en la versificación regular desde las rimas de Bécquer. En otras dos variaciones alternan de la misma manera los versos de ocho y seis sílabas, combinación menos corriente, aunque usada en diversas ocasiones desde fray Ambrosio Montesino a Rubén Darío. Dos variaciones más, una en octosílabos y otra en endecasílabos, responden a la ordinaria forma del romance. Las demás partes del poema son series variables a manera de silva con libertad de asonancia.

Esta moderada vuelta al orden estrófico no debió ser promovida solamente por la conveniencia formal de *El Contemplado*. Sin duda el autor abrigaba el deseo de estrechar su relación con una materia cuyos principios esenciales siempre había respetado. Poco más tarde, en *Todo más claro*, 1949, introdujo las series uniformemente alternas de 11-5 y 8-5, y, por último, dio indicios más amplios de este propósito en su libro póstumo, *Confianza*, 1954, donde figuran numerosas poesías de base asonante formadas por series alternas de 11-7 y 11-5, por cuartetas y quintillas octosílabas, por cuartetos de 11-7, por cuartetas de 8-8-6-6 y por una original combinación, 8-8-7-5, en que cada estrofa termina con airoso giro de seguidilla:

> El agua del río es moza,
> sin pensar corre ligera;
> árboles de la orilla
> por ella piensan.

De otra parte, en aspectos más internos de la versificación, *El Contemplado* revela cualidades de especial elaboración artística o acaso más exactamente de refinada intuición. A la ausencia de los ligeros versos de seis y siete sílabas, frecuentes en otros libros de Salinas, corresponde en este poema un considerable aumento en la representación del endecasílabo. La versificación más suelta, con predominio del octosílabo, avivado por sus auxiliares menores, se halla en las primeras variaciones, de modalidad más lírica; en cambio la intervención del endecasílabo, con sus ordenadas series de 11-7, aumenta precisamente en la segunda parte, de sentido más trascendente. En seis de las siete primeras variaciones se mantiene de manera uniforme la clara y plena asonancia *a-o,* mientras que en las siete últimas, donde las reflexiones del poeta suscitan sentimientos opuestos, se destaca la aguda asonancia *í-a,* al lado de las variedades próximas, *e-a* y *e-o.*

Dentro de la refrenada marcha de su lectura, la inscripción de Salinas armoniza la complejidad de estos elementos con fluidez y suavidad. Su entonación señala la unidad de las frases y el relieve relativo de los conceptos sin perjuicio de la unidad métrica del verso ni de su estructura rítmica. No todos los poetas suelen ser buenos lectores de sus obras. En la grabación de *El Contemplado* no hay ningún momento de incertidumbre, de monotonía ni de afectación. Salinas dejó el testimonio de su voz en un notable ejemplo de equilibrio y compenetración entre el sentido y el ritmo de la palabra versificada, ejemplo que trae vivamente a la memoria la imagen de su admirable personalidad.

MAESTRÍA DE JORGE GUILLÉN

Numerosos rasgos indican en la versificación de Jorge Guillén la especial atención que el poeta ha dedicado a este aspecto de su obra. Desde el primer momento, su famoso libro *Cántico* llamó la atención, no sólo por su eminente valor poético, sino por su elaborada construcción métrica. En las partes publicadas de *Clamor* se ve mantenida la misma escrupulosa actitud respecto a esta materia.

La versificación de *Cántico* se hace notar por su equilibrio y armonía. Las cinco partes que componen la obra forman un ponderado conjunto al cual sirve de centro, en la tercera, la base clásica de 42 décimas y 22 sonetos. En los extremos, las series homogéneas de poesías en metros hexasílabos y heptasílabos de la primera parte se corresponden con los romances de la quinta. Las partes intermedias, segunda y cuarta, coinciden asimismo entre sí por la variedad miscelánea de sus formas métricas. El signo simbólico de esta organización pentagonal se refleja de varios modos a través de todo el libro. Cerca de un centenar de poemas quíntuples, de cinco estrofas, encuadrado cada uno en una página, repiten la evocación de ese simétrico signo.

Una delicada labor refina la composición interior de las secciones indicadas. De una parte, por ejemplo, los sonetos aparecen estricta e invariablemente ajustados al modelo tradicional de cuartetos de rima abrazada, ABBA, y tercetos correlativos, CDE CDE, o paralelos, CDC CDC.

De otra parte la décima, además de repartirse entre la modalidad española, abba ac cddc, y la francesa, abab cc deed, sirve de base, en la unidad esquemática de sus diez versos, a múltiples combinaciones en distintos metros rimados y sueltos. El concepto académico del soneto guarda una compostura que contrasta con la libertad de la décima popular.

Nota característica es la invención de las redondillas rimadas con asonancia (en lugar de la habitual consonancia), practicadas por Guillén en unas treinta poesías de la primera parte de *Cántico,* las cuales significan un notorio progreso en cuanto a la elevación de la menestral asonancia al nivel de la métrica artística. Sabido es que algunos poetas románticos y modernistas, especialmente Bécquer, habían intentado abrir este camino. El ejemplo de Guillén representa hasta ahora el paso más avanzado y consistente, aunque lo limitara particularmente a las redondillas en metros de seis y siete sílabas. Ningún motivo impide que un elemento tan legítimo y valioso de la versificación española extienda su campo a otros metros y estrofas, no para competir con la rima consonante sino para desempeñar a su lado el propio papel que a su suave y flexible naturaleza corresponde.

En esta artística elaboración interior de las secciones de *Cántico* han llamado la atención dos composiciones en minúsculos versos trisílabos. Una de ellas, *Tras el cohete* (pág. 140 de la edición de Buenos Aires, 1950), consta de seis estrofas de siete versos cada una. La segunda, *Otoño. Pericia* (188), está formada por tres estrofas de diez versos. En una y otra la condición del trisílabo da por natural resultado el ritmo dactílico. Además de la exigencia de su breve medida, los versos de la primera van enlazados en cada estrofa por dos rimas asonantes alternas, y los de la segunda van rimados en pareados bajo otras dos rimas alternas que se suceden a lo largo de la composición, la cual añade la circunstancia de terminar cada una de sus tres estancias con dos versos de retornelo exclamativo. Ritmo y sentido discurren ágilmente con suavidad y sencillez como en labor realizada por placer y recreo.

Los metros usados en *Cántico,* en orden de frecuencia, son en primer lugar el endecasílabo y el octosílabo; en segundo lugar el heptasílabo y el hexasílabo, y en tercero, el alejandrino y el eneasílabo. Los de cuatro y cinco sílabas sólo ocurren como elementos auxiliares. Los indicados trisílabos son particular excepción. Sólo se advierte la ausencia, dentro del repertorio corriente, de los conocidos metros de diez y doce sílabas. Los versos de Guillén, de cualquier tipo que sean, se distinguen por su impecable corrección.

En la aplicación conjunta de las variedades del endecasílabo, coincide con la común preferencia de la poesía moderna por la de ritmo sáfico, pero reduce la distancia de proporciones entre esta modalidad y las restantes, con ventaja para el ponderado efecto de tal metro. Del análisis de los cuartetos de *Anillo* (188), resultan las cifras siguientes: sáficos, 42 por ciento; melódicos, 29 por ciento; heroicos, 19 por ciento; enfáticos, 9 por ciento. Datos semejantes se obtuvieron del examen de *Sol en la boda* (148), registrado en mi *Métrica española,* § 469.

Aparte del corriente uso del endecasílabo polirrítmico, con las variedades indicadas, Guillén dedicó particular atención al tipo dactílico de este metro, acentuado en las sílabas cuarta y séptima, única forma de verso uniformemente monorrítmico registrada en *Cántico* y en los demás libros del mismo autor. Se halla en los cinco cuartetos ABAB de la tercera sección de *Anillo,* centro de las cinco que forman el poema, entre las cuatro restantes del tipo común a que se refieren los datos anteriores. Figura igualmente tal tipo dactílico en el quinteto en versos sueltos de *Noche encendida* (322); se combina con pentasílabos del mismo tipo rítmico en los pareados de *Interior* (206), y con heptasílabos polirrítmicos en los cuartetos AbAb de *El cisne* (147).

Sobre la misma base dactílica, otras tres poesías aparecen como muestras de experimentación respecto al pentámetro clásico, dando indicio de una curiosidad métrica rara en la poesía actual. Una de ellas consiste en el cuarteto tetradecasílabo dactílico con cinco apoyos acentuales de *¿Único pájaro?* (247), cuyo metro, no obstante su medida de catorce sílabas, difiere enteramente del alejandrino: «¿Único pájaro? ¿Vibra ya el alba hacia el nido?». Dos olvidados precedentes habían ensayado también este mismo metro, uno en *Soledad del alma,* de la Avellaneda, y otro en *Estudios de métrica,* de Vicuña Cifuentes. Constituyen los otros dos ejemplos el cuarteto de *Avión de noche* (258) y el quinteto *¿Ocaso?* (318), en los cuales la línea dactílica del tetradecasílabo se quiebra a veces por la intervención de alguna cláusula de otro tipo, con lo que el compás y tono del verso se aproximan más al clásico modelo imitado, como se observa en el último verso de *Avión de noche:* «Y triunfa pasando. Mundos ya menos distantes», y en el cuarteto de *¿Ocaso?:* «Los sones menguantes del mundo. Pozo de ocaso».

Experiencia más sutil y personal es la que se advierte en otros poemas en que la flexible dinamicidad de la palabra es utilizada en la representación imitativa de variables e imprecisos movimientos. Los breves y ligeros versos de *Viento saltado* (124) contribuyen con sus vivos giros a dar la impresión de las cambiantes ráfagas del aire que la poesía describe. La vacilación de las vagas sensaciones que afectan a la mente mientras se va sumiendo en el sueño se refleja en el vaivén de la silva de *La rendición del sueño* (142), y en los variables cuartetos de *Quiero dormir* (436). La línea titubeante de otra silva sugiere la imagen del vigoroso monólogo interior de *El distraído* (191). De manera semejante se recogen las dispersas y momentáneas impresiones de luz, aire, rumores y silencios de la madrugada, en *Temprano* (336).

Se suman en estas poesías el ejercicio de una aguda observación y un refinado manejo de la sonoridad de la palabra. Por supuesto, tratándose de fenómenos tan ajenos al orden regular, el poeta ha necesitado prescindir en gran parte de las usuales normas de metros, ritmos y estrofas. No hay detalle en *Cántico* relativo a la versificación y hasta a la representación tipográfica de cada poema que no corresponda a la escrupulosa atención del autor. Los romances, por ejemplo, aunque estén compuestos en el mismo metro y rima, se escriben en verso continuo o en cuartetas separadas de acuerdo con el orden sintáctico de su construcción interior. La diferencia se hace notar a veces entre las partes del mismo romance, como ocurre en *Su persona,* (492). En *Isla. Encanto* (485), se imprimen con separación de espacio los dos octosílabos de tono exclamativo que siguen a cada cuarteta. El de *Árboles con viento,* 474, ofrece la particularidad de llevar la asonancia en los versos impares, circunstancia introducida probablemente con objeto de avivar la atención mediante la alteración del ordinario compás.

La versificación de los tres libros reunidos bajo el título de *Clamor* (*Maremagnum,* 1957; *...que van a dar en la mar,* 1960, y *A la altura de las cicunstancias,* 1963), ofrece significativos cambios. De una parte desaparecen los

característicos poemas de *Cántico* en hexasílabos y heptasílabos, con excepción de dos ejemplos en *Maremagnum,*
45 y 49, y se reduce visiblemente el número de sonetos y
de décimas regulares. De otra parte se introduce la novedad de las composiciones que el autor llama *tréboles,* formadas por tercetos y redondillas en octosílabos y eneasílabos, y la de los poemas en prosa artística. Queda como
principal lazo común entre la versificación de *Cántico* y la
de *Clamor* la silva de metros impares, rimados o sueltos,
representada por varias poesías en las secciones miscelá-
neas, segunda y cuarta de *Cántico,* y desarrollada en *Clamor* en extensas composiciones, entre las cuales se destacan las de *Luzbel desconcertado* y *Huerto de Melibea.*

Fácil es darse cuenta de que tales diferencias de métrica corresponden en el fondo a notorios cambios de materia y actitud. En *Cántico* predomina el deleite de exprimir
la esencia lírica de las infinitas «maravillas concretas» que
nos circundan con su enigma y misterio. En *Clamor* se
siente el sabor agridulce y con frecuencia amargo de los
constantes desajustes y obstáculos de la convivencia humana. Antes era la gloria de la mañana gozada en la clara
resonancia de la *a* en «Damas altas, calandrias». Ahora es
el desapacible ambiente evocado por el oscuro eco de la *u*
en «Esa *u* de Belcebú».

Sin embargo, el sentido de proporción y equilibrio se
mantiene en todo momento. No obstante el aire ligero y
desenvuelto de los tréboles, con la epigramática ironía de
sus breves estrofas, una determinada disciplina rige su extensión y representación en cada libro. Se advierte asimismo un claro orden en los poemas en prosa, tanto por el
número y extensión de sus períodos como por la disposición en que alternan con las composiciones en verso. En
manos de algún otro poeta estos textos de organizada prosa

habrían sido probablemente presentados bajo forma de verso libre, para lo cual bastaría escribir en líneas separadas los grupos fonicosemánticos que cada período contiene. La sensibilidad rítmica de Guillén ha rechazado tal práctica. La suelta versificación de sus poemas imitativos o descriptivos es de otro género y obedece, como se ha visto, a un especial propósito.

El cálido temple satírico de *Guirnalda civil,* 1971, no ha sido una sorpresa. Venía anunciándose en poemas como *Potencia de Pérez,* con sus coros de burócratas, guardias, clérigos y políticos, en *Maremagnum* (40), y en el aliento de esperanza de *Despertar español,* en *A la altura de las circunstancias* (14). Representa *Guirnalda civil* la condensación de una honda crítica por mucho tiempo reservada y llegada al punto de no poderse reprimir. Ningún otro libro de Guillén, en el espacio correspondiente a la breve extensión de *Guirnalda civil,* ofrece una versificación tan viva y variada. Sus metros, regulares y corrientes, se combinan con espontánea soltura en diversas formas, de acuerdo con la intención de cada pasaje. Cada poema es una tensa nota emocional sobre la actual situación civil de España.

Desde *Cántico* a *Guirnalda,* la versificación de Guillén es como un tenue y flexible ropaje ajustado a la medida de cada uno de sus libros. En la larga y honda crisis que el verso ha venido sufriendo después del modernismo, Guillén ha dado el más notable ejemplo de continuidad, a la vez conservadora y renovadora, de la auténtica tradición de la métrica española.

El verso libre, tan cultivado en este tiempo, no ha producido un refinamiento del ritmo, sino todo lo contrario; ha oscurecido su concepto y percepción. Cuanto más de cerca y con mejor deseo se le estudia, más se confirma su deficiencia para la armonía y musicalidad del poema. Guillén se ha abstenido de practicarlo. Para la expresión de las más sutiles exigencias de su creación poética, ha hallado siempre dúctil instrumento, sin sacrificio del ritmo, en el verso normal y especialmente en la sensible línea de las silvas de variables metros afines y concordantes, de las cuales se ha servido con magistral habilidad.

LA INTUICIÓN RÍTMICA
EN FEDERICO GARCÍA LORCA

La versificación de García Lorca aparece bajo tres distintas formas: 1) metros regulares; 2) verso breve y fluctuante; 3) verso libre, amplio y suelto. En líneas generales, cada uno de estos modos de versificación corresponde a un determinado género de poemas. Los metros regulares figuran en la poesía grave de las obras dramáticas y del *Romancero gitano, Llanto por Ignacio Sánchez Mejías, Oda al Santísimo Sacramento, Elegía a doña Juana la Loca,* etc. Los versos breves y fluctuantes ocurren en la viva y ágil lírica de *Libro de poemas, Cante jondo y Canciones.* El verso libre, extenso y variable se da en la poesía satírico-dramática de *Poeta en Nueva York,* de las gacelas de la *Muerte oscura* y de la *Huida* y del poema de *La Tierra y la Luna.* En conjunto empleó los metros regulares más que el verso fluctuante o libre, y el verso rimado más que el suelto. Siguió una clara línea de correspondencia entre tipo de versificación y género de poesía, aunque no se sujetara a estricta disciplina.

Además de poeta, García Lorca fue músico, pintor, autor dramático, director escénico y conferenciante. Tocaba el piano con destreza superior a la de un simple aficionado y armonizaba con fino gusto y tacto las canciones de tradición popular. Era un admirable recitador de sus poesías. Imprimía al verso las tonalidades e inflexiones de un instrumento de múltiples registros. Sabía dar color y relieve al valor musical de las palabras Una recitación suya dejaba impresión inolvídable. Jorge Guillén refiere haberle oído una maravillosa lectura del *Llanto* una tarde de primavera, con un pequeño grupo de amigos, en el Alcázar de Sevilla, en la que el poeta hizo sentir las partes de su poema matizadas como en una composición sinfónica. Por desgracia, no se hizo, que sepamos, una inscripción gráfica que conservara la imagen de su voz y de su admirable arte de lector.

Entre los elementos musicales del verso, el que desempeñaba papel principal en sus recitaciones era el ritmo. Otro de sus amigos, Guillermo de Torre, pondera la variedad de ritmos que se apreciaban en sus lecturas, según los poemas que presentaba. No concedió especial atención ni a la rima plena o consonante ni a la estrofa articulada y orgánica, fuera de su obligado empleo en los pocos sonetos y décimas que compuso, en las clásicas liras de su poesía en homenaje a fray Luis de León y en algunos cuartetos alirados como los de «Madrigal de verano». Sus versos sugieren sobre todo efectos dinámicos de rapidez y lentitud, de energía y suavidad y de movilidad de giros, cadencias e inflexiones.

Los metros regulares que utilizó comprenden nueve tipos, desde el pentasílabo al alejandrino. Entre estos, cultivó principalmente el endecasílabo, el alejandrino y, más que ningún otro, el octosílabo, al cual, además de usarlo como base métrica del *Romancero gitano,* lo hizo figurar con abundancia en sus demás libros de poesía y en diversos pasajes de sus obras dramáticas. Con actitud semejante a la demostrada en el empleo de los tipos de versificación, siguió un visible orden en cuanto a la selección del metro aplicado a cada poema, orden que se manifiesta especialmente en la relación entre los cambios del verso y el desarrollo de la acción en *Mariana Pineda* y en *El maleficio de la mariposa*. El autor podía decir con fundamento, como lo hizo escribiendo a Gerardo Diego, que «si es verdad que soy poeta por la gracia de Dios —o del Demonio— también lo es que lo soy por la gracia de la técnica y del esfuerzo, y de darme cuenta en absoluto de lo que es un poema».

Sin embargo, lo que se puede advertir como técnica consciente en la versificación de García Lorca no da idea cabal de todo lo que su sentido artístico ponía en juego en este aspecto de su labor. Es de suponer, por ejemplo, que fuera del acto voluntario de la elección del metro aplicado en cada caso, la ejecución de este metro en la variedad de sus posibilidades rítmicas dependía solamente de la intuición y sensibilidad del autor. La naturaleza polirrítmica de los metros españoles y el diferente valor expresivo de sus respectivas variedades son hechos poco conocidos. Para la mayor parte de los poetas, así como para profesores y críticos, la imagen formal del verso se limita empíricamente a la simple impresión de su propia medida. Las varias modalidades comprendidas bajo la aparente uniformidad de cada tipo suelen pasar inadvertidas, por lo menos a la vista, aunque sus efectos no dejen de apreciarse de algún modo. El poeta oye en su interior los versos que compone, pero no todos oyen con igual claridad, ni reflejan lo que oyen con el mismo acierto, ni leen lo que escriben con el mismo arte.

El estudio metódico de los varios aspectos de la versificación de García Lorca no podría caber en el limitado espacio de un artículo. Como iniciación de tal trabajo, las presentes notas sólo se proponen indicar de qué modo el corriente y común octosílabo, tan al alcance de toda persona de lengua española, aparece en las obras de este autor. Las citas de ejemplos se refieren al volumen de *Obras completas,* editado por Aguilar, Madrid, 1955.

No será superfluo recordar que el octosílabo, como tipo métrico, en su regular e invariable medida, según se ha visto en un capítulo anterior, es una abstracta unidad cuya realización práctica se efectúa ordinariamente bajo cuatro distintas variedades, dos de ritmo uniforme —trocaico y dactílico— y otras dos de ritmo mixto —trocaico-dactílico y dactílico-trocaico.

Recuérdese que todas las modalidades del octosílabo tienen de común el apoyo rítmico fijo sobre la sílaba séptima. Se diferencian entre sí por la acción de un apoyo anterior, el cual, en la modalidad dactílica lo recibe la primera sílaba, en las mixtas la segunda y en la trocaica la tercera. Contribuye a la definición otro apoyo intermedio, generalmente más débil, que recae sobre la sílaba cuarta en la modalidad dactílica y sobre la quinta en la trocaica; las mixtas se distinguen entre sí por el acento secundario de la sílaba cuarta en el caso de la forma trocaico-dactílica y de la quinta en el de la dactílico-trocaica. No parecerá superfluo este breve repaso de la doctrina anteriormente expuesta.

En la determinación de la efectiva estructura del octosílabo son igualmente indispensables el acento fijo de la sílaba séptima y el variable de la primera, segunda o tercera. El de la séptima por sí solo es insuficiente para dar al verso la propia fisonomía con que se le reconoce, aun fuera de toda serie métrica, en títulos, lemas, motes, máximas y refranes. El verso carece de real consistencia mientras no determina su período rítmico, y éste exige para definirse un apoyo sobre una de sus primeras sílabas además del apoyo final.

A cada modalidad del octosílabo, por su peculiar efecto

rítmico, le corresponde un determinado valor expresivo. La forma trocaica denota equilibrio y serenidad; la dactílica, exaltación y vehemencia; la trocaico-dactílica, tensión ascendente, y la dactílico-trocaica, tensión descendente. Para una situación apacible y lírica, el tipo más concordante es el trocaico; para el ímpetu dramático, el dactílico, y para los giros y alternativas de la reflexión y la controversia, el mixto.

Dada la normal diferenciación del idioma entre sílabas prosódicamente fuertes o débiles, el grupo de palabras que sume ocho sílabas, con terminación llana, o siete con terminación aguda, o nueve con terminación esdrújula, puede presentar hasta sesenta y cuatro combinaciones de distinta acentuación prosódica, desde la que no ofrece más sílaba acentuada que la séptima a la que reúne siete acentos, uno en cada sílaba. Por supuesto, tales combinaciones no constituyen sesenta y cuatro variedades rítmicas del mismo metro ni tampoco consisten en meras series silábicas rítmicamente uniformes y amorfas. Es sabido que en multitud de casos la acentuación gramatical o prosódica no coincide en número ni en lugar con los auténticos apoyos del ritmo.

Con frecuencia el primer apoyo rítmico del octosílabo va claramente determinado por el acento prosódico. Recorriendo los principios de las composiciones que forman el *Romancero gitano* no puede ofrecer duda que ese primer apoyo va situado en la sílaba inicial, dando al verso carácter dactílico, en «Coches cerrados llegaban» (368); «Voces de muerte sonaron» (375). Figura sobre la segunda, con acento secundario en cuarta, dando lugar a una de las formas mixtas, en «Antonio Torres Heredia» (373); «la luna gira en el cielo» (392). Se sitúa sobre la segunda, con secundario en quinta, determinando otra de las formas mixtas, en «Silencio de cal y mirto» (361). Recae sobre la tercera,

produciendo el tipo trocaico, en «Las piquetas de los ga-
llos» (364); «Los caballos negros son» (381).

Son pocos los versos que podrían suscitar alguna duda,
ya sea porque ninguna de las tres primeras sílabas lleve
acento prosódico o porque presenten más de uno. La interpretación más conforme con el uso general sitúa el primer
apoyo sobre la sílaba inicial en el caso de «En la mitad
del barranco» (356), y en «Mi soledad sin descanso» (379).
La ordinaria condición acentual del artículo indefinido hace
colocar asimismo el apoyo sobre la primera sílaba en «Un
bello niño de junco» (370), aun cuando habrá quien se in-
cline a situarlo sobre *bello*. La exclamación reclama igualmente el apoyo inicial en «¡Ay, cómo canta en el árbol!»
(354). El apoyo secundario sobre la quinta, aunque carezca
de soporte prosódico, es natural en «Su luna de pergami-
no» (354), y «Se ven desde las barandas» (366). De ordinario, el octosílabo de García Lorca es escaso en encabalgamientos y en acumulación de acentos prosódicos, y la relación entre éstos y los apoyos rítmicos rara vez da lugar a
vacilaciones ni conflictos.

En conjunto, la forma de este metro en García Lorca
corresponde de lleno a la tradición nacional del tipo polirrítmico, ajeno a la uniformidad o predominio trocaico del
modelo tradicional en el campo neolatino. En otros autores,
las proporciones en que las varias modalidades del verso se
combinan entre sí suelen mantenerse con relativa y habitual
regularidad cualquiera que sea el carácter de la poesía en
que tal verso se use. Por el contrario, en García Lorca
tales proporciones varían de manera considerable según el
tono y sentido de cada poesía.

La modalidad trocaica eleva su ordinaria representación en la ilusionada esperanza maternal del romance de
San Gabriel (370); en el hechizado tránsito infantil del de

La luna, luna (354), y en la refrenada y enigmática tensión del *Sonámbulo* (358). El ritmo trocaico ocupa a veces enteras cuartetas:

> ó o ó o ó o ó o
> Por el olivar venían,
> bronce y sueño, los gitanos,
> las cabezas levantadas
> y los ojos entornados.
>
> («Romance de la luna, luna», 354)

> Las guitarras suenan solas
> para San Gabriel Arcángel,
> domador de palomillas
> y enemigo de los sauces.
>
> («San Gabriel», 371)

La modalidad trocaica, que en los romances citados representa un promedio de un 50 por ciento, desciende a un 33 por ciento en el dramático temple de *Reyerta* (356), de *La pena negra* (364), y del *Martirio de Santa Olalla* (386), mientras que la dactílica, cuyo promedio en los primeros no pasa de un 13 por ciento, asciende en estos otros al 29 por ciento, y alcanza cifras más altas, del 38 por ciento y 36 por ciento respectivamente, en composiciones de fuerte y turbada emoción como *Muerte de Antoñito el Camborio* (375), y «La sangre derramada», del *Llanto por Ignacio Sánchez Mejías* (467). El ritmo dactílico se mantiene uniformemente en algunas estrofas:

> Cobre amarillo, su carne
> huele a caballo y a sombra.
> Yunques ahumados, sus pechos
> gimen canciones redondas.
>
> («La pena negra», 364)

> Voces de muerte sonaron
> cerca del Guadalquivir.
> Voces antiguas que cercan
> voz de clavel varonil.

(«Muerte de Antoñito el Camborio, 375)

Las variedades mixtas combinan el equilibrio trocaico y el ímpetu dactílico. Su proporción conjunta, que en las composiciones anteriores, de uno u otro carácter, se mantienen ordinariamente en un promedio de un 33 por ciento, se eleva con el cruce y choque de emociones, en pasajes movidos y dinámicos, hasta sobrepasar el 40 por ciento en el diálogo entre Leonardo y la Novia en *Bodas de sangre,* 1.166, y en el romance de *Thamar y Amnón,* 392, y llega hasta el 54 por ciento, con predominio sobre la suma de las demás variedades, en la representación de los giros del viento en torno a la cortejada moza de *Arbolé, arbolé,* 309. Tanto la variedad acentuada en segunda y cuarta sílabas como la acentuada en segunda y quinta aparecen individualizadas en algunos pasajes:

> o ó o ó o o ó o
> Señores guardias civiles,
> aquí pasó lo de siempre.
> Han muerto cuatro romanos
> y cinco cartagineses.

(«Reyerta», 357)

> o ó o o ó o ó o
> Su luna de pergamino
> Preciosa tocando viene.
> Al verla se ha levantado
> el viento que nunca duerme.

(«Preciosa y el aire», 355)

Consideradas en la unidad del *Romancero gitano,* la modalidad trocaica representa el 40 por ciento, las mixtas el 35 por ciento y la dactílica el 25 por ciento. La suma de dactílica y mixtas, 60 por ciento, refleja el predominio del elemento emocional. Su relieve, aunque claro, es relativamente moderado; no iguala al que esas modalidades muestran en *La tierra de Alvargonzález* de Antonio Machado, 67 por ciento, ni mucho menos al que presentan en los poemas románticos, sobre el 70 por ciento, en Rivas, Zorrilla y otros.

Aparte de la calificación peculiar de cada una de las variedades octosílabas en relación con el carácter de la composición, otros indicios señalan de manera más específica la concordancia que el poeta establecía entre el sentido de determinados pasajes y las variedades respectivas. El empleo del tipo dactílico para subrayar el énfasis, reforzado por contraste con un trocaico precedente, ofrece en García Lorca ejemplos frecuentes:

> Sangre resbalada gime,
> muda canción de serpiente.
>
> («Reyerta», 357)

> Al gemir la santa niña,
> quiebra el cristal de las copas.
>
> («Martirio de Sta. Olalla», 386)

> Ya la coge del cabello,
> ya la camisa le rasga.
>
> («Thamar y Amnón», 394)

> No te lleves tu recuerdo,
> déjalo solo en mi pecho.
>
> («Gacela del recuerdo de amor», 490)

Varios parlamentos de *Mariana Pineda,* en octosílabos, se cierran con un dactílico. Un pasaje señalado por el autor con la nota de que debe ser dicho con pasión y angustia lleva precisamente ese modo de terminación: «¡Clava las duras espuelas!» (788). Las novicias, intranquilas y temerosas, dialogan con abundancia de exclamaciones dactílicas: «—¿Dónde estará Marianita, / rosa y jazmín de Granada? / —Está esperando a su novio, / pero su novio ya tarda» (789).

Probable reflejo de hábito musical es la marcada tendencia de García Lorca a señalar la terminación del poema, o de las secciones de que conste, o de las estrofas, con el relieve rítmico de la forma dactílica o con el efecto semidactílico de cualquiera de las variedades mixtas. Dos terceras partes de las composiciones del *Romancero gitano* acaban con octosílabo dactílico o mixto, y en igual proporción se dan estas modalidades en los finales de las divisiones interiores de esos mismos poemas. De la estrofa con énfasis final figuran varios casos en el romance de la talabartera que forma parte de *La zapatera prodigiosa:*

> Esposo viejo y decente,
> casado con joven tierna,
> ¿qué tunante caballista
> roba tu amor en la puerta?
>
> (*La zapatera prodigiosa,* 870)

> ¡Cuántas veces te esperó,
> cuántas veces te esperara,
> cara fresca, negro pelo,
> en esta verde baranda!
>
> («Romance sonámbulo», 360)

En su valor rítmico-semántico, las modalidades trocaica, mixta y dactílica constituyen una especie de escala progresiva. En varias ocasiones, el autor, con delicada percepción de esta circunstancia, dispuso la estrofa en ese orden de tensión ascendente, de acuerdo con el «crescendo» emocional:

Juan Antonio el de Montilla	*trocaico*
rueda muerto la pendiente,	*trocaico*
su cuerpo lleno de lirios	*mixto*
v una granada en las sienes.	*dactílico*

(«Reyerta», 357)

Y a las nueve de la noche	*trocaico*
le cierran el calabozo,	*mixto*
mientras el cielo reluce	*dactílico*
como la grupa de un potro.	*dactílico*

(«Prendimiento de Antoñito el Camborio», 374)

Él vendrá como San Jorge,	*trocaico*
de diamantes y agua negra,	*trocaico*
al aire la deslumbrante	*mixto*
flor de su capa bermeja.	*dactílico*

(*Mariana Pineda,* 779)

La escala rítmica y la tensión lírica se desarrollan paralelamente a través de las tres estrofas de la *Canción de jinete* (309). En la primera figura un verso de tipo mixto, en la segunda un mixto y un dactílico y en la tercera dos dactílicos. Con movimiento inverso, el trocaico predomina con tres versos en la primera, desciende a dos en la segunda y sirve de contrapunto al dactílico en la tercera. La exclamación inicial y final es un dactílico partido y refor-

zado que reúne cuatro sílabas en el primer apoyo rítmico,
como otros ejemplos de los cuales se trata más adelante.

¡Córdoba,	*trocaico*
lejana y sola!	*reforzado*

Jaca negra, luna grande	*trocaico*
y aceitunas en mi alforja.	*trocaico*
Aunque sepa los caminos	*trocaico*
yo nunca llegaré a Córdoba.	*mixto*

Por el llano, por el viento,	*trocaico*
jaca negra, luna roja.	*trocaico*
La muerte me está mirando	*mixto*
desde los muros de Córdoba.	*dactílico*

¡Ay qué camino tan largo!	*dactílico*
¡Ay mi jaca valerosa!	*trocaico*
¡Ay que la muerte me espera	*dactílico*
antes de llegar a Córdoba!	*trocaico*

¡Córdoba,	*dactílico*
lejana y sola!	*reforzado*

La técnica del poeta sería ajena a tan sutil combinación
en la que probablemente no tuvo más guía que la sensibilidad de su oído. Aplicó procedimiento análogo en relación
con la extensión de los versos, hecho que, aun siendo de
apariencia más visible, tampoco es probable que obedeciera
a propósito consciente y definido.

Al final de la sección de «La sangre derramada», en el
Llanto (470), la exaltación emocional desborda la medida
del octosílabo y busca tono más hondo en el molde del
endecasílabo, y más adelante, en el mismo poema, el con-
movido acento de la sección de «Alma ausente» (472), ter-

mina elevando el nivel desde el endecasílabo al alejandrino. Ya el autor había anticipado esta práctica al final de la *Elegía* de su *Libro de poemas* (131), donde al compadecer la tristeza de la imagen simbólica de una frustrada Andalucía, ensanchó la amplitud del verso desde el dodecasílabo al de catorce sílabas.

Dos significativos momentos del último acto de *Bodas de sangre* confirman esta relación en que el autor juntaba el sentimiento del ritmo progresivo del verso y el ascendente tono emocional de la escena. En uno, el romance octosílabo recitado por la Luna va seguido por el lúgubre presagio de la Mendiga, en endecasílabos, e inmediatamente por el trágico diálogo de la Mendiga y la Luna, en alejandrinos (1.159-1.161). En otro, a la alusiva canción de las muchachas devanadoras, en ligeros hexasílabos, sigue la abrupta intervención de la Suegra, en octosílabos y, por último, la lúgubre noticia de la Mendiga, en endecasílabos, sobre la muerte de los dos rivales (1.171-1.176). Innecesario es advertir que ni por la forma ni por el sentido el proceso ascendente de los metros en los casos citados guarda relación alguna con el ejercicio de las escalas métricas del romanticismo.

Una especie de correlación negativa sugiere la extraña alternancia del octosílabo y el endecasílabo en la primera parte del *Llanto*. Los metros que naturalmente concuerdan con el de once son los de su misma línea impar de nueve, siete y cinco sílabas. En la indicada parte del poema, el grave compás endecasílabo en que el autor va describiendo el trágico momento de la cogida y muerte del torero es interrumpido después de cada verso por la discordante nota del octosílabo «A las cinco de la tarde», cuyo firme compás trocaico remacha la fatalidad del suceso con su obsesionante insistencia. De la disonancia rítmica del octosílabo

asociado con versos impares se encuentran ejemplos frecuentes en los largos versos compuestos de la destemplada
Oda al rey de Harlem y en otras composiciones de *Poeta
en Nueva York:* 8-11, «Escupe a las barcas rotas / y se
clava puntillas en los hombros» (409); 8-9, «A las pequeñas
judías / que tiemblan llenas de burbujas» (407); 8-7, «Para
que los cocodrilos / duerman en largas filas» (407).

Las variedades del octosílabo, que de ordinario se mezclan sin orden definido, se prestan a la armonía de la estrofa con efecto equivalente al de la rima, aunque no per-
ceptible a la vista sino al oído. Dos versos de la misma
modalidad forman un pareado rítmico; tres, un terceto;
dos modalidades cruzadas o abrazadas componen una redondilla; caben diversas combinaciones de sextetos, octavas, etc. De hecho esta especie de estrofas rítmicas ocurren eventualmente en las poesías octosílabas de cualquier
autor, favorecidas probablemente por la intuición de su
armonioso efecto. Su frecuente presencia contribuye al carácter musical de las poesías de García Lorca y constituye
un nuevo testimonio de la fina sensibilidad rítmica que
éste ponía en sus versos. Su ordinaria estrofa octosílaba
fue la simple cuarteta asonante, abcb. No practicó la redondilla de rima cruzada, abab, ni la de rima abrazada,
abba, ni ninguna especie de quintillas, sextillas, etc. Realizó estas combinaciones a base del ritmo en lugar de la
rima. Bajo apariencia de simple cuarteta, el ejemplo siguiente es una rítmica redondilla cruzada, dactílico-trocaico-
dactílico-trocaico:

> Ay San Gabriel de mis ojos.
> Gabrielillo de mi vida.
> para sentarte yo sueño
> un sillón de clavellinas.

(«San Gabriel», 371)

Otra mera cuarteta es en el fondo una redondilla abrazada, de trocaico-mixto-mixto-trocaico:

> Vienen altos caballeros
> y damas de triste porte,
> morenas por la nostalgia
> de un ayer de ruiseñores.

(«San Miguel», 367)

Otra contiene dos pareados, el primero dactílico y el segundo trocaico:

> En su chaleco bordado
> grillos ocultos palpitan.
> Las estrellas de la noche
> se volvieron campanillas.

(«San Gabriel», 371)

La armonía del siguiente pasaje no se funda solamente en el mero efecto de su asonancia sino en la regular alternancia de los versos impares trocaicos y de los pares mixtos:

> Tienen gotas de rocío
> las alas del ruiseñor,
> gotas claras de la luna
> cuajadas por su ilusión.
> Tiene el mármol de la fuente
> el beso del surtidor.

(«Canción menor», 112)

Cuatro pareados rítmicos, en serie mixto-trocaico-dactílico-trocaico, y no simplemente la asonancia, componen el tono musical del siguiente pasaje:

> Los densos bueyes del agua
> embisten a los muchachos
> que se bañan en las lunas
> de sus cuernos ondulados.
> Y los martillos cantaban,
> sobre los yunques sonámbulos,
> el insomnio del jinete
> y el insomnio del caballo.

> («Romance del emplazado», 379)

El romance de «Thamar y Amnón» (395) termina con una octavilla rítmica en que el dominante compás trocaico de los seis primeros versos va cerrado por la tensión semidactílica de los dos mixtos finales, con efecto semejante al del pareado con que concluye la clásica octava real:

> Violador enfurecido,
> Amnón huye con su jaca.
> Negros le dirigen flechas
> en los muros y atalayas.
> Y cuando los cuatro cascos
> eran cuatro resonancias,
> David con unas tijeras
> cortó las cuerdas del arpa.

En la «Serenata», en homenaje a Lope de Vega, el autor repitió como estribillo después de cada cuarteta el verso «Se mueren de amor los ramos», que podría figurar en cualquier villancico del mismo Lope. Pero García Lorca no se limitó a ligar el estribillo con la misma asonancia de las estrofas, sino que, con armonía más cabal, hizo que el último verso de cada cuarteta se ajustase al mismo tipo

rítmico del estribillo: «Con agua salobre y nardos», «Anís
de tus muslos blancos» (329).

A simple vista, los octosílabos del autor no parecen
tener otro enlace que el de la rima asonante; por debajo
de ella, dibujan su movimiento las variadas líneas del ritmo. No se registran estas combinaciones con tanta frecuencia en otros autores. Hay que rechazar la idea de que
en García Lorca se den casualmente y no en intuitiva relación con su sentido musical.

Volviendo al concepto de los paradigmas rítmicos de
las variedades octosílabas es de notar la regularidad con
que ordinariamente se cumplen. Se leen millares de versos
de esta clase sin tropezar con modificación alguna que altere
la forma de tales tipos. Alguna vez, sin embargo, se producen ciertos cambios por causa de desequilibrio o conflicto
entre el acento emocional y la normal estructura del molde corriente. Signo del destacado papel que el factor emocional desempeña en la poesía de García Lorca es el hecho
de que también en este caso tales cambios son en sus
composiciones más abundantes que en las de otros poetas.
Al parecer, las modificaciones sólo afectan a la variedad
trocaica, que por su forma y sentido es la más simple
y abierta; las modalidades dactílica y mixtas ofrecen sin
duda mayor resistencia por la significación específica de
su peculiar estructura. Se ha aludido ya a este punto en
el capítulo relativo al octosílabo.

Como subvariedad trocaica se manifiesta ante todo la
que sitúa el primer tiempo marcado, no sobre el punto
regular de la tercera sílaba sino sobre la inicial, atrayendo
a este mismo tiempo las tres sílabas siguientes. Contribuyen a esta modificación la ausencia de acento prosódico
en la sílaba tercera, la frecuencia con que el primer vocablo
es imperativo o esdrújulo y especialmente el énfasis de los

pasajes en que tal modificación ocurre. De sus numerosos ejemplos dan idea los siguientes:

ó o o o   ó o   ó o

Míralo por donde viene.	«Preciosa y el aire», 355.
Déjame tranquila, hermano.	«Thamar y Amnón», 394.
Llévame de feria en feria.	*Bodas de sangre,* 1.169.
Sangre de la tierra herida.	«Canción oriental», 187.
Ángeles con grandes alas.	«Reyerta», 357.
Verde que te quiero verde.	«Romance sonámbulo», 358.

Otra subvariedad trocaica sitúa las dos primeras sílabas en el primer tiempo marcado con el apoyo del acento sobre la inicial, y agrupa las cuatro sílabas siguientes, abreviadas, en la segunda parte del período rítmico. De ordinario el primer vocablo es un vocativo o interrogativo bisílabo y el segundo empieza con sílaba fuerte:

ó o   ó o o o   ó o

Madre, llévame a los campos.	*Doña Rosita la soltera,* 1.313.
Madre, cuando yo me muera.	«Muerte de amor», 378.
Niño, déjame que baile.	«Romance de la luna, luna», 353.
Niña, deja que levante.	«Preciosa y el aire», 355.
Pedro, coge tu caballo.	*Mariana Pineda,* 788.
—¿Oyes? —Viene gente. —¡Vete!	*Bodas de sangre,* 1.170.

Una tercera variedad de la misma especie resulta de la concurrencia de dos acentos destacados e inmediatos sobre las sílabas segunda y tercera, con la primera en anacrusis. El período se divide desigualmente entre el primer tiempo, con una sola sílaba, y el siguiente, con cuatro. El primer vocablo suele ser un vocativo bisílabo agudo y el segundo un imperativo llano o esdrújulo:

oó óooo óo

Thamar, bórrame los ojos.   «Thamar y Amnón», 394.
Señor, abre tu rosal.   *Bodas de sangre*, 1.249.
Señor, calma con tu mano. *Ibid.*

Semejante a ésta es una cuarta subvariedad en que las sílabas tercera y cuarta reciben acentos principales, las dos primeras van en anacrusis y el período se reparte entre el primer tiempo formado por la sílaba tercera y el siguiente en que se reúnen la cuarta, quinta y sexta:

oo ó ooo óo

Soledad, ¿qué pena tienes?   «Romance de la pena negra», 365.
Soledad, lava tu cuerpo.   *Ibid.*
La ciudad, libre de miedo.   «Romance de la Guardia Civil», 384.
San José, lleno de heridas.   *Ibid.*
Es verdad, ¿no lo recuerdas? *Bodas de sangre*, 1.167.

Requieren estas subvariedades una lectura comprensiva del tono de cada composición. En lectura inexpresiva e incolora, desaparecen inmediatamente y se sumergen en la neutra línea trocaica. Su presencia se mantiene en el texto con la realidad que el autor les comunicó, aunque el lector, por indiferencia o inexperiencia, pase sobre ellas sin descubrirlas. En el caso de García Lorca, no hay que pretender, por supuesto, igualar la magia de sus recitaciones. Tiene el poeta, en todo caso, el derecho a reclamar que se lean sus versos con la fidelidad y atención que merecen.

Dentro de la preceptiva de los pies o cláusulas métricas

formadas ordinariamente por dos o tres sílabas, el concepto de tiempo monosílabo o tetrasílabo podrá parecer extraño. Su naturaleza, sin embargo, es tan efectiva en el verso como en la composición musical, donde cada parte del compás, como es sabido, puede constar lo mismo de una negra que de dos corcheas o de cuatro semicorcheas. Todo verso agudo termina necesariamente con una sola sílaba en el primer tiempo de su período final o de enlace, y tiempos monosílabos ocurren de manera regular en las variedades sáfica y melódica del endecasílabo, en el heptasílabo acentuado en tercera y sexta y en el alejandrino compuesto de heptasílabos de esta especie.

En la poesía española, el verso no es un artificio regido por preceptos más o menos convencionales. Su ritmo no es diferente del de la música o del canto. El período rítmico equivale al compás musical. Uno y otro se dividen en dos, tres o cuatro partes de mayor o menor intensidad. Las sílabas se reparten entre esos tiempos o partes como se distribuyen o agrupan las notas. En el verso como en la música, la frase puede empezar con anacrusis o con tiempo marcado. Pausas, cesuras, síncopas, ligados, etc., desempeñan análogo papel en uno y otro campo. El mismo margen en que el ritmo de la música se mueve en sus fluctuaciones, discrepancias y contrastes se ejercita y admite en el verso. El análisis métrico quiere familiarizarse con estos conceptos, repetido aquí para refrescar su memoria.

No era necesario que García Lorca conociera tal doctrina. La identificación de verso y música, que era tan patente en sus recitaciones, respondía a su propio temperamento de poeta oral, autor de una poesía sentida con resonancia viva. Sus versos evocan en su ritmo e inflexiones la imagen sonora con que se dibujarían en su mente. Son versos elaborados con detenido y exigente esmero, aunque parezcan hechos sin esfuerzo. En alguna ocasión declaró el autor haber tardado meses en componer un romance.

Su intuitiva sensibilidad penetró el secreto mecanismo del octosílabo y aprovechó sus recursos con refinado acierto. Ni alteró el sistema del metro ni atribuyó a sus modalidades otro simbolismo que el que naturalmente sugieren. Tanto las variedades octosílabas básicas como las subsidiarias apuntan ocasionalmente su distintiva función en autores antiguos y modernos. La particularidad del ejemplo de García Lorca consiste en presentar la realización rítmico-semántica de tales variedades con consistencia y eficacia no demostradas por ningún otro poeta. Las diecisiete composiciones octosílabas del *Romancero gitano* suman poco más de un millar de versos; el número de pasajes en que esas formas especiales aparecen expresivamente aplicadas representa una cifra muy superior a la que se registra en otros textos de igual extensión.

El octosílabo es el verso más cultivado en español. Otros versos han pasado por períodos de preferencia y de olvido; el octosílabo, desde hace siete siglos, se ha mantenido con permanente actualidad, lo mismo en la poesía culta que en la popular. Base lingüística de su universalidad y arraigo es su coincidencia, repetidamente indicada, con la extensión del grupo de elocución predominante en la fonología del idioma. Aparte de esta circunstancia, su actuación en el Romancero y en el teatro clásico le hace merecer el primer rango de verso nacional. Durante su larga historia, su imagen se ha concentrado en la unidad integral de su propia medida. Acaso la conciencia de sus modalidades, como en el caso de García Lorca, dé lugar a una nueva etapa en que tan ilustre metro despliegue el amplio registro de su capacidad artística.

Pudo García Lorca acertar a distinguir las variedades de este verso por virtud de la misma disposición con que supo interpretar los ritmos y melodías de las canciones populares. En el fondo de tal metro, tan identificado con la lengua, debió percibir el mismo espíritu que en el cantar de «Las tres morillas» o de «Los mozos de Monleón». Sugiere análoga impresión la repetida presencia del eco de la seguidilla en el verso breve y fluctuante de gran parte de las composiciones de *Cante jondo, Canciones* y *Libro de poemas*. El poeta tradujo lo más sutil y delicado de su lírica en la ágil soltura de este modo de versificación. En la oscilación de sus leves metros, entremezclados con otros vestigios de la canción popular andaluza, se hace notar especialmente el airoso giro de la seguidilla, recogido y presentado con plenitud en los cantares de «Las tres hojas», «Los cuatro muleros» y «Los Pelegrinitos».

Todo esto, sin embargo, sólo representa un simple aspecto del original arte con que García Lorca fundió inseparablemente en su poesía lo antiguo y lo moderno, lo popular y lo culto, la tradición clásica y la innovación más reciente. Es de suponer que en el manejo del endecasílabo, del alejandrino y de los demás metros procedería con no menor sentido renovador que en el ejercicio del octosílabo.

EN TORNO AL VERSO LIBRE

Desde hace tiempo venía echándose de menos un estudio detenido y metódico del verso libre en la nueva poesía hispánica. Contribuye a satisfacer tal necesidad, con competencia y penetración, el libro del profesor Francisco López Estrada, *Métrica del siglo XX,* Gredos, Madrid, 1969, 266 págs. Tan sugestivo tema ha sido objeto de algunos artículos y referencias por parte de otros autores, cuyas observaciones han sido oportunamente tenidas en cuenta por López Estrada en la escrupulosa elaboración de su obra.

Acaso el título de *Métrica del siglo XX* en un libro en que sólo se trata del verso libre, con exclusión de la profusa versificación modernista de principios de siglo y de las varias formas métricas tradicionales que, como el romance o el soneto, han venido cultivándose sin interrupción, pueda parecer poco adecuado y hasta en cierto modo contradictorio, como equivalente a *Métrica del verso amétrico.* Desde luego no es válido precedente el de la aceptación en la métrica normal de combinaciones de versos regulares y concordantes, como las de 8-4, 11-7 y 12-6 sílabas, las cuales no significan real ametría sino más bien manifiesta polimetría. En realidad el título más apropiado al carácter del libro hubiera podido ser el de *Versificación de la nueva poesía.*

Con claro sentido crítico demuestra López Estrada la

razón de ser del verso libre y de su adopción como instrumento de una poesía que, como las demás artes modernas, se esfuerza en la expresión de lo más espontáneo y hondo de la emoción estética, con entera independencia de toda disciplina formal. En la unidad del poema en verso libre, nacido de tal aspiración, la forma particular de cada verso, las diferencias de extensión entre unos y otros, sus giros e inflexiones melódicas, la disposición de los elementos gramaticales, la selección del léxico y hasta la especial representación tipográfica que los versos ofrecen a veces en la página impresa, se suman y coordinan en el complejo acto de reflejar la auténtica intimidad creativa del poeta.

Sólo por mero contraste con los metros regulares en lo que se refiere a medidas silábicas, rimas y estrofas, cabe llamar libre a un verso tan ceñido por su parte a sus propias exigencias. Es visible que López Estrada rehúye aplicarle tal nombre, dando preferencia al de verso nuevo, y tal vez obedece a este mismo sentimiento la adopción en el título del concepto de métrica, aun a sabiendas de la relativa violencia de su sentido usual.

Se ha reconocido la semejanza de la resistencia opuesta al verso libre con la que suscitó la novedad del endecasílabo en el siglo XVI. Las invenciones de la métrica modernista fueron igualmente objeto de reacciones críticas e imitaciones burlescas. Con decisión y firmeza el verso libre ha ido extendiendo su cultivo durante los últimos treinta años. Ocupa lugar de manifiesto relieve en la poesía actual. El libro de López Estrada le otorga definitiva carta de naturaleza.

Reconocida y aceptada su presencia, queda por aclarar el importante punto de la naturaleza de su ritmo, tan distinto, al parecer, del acostumbrado en la versificación tradicional. Dedica López Estrada un sugestivo capítulo a repasar el concepto del ritmo en la naturaleza, en la vida del hombre, en el trabajo, en la música, en la lengua y en la poesía. Menciona opiniones de científicos, lingüistas y poetas. No obstante su fina comprensión, López Estrada no logra eludir la vaguedad que de ordinario ha rodeado a este asunto.

Acaso por ser tan sabido, no se suele tener bastante presente el simple principio de periodicidad que es base esencial del ritmo. La ley natural del ritmo es orden y compás, aunque estos términos se apliquen con amplio y flexible sentido. Sabido es asimismo que la base rítmica de la versificación normal española se funda en el acento de intensidad. ¿Se ha apartado el verso libre de esta tradición?

Aparte del acento, la virtud de la palabra se presta a otros efectos sonoros, morfológicos, sintácticos y semánticos que los poetas, en todo tiempo, han utilizado ocasionalmente en determinados pasajes de sus composiciones. Por regla general, estos recursos complementarios no se sujetan a un definido orden temporal ni constituyen un ritmo poético equivalente o sustituto del acento como eje constructivo del poema. Ha sido práctica común mantener la base del acento en la multitud de artificios más o menos ingeniosos que en la historia literaria se han aplicado a la construcción y organización de los versos.

En trabajos de atenta observación se ha hecho notar el abundante número de versos de identificable medida que se registran de ordinario en los poemas de versificación libre. Ofrece especial interés a este propósito el comentario que López Estrada presenta, con escrupulosa aplicación del moderno análisis métrico, de la poesía de Dámaso Alonso titulada *A un río le llamaban Carlos*. En los datos de López Estrada se observa que los 86 versos del poema, algunos de forma compuesta, suman 107 unidades definidas, las cuales se distribuyen entre doce medidas diferentes, desde tres a dieciséis sílabas. Las cuatro medidas de frecuencia predominante corresponden a los versos alejandrino, eneasílabo, heptasílabo y endecasílabo. Reúnen estos versos por sí solos la mitad de las unidades del poema. Es indudable que su compás homogéneo, concordante, de tipo impar (alejandrino igual a 7-7), propicio a la inflexión mixta, imprime su carácter al total efecto rítmico de la composición. Las demás unidades desempeñan un papel diluido en la brevedad de la representación que a cada una corresponde.

La combinación de versos impares, de 5, 7, 9, 11 y 14 sílabas, fue usada con frecuencia en silvas métricas modernistas rimadas, como *Marina,* de Rubén Darío; *La pesadilla* y *El yunque,* de Enrique González Martínez; *Las estradas de Albia,* de Miguel de Unamuno; *Flor que vuelve* y *Pájaro fiel,* de Juan Ramón Jiménez, y *Los pelícanos* y *Yerbas del Tarahumara,* de Alfonso Reyes. La mezcla de estos versos con los pares, de 4, 6, 8, 10 y 12 sílabas, en conjunto de más variado movimiento, ocurre también en silvas amétricas rimadas, como las anteriores, de las que son ejemplo la *Salutación a Leonardo,* de Darío; *Espacio y tiempo,* de Nervo, y *El mal confitero,* de Reyes.

Si a estas silvas se les suprimieran las rimas, el resultado les haría parecer, en su aspecto externo, meras poesías en verso libre, y si al poema de Alonso o a cualquier otro de su género se les sometiera a orden rimado, ofrecerían apariencia semejante a la de las silvas amétricas modernistas, aunque en uno y otro caso la materia y el temple poético fueran diferentes.

Los metros regulares que impensadamente se introducen entre los versos libres proceden sin duda del fondo rítmico adquirido por el poeta en su cultura literaria y lingüística. Son el elemento que enlaza la nueva versificación con la métrica tradicional. Es probable que la mayor o menor presencia de tales metros regulares dependa del grado de familiaridad que el poeta haya tenido con la poesía de otros tiempos.

Queda al poeta extenso espacio donde imprimir el sello de su personal creación. En el poema de Alonso, como López Estrada advierte, las unidades se entremezclan y estrechan de manera particularmente trabada, se juntan en varios casos en imprevistas medidas compuestas y se suceden en línea sostenida de refrenada tensión e inflexiones de atenuados contornos, rasgos acomodados al tono reflexivo, matizado e insinuante de la composición. Contribuyen al mismo efecto la reiteración periódica de expresiones como *fluir, pasar, tristeza, gris,* y señaladamente el retornelo, al final de cada estancia, de la proposición interrogativa sobre el misterio del nombre del río.

En realidad puede decirse que no sólo no ha habido verdadera ruptura entre la versificación libre y la regular, sino que aun las mismas diferencias que entre ellas ocurren son menos profundas de lo que se suele creer. En uno y otro sistema se da, como se ve, una considerable proporción de versos de medida y ritmo coincidentes.

El hecho de que en la versificación libre estos mismos versos regulares se mezclen entre sí sin orden aparente es práctica anticipada por la ametría modernista. Es mera cuestión relativa el que otros versos puedan parecer anómalos por la mera circunstancia de que sus apoyos acentuales y la proporción de sus períodos rítmicos abracen espacios más extensos y variados que los establecidos por la costumbre de las normas corrientes.

Lo que sin duda hay que reconocer es que la percepción del ritmo en el verso libre requiere un ensanchamiento de los conceptos y moldes comunes en la métrica ordinaria, un sentimiento más suelto y flexible respecto a la medida y al compás. Captar el ritmo del verso libre en la amplitud de sus manifestaciones es indispensable entrenamiento para la plena apreciación de la nueva poesía. El libro de López Estrada es excelente introducción para conseguir tal capacidad.

Pueden apreciarse en el verso libre diferentes grados de ametría. Se le considera como verso fluctuante, rimado o suelto, si se produce con moderada oscilación a base de una determinada medida. Se dice semilibre al que en la mezcla de sus unidades hace figurar con notoria proporción las de medida regular, que es el caso de la mayoría de los poemas correspondientes a esta clase de versificación. El pleno verso libre, sin ritmo identificable, cae en realidad fuera del propio concepto del verso, no por lo que tiene de amétrico sino por su falta de ritmo. La idea de un verso arrítmico es un contrasentido incongruente.

Por otra parte hay que tener en cuenta la semejanza que salta a la vista entre el verso libre y la prosa poética, tanto en lo que se refiere a su composición artística como a su estructura fonológica. Si el texto en esta especie de prosa se escribiera representando separadamente sus grupos fonicosemánticos, su aspecto sería análogo al del poema en verso libre, y si el poema en verso libre se escribiera a renglón seguido, aparecería como auténtica prosa poética. Se puede decir con fundamento que el verso libre, en sus manifestaciones más consecuentes con su principio de espontaneidad constructiva, no es un nuevo sistema de versificación sino un modo de figuración gráfica del orden fonológico de una especial clase de prosa. Los contrastes de medidas, la armonía de períodos y la impresión semirrítmica que el poeta pueda sentir en su poema en verso libre no son diferentes de lo que se percibe en la prosa artísticamente elaborada.

Puede ser la prosa armoniosa y musical sin ser rítmica. Con la denominación de prosa rítmica se señala como rasgo especial el efecto que produce en el texto la disposición de determinadas concordancias prosódicas que no llegan a constituir un ritmo sostenido y metódico. Otra modalidad de prosa artística es la composición en versículos, constituidos por frases o períodos de proporciones semejantes y de análogas inflexiones melódicas, pero igualmente sin sujeción a medida ni orden de tiempo. Tiene el verso libre estrecho parentesco con estas modalidades de prosa. La condición del ritmo, desde cualquier punto de vista, prosódico, métrico, musical, y aun considerado bajo manifestaciones ajenas al sonido, supone ineludiblemente regularidad y periodicidad al alcance de los sentidos, por las cuales el verso se distingue de la prosa.

ÍNDICE

Letras e ideas

Director: Francisco Rico

MAIOR

Tomás Navarro Tomás
**Los poetas en sus versos:
de Jorge Manrique a García Lorca**

En prensa:

Jules Horrent
Historia y poesía en torno al *Cantar del Cid*

María Rosa Lida de Malkiel
La tradición clásica en España

C. Morón Arroyo
Nuevas meditaciones del *Quijote*

Oreste Macrì
***Aire nuestro*: La poesía de Jorge Guillén**

Elias L. Rivers, ed.
La poesía de Garcilaso

Antonio Rodríguez-Moñino
**La transmisión de la poesía española
en los Siglos de Oro**

Joaquín Gimeno Casalduero
Estructura y diseño en la literatura española medieval

A. A. Parker
Los autos sacramentales de Calderón

En preparación:

Juan Manuel Rozas
Vida y obra del Conde de Villamediana

P. E. Russell
**Temas de *La Celestina* y otros estudios
(del *Cid* al *Quijote*)**

J. M. Martínez Cachero
La poesía española de la postguerra, I (1939-1952)

E. C. Riley
Cervantes

Edward M. Wilson
Ensayos sobre poesía española

A. N. Zahareas
El arte de Juan Ruiz, Arcipreste de Hita

E. Orozco Díaz
Temas del barroco

MINOR

INSTRUMENTA